U0049962

竹塹媽祖與寺廟

卓克華◎著

謹以本書，敬獻給：

張德南　　先生

與

梁明昌　　先生

　　德南兄為新竹市有名之地方文史工作者，自成一家風範，多年來個人治新竹市史，承荷其無私熱情提供史料文獻，並在審查過程中嚴格把關，犀利批評，其間雖偶有答辯爭執情形發生，但此是公事，無碍私誼。

　　而明昌兄與我同庚，更是多年至交。近年古蹟研究案之歷史稿，皆邀約我主筆，又恰巧都是新竹市的研究案，沒有明昌、沒有德南兩位好友，也就沒有這本書的結集出版。

黃 序

　　能替老朋友的新書寫序，固然是義不容辭也深感榮幸；但是做為一個業餘歷史工作者，要替專業史學教授寫序推薦，難免有點撈過界的疑慮。但是基於這 20 年來，能夠在各自不同的研究環境中相互關懷、鼓勵；並能持續欣賞、容忍對方互不相同的「史觀」，而且相知相惜的朋友畢竟不多。我私自相信，這才是克華兄希望我為他這本新書寫幾句話的主要理由，因此我連「半推半就」的虛情都沒有，就很爽快的答應下來。

　　克華兄與我大約相識於 1989 年前後的一場台灣史研討會，當時他似乎才取得碩士學位不久；相談之下才知他竟是一位「外省囝仔」，長得有板有樣，充滿帥氣。由於當年研究台灣史的同好不像現在那麼多，「外省囝仔」更是少之又少，克華兄的研究熱忱令我深受感動，我們從此結下了 20 年的老友之誼。雖然我們見面相處的機會不多，但是對於雙方的研究動態卻都大致清楚。他取得碩士學位以後，對台灣史研究不但熱忱未減，而且開風氣之先，轉向古蹟、寺廟、民宅的歷史研究。這段時間他為了餬口謀生，只能拚命的承接別人的案子，從事他自己所戲稱的「文史加工業」；然而他所從事的加工業卻是「精密加工」，加上歷史研究者內心深處的使命感，又不容他以蒙混的態度來交差了事，所以他簡直就是在「拚命」。他的著述之豐，研究之勤，或許可用「幾近瘋狂」來形容。

　　這種拚命式的研究工作，卻在 2000 年間為他帶來終生都難以彌補的慘痛經歷，中風、失業、負債、求職等等打擊紛至沓

來，差一點就把這位剛剛步入中年，正當意氣風發的克華兄徹底擊垮。幸好「天公疼憨人」，他總算憑著頑強不屈的毅力與天生傲骨，終於一步一步熬過來了！大多數人在艱困中最容易喪志屈服，但是這個傢伙卻似乎愈戰愈勇，反而利用這種劫後的空檔，把舊作逐一增補、改訂，整理出版；還冒命遠赴廈門大學，以半殘之軀取得博士學位。拜讀他每本動輒厚達四、五百頁的著作，總是產生很大的悸動。一本一本的著作上市，固然為他帶來不少的不虞之譽，然而「譽之所致，謗亦隨之」，許多的不虞之毀卻也不少。但是如果能夠了解克華兄這一、二十年來的處境、心境與苦境之後，對那些外加的毀譽，哪裡還算什麼？

　　克華兄的新著《竹塹媽祖與寺廟》一書，針對新竹市幾座天后宮的建廟緣由、信仰、傳播與周邊幾座歷史性的寺廟沿革、文物與建築等深入研究探討，娓娓道來如數家珍，不但補充訂正了過去人云亦云的錯誤，也建立了竹塹地區「古蹟史」研究的基礎。看他憑著一塊碑文、一面牌匾、一個香爐、一方桌腳、一片殘存的文字紀錄，以及一些看似毫不相關的史料文獻，就能一一組構出一段不為人知，或是早已遺忘的歷史，光是這種功力就令我這個「住久竹塹如故鄉」的新竹人不得不深感佩服。歷史研究的基礎就是建立在這些細微末節之處，功夫下得愈深，成就愈高。拜讀克華兄的大著，應該都會湧生「心有戚戚」之感！

　　民俗、宗教是研究鄉土史的重要基礎，台灣更因為開墾背景的關係，宗教活動特別發達，歷史研究者應該要以理性客觀的態度，仔細觀察地方性的宗教活動，找出它的特質及社會文化意義。宗教活動也不能單純的根據信仰層面加以觀察；例如寺廟的

建立、主祀神與附祀神的設置、參與人群的演變、宗教祭祀組織及其運作、宗教活動經費的來源；乃至原始佛教、中國佛教、道教、基督教、天主教、穆斯林教傳入台灣的歷程與影響；以及各教的派別、淵源、創派人物與信仰特色等等，都是值得我們深入調查、研究、探討的課題。如果朝此面向來思索克華兄對「古蹟史」研究的苦心，這一課題就值得新一代的研究者繼續努力了。

　　進一步說，台灣各地的福德祠到處林立，往往會與地方和產業的發展關係密切：各地方的文教發展則與文昌祠息息相關；北部地區的鸞堂組織，又與關帝廟、恩主公信仰牽牽扯扯，令人好奇。尤其台灣各地的媽祖信仰、三官大帝與王爺信仰的傳播和普及，又往往超越了族群與地域界限；唯有從根做起，從細微之處下功夫，才能理解信仰圈與祭祀圈的根本問題。閱讀本書之餘，心有所感，其中的言外之意還請讀者諒查。不少研究者認為「小小的台灣，再怎麼研究也不過如此！」讀者們！不管您從哪裡來？個人的政治或宗教傾向如何？唯有像克華兄那樣親自去體驗這些「很俗」的信仰問題以後，才會了解「生死與共」的感覺！

　　但是研究地方宗教與民間信仰的文字資料，大多相當欠缺，只能根據少量的政府檔案、民間紀錄，寺廟沿革、碑記與牌匾，收支帳簿、寺廟台帳、輪庄祭祀、祭祀組織、祭典調單、緣金名錄、公業管理，以及相關人物的口述、神話傳說……等，加以細部的探討追蹤，唯有細心、謙虛的調查，抽絲剝繭，仔細分析、研究，才能有所收穫。相信每一位歷史研究者都明白，資料的問題雖然多如牛毛，但是有問題的資料可能更多。這些「資料的問題」可謂林林總總，涵蓋了研究資料的閱讀、選擇、整理、取

捨、分類和建檔等等，「剪不斷、理還亂」的問題。唯有靠著不斷的閱讀、耐心、毅力和披沙揀金的細心，才能有所成就。

　　克華兄這本書在田野調查方面，雖然如同林會承教授所說「少了一點泥土的味道」，但是他對史料、文獻的蒐集、理解與抽絲剝繭的解讀能力，可謂有目共睹，尤其是他從細微處下功夫的本領，更值得我們學習效仿。相信年輕一輩的研究者，以及他的徒子、徒孫們，如果有心更上層樓或青出於藍，只要循著他的研究脈絡繼續努力，應該不難實現。僅此而論，我們對克華兄所展現的研究成果，應該給予適切的肯定與佩服。毀之、譽之，庸何傷乎！

黃卓權

2009.12.21. 凌晨

蔡 序

民國六十二年，余就讀於文化學院（今文化大學）史學系，因興趣創立了一個專門以研究台灣歷史文化的學生社團「台灣文化研究社」，除邀請學者蒞校講演外，重頭戲爲校外的史蹟調查，而義務指導的老師爲時任台灣省政府文獻委員會主任委員的林衡道老師。林老師學問淵博，言詞風趣且具啟發性，因而吸引了許多愛好台灣史的大學生參與活動，現任國史館館長林滿紅博士，著名古蹟學者李乾朗教授等，皆曾參與活動，並投入台灣歷史文化研究。

民國六十年代前期，台灣史研究尚是學者迴避的領域，成立專門研究台灣的社團，或擔任社長，均需一點勇氣，所以參加活動者多，願擔任社長職務者少。民國六十三年余大學畢業，獲程光裕師提攜，進入文化史學研究所碩士班就讀，因「台灣文化研究社」傳承不易，故仍繼續參與活動，協助推動社務，卓克華即在這個階段參加社團，並被推選爲社長，畢業後在社會服務三年，努力上進，也順利進入文大史學研究所攻讀，獲得碩士學位。

其後，克華兄參與文大史研所博士班考試，卻名落孫山。雖遭遇困境，克華兄卻不改初衷，暫棲補教界，待機而起。繼續浸淫於台灣史研究，並開啟了另一新境。

民國七、八十年代是台灣經濟發展的高峰期，國力充沛，各項建設推陳出新，著名廟宇、古蹟紛紛重建。克華兄轉而與國內著名建築師事務所合作，於各種廟宇、古蹟重建規劃案中擔任主體建築歷史背景的研究分析工作，其工作並不輕鬆，但所得與公

職收入卻不成比例。爲了維生，克華兄幾乎有案必接，也因此讓他閱盡台、澎、金、馬的古廟宇與建築，多年來撰就七十餘篇報告，成爲對台灣宗教民俗最瞭解的專家之一。

克華兄學而優則教，自民國七、八十年代即在國立空中大學及中山大學、中原大學、文化大學等校兼課，最後落腳在中國技術學院，獲聘爲專職。適兩岸關係緩和，中國大陸採取開放政策，允許各重點學校招收台籍學生，克華兄亦至廈門大學歷史所攻讀，獲博士學位；其在台灣教職亦由講師、副教授，洎至獲聘爲佛光大學歷史研究所教授，講授上庠，學術造詣更深。

克華兄近年著手將其舊著整理刊行，已陸續出版有《清代台灣商戰集團》、《從寺廟發現歷史》、《從古蹟發現歷史——卷一家族與人物》、《寺廟與台灣開發史》、《清代台灣行郊研究》、《台灣舊慣生活與飲食文化》、《台北古蹟探源》、《古蹟‧歷史‧金門人》等書，今復將其於新竹地區從事媽祖與寺廟調查研究心得爲一書，題爲《竹塹媽祖與寺廟》，篇首臚列如何欣賞古蹟與從事田野調查的方法，其提升讀者文化素養及啓迪後昆的心情昭然若揭。古人云：讀其書，知其人。余以多年老友，聊述余所認識的卓克華教授，期望讀是書者能從其字裡行間習得堅苦卓絕，致力學術的精神，斯不負克華兄一片苦心。是爲序。

蔡相煇

民國九十八年十二月二十三日
謹識於國立空中大學台北中心

〈代緒論〉 台灣寺廟古蹟的認識與參觀

一、什麼是古蹟？

(一)古蹟之旅兼具感性、知性及情趣

有過這樣的經驗吧！走在荒郊野外、街衢鬧市，突然被一方古碑、一座古厝、一件手藝……所吸引住，而佇足留連，陷入了蒼涼浪漫的情緒，那古老的氣息，使得整個人沈靜下來，但是因了解不夠，除了讚歎一聲，望著週遭亮麗耀眼的高樓大廈，搖搖頭，難能作進一步欣賞，只好快快地走出蒼涼的懷古之情，走入喧囂吵鬧的現代。

更有這樣的經驗，跟著一位古蹟解說員或導遊，一大群人穿梭在老朽屋簷，踩著窄小巷弄，急行軍似地，聽他職業性地敘述著一磚一瓦、一石一木的古老故事，走馬看花地遛過一遍，以為參加了這一趟古蹟之旅，就可以撫慰枯竭空虛的心靈，換來的卻是一股無以宣洩通暢的煩躁。

可惜吧！（或者乾脆說可憐吧！）為什麼不設法一個人或和少數幾位朋友，抽個空閒，挑個人少的日子，去探訪古蹟，悠哉悠哉，不急不徐地慢慢看、慢慢欣賞。哦？你說很想，卻辦不到。為什麼？哦！因為不懂。沒關係，讓我從現在為各位細細介紹古蹟觀賞的一些必須的入門知識。

欣賞古蹟是踏尋歷史足跡之旅，不但富有感性的情趣，更因而了解一國或該地的歷史、風俗、民情，因此也是一趟知性之旅。那麼開宗明義，首先我們要明瞭的是，什麼是古蹟呢？

(二)應就歷史文化價值來認定古蹟

顧名思義，「古」指過去的意思，「蹟」指行跡、遺跡，連著說就是古人所留下的痕跡。照這麼解釋，那可就太可怕了，因為時間不斷地飛逝過去，前一秒鐘的我們也成了「古人」，我們眼中所見的盡是古蹟，盈天地之間都是古蹟，所以「古蹟」要下一個較嚴謹的定義。比較合理、嚴謹的標準，應是以有歷史價值、文化價值來決定。因為我們之所以認定古人所留下的某些痕跡有意義，必然是因為這痕跡代表了某種歷史的重要性，這種重要性我們可從下列四種標準來說明：

1. 奇特新異的標準：也就是說一個古蹟在時間上、空間上罕見少見，即是重要的。
2. 實用影響的標準：古蹟所直接牽連或間接影響於眾人愈大，則愈重要。
3. 現狀淵源的標準：古蹟能說明現狀某些風俗、制度、文物等由來的，愈是重要。
4. 藝術文化的標準：真與美的價值愈高的古蹟，愈重要。

所以「蹟」並不僅僅因為其「古」而有價值，舊貨不等於古董，古物更不必然是古蹟，只不過因為時代愈古遠，留存的愈少，選擇的機會愈少，愈見其重要性。簡單地說，古蹟固然以年代久遠為珍貴，但其歷史、文化的價值尤為重要。當然，其價值的認定，需要由考古學家、史學家、藝術家、建築史家、科學家等的專家學者，以其專門學識決定，而非一般社會大眾所認定。

(三)古蹟等級的區分

　　明白了古蹟是什麼，我們進一步討論古蹟的等級之分。在日本與韓國，古蹟與古物一樣，依其歷史與藝術的重要性，分為「國寶」、「重要文化財」、「文化財」三級。凡是「重要文化財」以上的古蹟，在一定的範圍內絕對禁止抽菸。但在我國則非常含糊籠統，民國十七年內政部公佈的「名勝古蹟古物保存條例」，區分為三類：(1) 湖山類(如名山名湖自然風光之屬)；(2) 建築類(如古代名城、橋樑、園囿等之屬)；(3) 遺跡類（如古代陵墓、井泉、岩洞之屬）。而民國七十一年公佈的「文化資產保存法」更含糊地說明「古蹟指古建築物、遺址，及其他文化遺蹟」，並依歷史文化價值，區分為三級：(1) 凡是一個古蹟的歷史、文化意義是有全國重要性時，就列為一級；(2) 屬於歷史上的重要紀念物時，就列為二級；(3) 屬於地方性質者，就列為三級。近年文資法修訂後，除「古蹟」外，又分出「歷史建築」一類，而「古蹟」依權責管理，又分成「國定」、「縣定」二級。

　　因此台灣出現了許多一級、二級、三級的古蹟，只是其中有些分法見仁見智，有時令人覺得莫名其妙，我個人常戲稱，若台灣某些古蹟也可列入一級，那大陸上的許多古蹟皆可列入「超級古蹟」了。但不管如何，古蹟雖因其歷史文化的重要性分為不同等級，卻不表示我們在維護上、態度上而有所輕重、有所分別，凡被指定為古蹟、歷史建築的，都應該為我們所珍惜、所愛護。

二、古蹟的點、線、面

古蹟既是古人留下的陳蹟，包含的種類極多，凡是固著在一定地點的古人遺物都包括在內。因此，時間上愈久的古蹟，我們僅能看到的是「點」；時間愈近，保存的「線」或「面」愈多。

古蹟的種類有那些呢？依據 2004 年新修正的「文化資產保存法」規定，古蹟主要包括古建築物、遺址及其他文化遺跡。（其他保存客體尚有：歷史建築、聚落、文化景觀、傳統藝術、民俗及有關文物、古物、自然地景等，含括了有形與無形文化財。）

(一)古建築物、遺址及遺跡

古建築物指的是年代久遠的構築物，其全部或重要部分仍完整者，包括了城廓、關塞、市街、宮殿、衙署、書院、宅第、寺塔、祠廟、牌坊、隄閘、橋樑，及其他建築物。

至於遺址及其他文化遺跡，可就多了，包含了：(1) 古住居遺跡；(2) 古都城跡、宮殿、官署廳跡、古砲台、古戰場及其他有關政治的遺跡；(3) 寺廟舊跡及其他有關宗教祭祀信仰的遺跡；(4) 文廟、府學、縣學、鄉學、私塾及其他有關教育、學藝的遺殿；(5) 慈善設施，及其他有關社會事業的遺跡；(6) 堤防、窯跡、市場遺址及其他有關產業、交通、土木的遺跡；(7) 舊宅、園池、井泉、碑塚、古墳等等。可謂洋洋大觀，包羅萬象。

簡單地說，舉凡人類活動的遺址都是古蹟，因此凡大部分或重要部分具體存在的，我們可稱之為「古建築物」；凡部分殘存，或湮沒消失，或埋藏地下的，我們可歸類於「遺址及其他文化遺

跡」。不過，進一步的說，我們在某些層面上，也可以將若干民俗活動視為「活的古蹟」，這是我們在認知古蹟種類時，不可忽略的。

(二)古蹟的點、線、面

所以我們以後提到古蹟時，不要老是只想到古老的建築。當然，我們的確不得不承認，建築與建築的廢墟確實是占了古蹟中最多的部分，但卻不以此為限。古蹟既然是古人留下的陳蹟，包含的種類極多，凡是固著在一定地點的古人遺物都含包括在內。

因此時間愈久的古蹟，我們僅能看到的是「點」── 建築物、紀念碑；時代愈近，保存的「線」── 市街、街廓，或「面」── 城市、聚落愈多，而且較偏重於人的活動與藝術價值的保存。這種「古蹟」也最具親切感── 看得到，走得到，玩得到，摸得到，吃得到，一趟參觀下來收獲最豐富，最有價值，使得參觀的人不是僅僅抒發一種空洞蒼茫、無從捉摸、無從說起的「思古幽情」，而是實實在在參與其中，活動其中，與現代的我們有密切關係的親切感與臨場感。

遺憾的是，這種「線」、「面」的古蹟，在台灣卻不受當地政府機關及居民所重視，拼命地只想要拓寬馬路，大事翻修，建築高樓。說穿了──「金錢重要」、「經濟掛帥」，於是乎台灣的古蹟只剩下了「點」，愈來愈多的「點」，也愈來愈少的「點」，串不成「線」，更甭提連成「面」了。

三、參觀古蹟前的準備功夫

當你決定要探訪古蹟之前，一定要蒐集、詳讀相關資料。一份完整而詳細的資料是必須的，它可以幫助你作事前的規劃與認識，在旅行中為你作註解、對照，並作為日後回憶、研究的憑據。

(一)應以歷史背景作思考依據

參觀古蹟是踏尋歷史足跡的旅行，不但富有感性的情趣，更可以因而了解一國或一地的歷史與風俗民情，因此也是屬於知性深度之旅。問題是許多人在面對繁複眾多的古蹟，最大的困擾是不知從何下手，也就是不知去觀察什麼？去紀錄什麼？往往跟著大眾去湊熱鬧，一趟下來，獲得什麼？了解什麼？竟說不出所以然來！更甭提一個人去參觀古蹟了。

古蹟本身包含建築、美術、宗教、民俗、歷史、考古等等，其內涵多采多姿，不像風景那樣單純，所以有位朋友感受到，也曾向我說到：「沒有歷史背景作思考的依據，古蹟不過是斷瓦殘垣」，在過往的百十年經驗裡，感覺台灣幾乎是個全無歷史感的地方。大家虛空地、片斷地、平面地生活在現代的時空裡，最遠只能追溯到自己的童年。就連對出生、成長的「家」的概念也很模糊……現在身邊的朋友（尤其是都會區）沒有一人是住在自己當年出生的地方，成長的地方，「家」所代表的，往往只是「一間公寓、一個門牌號碼而已。」所以當你決定,要去探訪古蹟之前，一定要蒐集、詳讀相關資料。簡單地說，無論是在行前、行後或是在探訪途中，一份完整而詳細的資料是必須的，它可以幫

助你做事前的規劃與認識，在旅行中爲作你註解、對照，並作爲日後回憶、研究的憑據。

(二)蒐集什麼資料？去哪裡蒐集？

但是緊接著問題又來了，要蒐集些什麼資料，這些資料又要去那裡蒐集？

資料的種類當然以文字圖片爲主，目前台灣有幾家出版社（如自立報系、聯經報系、台原、稻鄉、遠足、遠流、眾文、前衛、知書房、玉山、常民文化、稻田、雄獅、藝術、晨星、博揚……等），出版相當多的台灣史書，可以在各大書店的台灣史地類書櫃輕易地找到。較學術性的資料，也可以在公家機關如中央研究院台史所、民族所、故宮博物院、中央圖書館台灣分館、台灣大學、成功大學、台中圖書館、各縣市文化局（文化中心）、文獻會找到，至於一般民間機構如私立鹿港民俗文物館、台中的台灣民俗文物館，台南的台灣教會歷史資料館，及網站資料庫、各地寺廟或各姓宗族收藏的文物、古契書、畫畫、族譜……更是不勝枚舉。近年行政院文建會發行的《台灣文化資產保存年鑑》更是很好的入門索引工具書，內容洋洋大觀，應有盡有。

不過，這裡要特別指出一般大眾容易犯的刻板印象，以爲參觀古蹟只要看些介紹古蹟的資料就夠，事實上任何一門學問不是單一知識就建立得起來，需要和其他相關學科參合、印證，其中最重要的當然是歷史背景，否則看了老半天即使深入了解古蹟建築、裝飾、雕刻，還是感到很突兀、很孤立，一趟參訪下來，事後只有「無來也無去，本來無一事」的蒼茫感。所以資料蒐集多

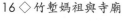

多益善，只要與參觀的古蹟有關係，自然都不能輕易地放過。

(三)多看多聽，愈來愈有趣味

古蹟包含層面既多且廣，非三言兩語即可道盡，若是能多向地方耆老、學者專家們詢問請教，或是參訪中多聽當地人士、嚮導、古蹟解說員、地方文史工作者的解釋，如此多看多聽之後，再親自接觸，用心體會，用眼細看，則會覺得愈來愈有心得，愈來愈有興趣了。而且如果時間緊湊，寧願在一個地點瞧上老半天，細細的品味，不要爭多尚博，為了多跑些地方，浮光掠影地走過，那將有如走馬看花，毫無所得。

因此事先行程的安排、食宿、交通的預訂極為重要，所以初次作古蹟之旅，應該先從住家附近開始，或是古蹟較多較集中的古老城鎮，如台南、鹿港、艋舺（萬華）、淡水、三峽等等起步。等看多了、有了心得，想做比較專門深入的研究，可按自己的喜好選擇安排，在地圖上畫出自己所要去的地方，就交通次序一一列在表上，然後估計每一據點所需花費的時間，再做增減取捨。有些古蹟在偏僻地點，沒有住宿場所，可以找附近較大城鎮的寺廟、民宅住宿，吃吃當地的小吃，和當地居民交談，往往有意想不到的收獲。

(四)攜帶配備妙用多

季節氣候對參觀也有影響，不過只要行程安排得當，無論寒冬酷暑，颱風下雨都無所謂，但是若要拍照攝影，自然要挑個晴朗好天氣。此外，原子筆、筆記本、傳統照相機（含閃光燈）、

數位相機、簡單藥包、旅行包、錄音機（錄音筆）、地圖、手電筒、雨傘、雨衣等小東西，妙用多多，是參觀前必備的配備。總之，一句老話── 事前準備愈充分，事後成果愈豐盛。

四、參觀寺廟之一

以下我們就以佔古蹟數量最重要也最多的寺廟為例，作一說明。參觀寺廟時一般人較易犯的毛病，大半是從邊門或後門進入寺廟，然後走馬看花地對廟宇內的陳設作一番瀏覽，其實這是不夠，也是不對的參觀方式。

(一)先觀察廟宇外貌與本身的風水

看廟宇的古蹟，首先應當站在廟宇門外廣場，將整個廟宇外貌端詳一遍，四周走走，細心觀察它與附近屋宇、聚落、市集、道路……等有何關聯，尤其是廟宇本身的風水穴位；經過這麼一番觀察、體認，才能了解其全貌。有了初步的認識後，接著才從山川門進入廟內。進入廟宇，我們要看的重點有兩大類，一是歷史文物，一是建築裝飾。

(二)碑文是最確實的歷史史料

先從歷史文物說起。進到廟宇中，應先看看有沒有古碑，有的話，要把碑文詳細看一遍，以便對廟宇的歷史沿革有所了解。台灣廟宇的古碑內容大概可分成三種：

1. 記載廟宇歷史沿革的碑：讀了自然可以了解這座廟的歷史，並且對這座廟所在地方的沿革也有所了解。尤其可以順便對照一般介紹該廟宇古蹟書籍、簡介的對錯詳略，因為坊間介紹古蹟的書籍及簡介錯誤實在太多了。

2. 公告周知的碑：這種碑往往有「奉憲」兩字，是清代官府的公告。由於廟宇是一般大眾經常出入的地方，就把公告刻碑嵌在廟宇牆壁上，讓進出的民眾可以看到。我們由碑文內容，可以窺見當時社會現象，是最好的社會史料。

3. 捐款名單的碑：當廟宇新建重修時，都會將捐款的官宦士紳、團體行會、村莊、平民信徒名字刻上，一方面作為感恩圖謝，一方面等於公告收支，以昭公信。透過這種碑文，我們除了可以了解廟的建修過程外，進一步可知當時有那些官吏、士紳、望族、大姓、莊民、行會的存在，又由捐款數目可以了解當時經濟狀態、物價水準。

碑文是最確實的歷史史料，可嘆一些廟宇管理人不重視，在過去往往棄置一旁，任憑風吹雨打的侵蝕，以致字跡漫漶模糊看不清楚，甚至自作聰明的毀棄，另刻新碑說明，內容參差有誤。現在則描金塗朱，錯誤猶然。

(三)匾聯富歷史價值及文學之美

看完古碑之後，接著抬頭觀看「匾」、「聯」。「匾」是地方官吏士紳敬獻，看了匾，一則可以知道有那些人在當地作過官或是當年當地有那些名流士紳，再則欣賞他們的筆跡，甚至可以知道

某些神靈故事。至於楹聯可看的內涵更多了，有的是說明供奉神明的由來、性格或是使命，有的描述附近風光景色，有的追敘先民渡台來此地開拓建廟的開發經過，這些都非常重要，除了有歷史價值外，也有文學及書法之美。

(四)香爐可知廟宇的創建年代

除了匾、聯外，一般人容易忽略的香爐也是要參觀的。根據台灣習俗，廟宇創立時，都有木香爐或是石香爐，這些香爐很少更換，只要找到石香爐，就可以知道這座廟的創建年代，比起方志史書的記載，更為正確可靠。至於某些寺廟的神桌桌腳也有捐獻人士、團體的紀錄，也是我們要注意的地方。碑、匾、聯、爐都看過後，下一步要看神像了。

(五)供奉的神像可以了解當地居民祖籍

看供奉的神像，除可以了解這裡的民間信仰外，也可以了解這裡居民的祖籍。當年我們先民「唐山過海來台灣」來開墾土地時，為求取平安，或供奉小神像，或隨身佩戴香火，渡海來台，由於各地居民供奉不同的鄉土神，因此從神明種類自然可以分辨出原鄉籍貫。所以台灣居民不但有祖籍，連神明也有，譬如同樣的媽祖神像，就有不同分別，銀同媽是從泉州府同安縣來的，溫陵媽是從泉州晉江縣來的，湄州媽則是從興化府的湄州嶼來的。

一般說來，廟宇正殿的主神是最重要的，不過正殿兩旁及後殿所供奉的神像、牌位也有特殊價值。因為後殿或廂房往往供奉

對當地或該座廟宇興修有功的人的塑像、牌位或長生祿位，也有節婦、義士、善人的牌位、塑像，從鄉土史角度來看，這些遠比正殿神像價值還要高。

對於這些古碑、古匾、古聯、古爐、古像的保存維護，常因廟宇管理人缺乏知識而慘遭破壞。比如傾斜了，以鋼筋水泥重建，字跡模糊或燻黑了，予以重新粉刷描摩，甚至等而下之偽造古碑、匾、聯以抬高廟宇年代古老價值，混淆視聽。種種五光十色，離奇荒唐之舉都有，令人痛心不已。

歐美、日本的先進國家則有一套維修作法，他們先聘請專家將古蹟古物拍照存檔，並且繪圖記錄，包括不同角度的立體、平面、透視、景觀等各種圖形，並請學者考證其沿革變遷，以後如再整修時，儘量依原來形狀重建，留供後代子孫紀念，或外地人士觀光。台灣古蹟的修護保存及再利用，在二十年來的摸索學習之下，目前已有長足的進步，只是仍有很大的改善空間。

五、參觀寺廟之二

觀看完了寺廟的石碑、匾額、楹聯、香爐、神像，了解了該廟的傳說、沿革，及神話故事、祭祀團體、祀神祭儀後，我們進一步要參觀它的建築裝飾。

我們參觀一座廟宇建築時，如果已經具備了一些基本知識，自然可以提高興趣。就建築而言，寺廟建築表現最為繁複，舉凡一磚、一柱、一瓦均有其獨特之處，開始觀看時，必須有先後步驟。首先要注意建築物的平面格局，除了前面介紹過的空間配置外，還要注意到山門、拜亭、正殿、後殿、庭園等，集中在一條

中軸線上（又稱分金線），四周用磚牆、廂房或長廊圍繞起來，形成一進又一進的殿堂，由殿堂的多少、面積、大小，及三川門的門數來顯示這座廟宇及主神地位的尊卑。

其次再看這座寺廟的立面形式——基座、屋身、屋頂三大部分。基座可看的有石砛、柱珠、磉石、御魁、石鼓、石獅、門箱等。屋身又可分成牆身、棟架來看，牆身可看的有石垛、水車垛、龍柱、四個點金柱、副點柱、封柱、平柱；棟架可以看到瓜柱、瓜筒、獅座、員光、托木、吊筒、斗栱、藻井、刀卦籤、樑木、壽樑、彎枋、連栱、疊斗等部分。屋頂可看的有簷板、筒瓦、瓦當、滴水、屋脊、鵝頭、剪黏、交趾燒、鳥踏仔、規帶、餞頭等。這三大部分都有其一定的比例與做法，在一連串的殿堂、廂房建築物中，其整體立面形式，由低變高再漸低，呈現出一種抑揚頓挫的節奏，形成一種有機體的韻律效果。在細部結構線條上用曲線，除圓弧、橢圓、反曲等線外，還有拋物線，尤其是屋頂坡度的曲線，這種曲線除了增加外形活潑的美感外，其沉穩微揚上翹的姿態，更顯示了一種收放自如、雄偉典麗氣勢。而木結構的建築，以支柱承托屋頂重量，開間大小可隨意變化，門窗式樣可以靈活運用，裝飾方面也較磚石方便。錯綜複雜的榫鉚結合技巧，更是獨到之處。而且結構部分充分外露，使建築力學明白顯示，讓居住、參觀的人，能一目瞭然，有安全感，並不是僅做裝飾好看的。

最後才去欣賞建築裝飾的藝術，這方面主要有石刻、木作：石刻方面有石獅、龍柱、石鼓、石珠；木作多為表現斗栱、托木、門牆、隔扇、籤筒上；此外又有剪黏、交趾陶、壁畫、彩

繪，磁磚圖案等等。綜觀這些廟宇雕刻，早期注重厚實簡樸的表現，中期較注重細部與裝飾性，晚近則轉向形式主義而不重精神。剪黏藝術早期則以彩色陶片、碗片、白灰塑造人物、動物與植物，近代則改成庸俗發亮的玻璃片。以低溫燒成，集燒陶與雕塑技法於一體的交趾陶也沒落了。壁畫、彩繪受損最大，過去以礦物性色料作畫的技法今已不見，現在幾乎是塑膠漆與油漆的天下了。再加上台灣海洋型潮溼悶熱氣候影響，約五十年週期，廟宇總要整修一番，這一整修，「除舊佈新」，往往破壞原味，已難得見到傳統精美藝術的保留。

　　不過，話又說回來，建築藝術是表現其時代背景與當時社會環境。像廟宇這種古蹟的建築價值，不在其規模是否宏美，型式是否典麗，而在於反映當時社會與心理狀況。建築藝術的發展，不論在那個時代，都是隨社會的演化而前進，表現出一個地方的藝術與文化傳統。因此廟宇的興建整修，匠師們已將地方藝術與文化傳統盡其所能的雕鏤繪寫於其中，歷經長期增修演變，事實上也累積了地方文化和民俗藝術的時代特色。因此，寺廟古蹟的修復固然「修舊如舊」，將時間凍結在某一斷代，而忽略了其後及現代的演變特色，個人也不認為盡然是對的觀念，傳統與現代如何協調並存，仍是有很大的討論空間。

　　總之，台灣的寺廟，在先民敬神祈福心態下，往往捐獻財力，盡其所能為神明建造一座盡善盡美的廟宇。因此不惜任何代價，雇請高明匠師，務求將人間美好藝術裝飾在神明身邊。這些藝術，沒有冷峻嚴肅的說教味道，它單純的、直接的、天真的表露一般人民的感情。以象徵手法，把自然形象、心中願望表現出

來，而這些世代相傳的匠師技工，也許沒有受過多少教育，終其一生默默爲某一種傳統形式而製作，也許大膽的加上一些創意一些新樣，但不強調自我，不突顯個性，由於世代相沿，把共通性顯示出來，也會無意間自然地流露出他們對美的觀點，充分呈現出民間的、世俗的、地方的特色。也因此台灣寺廟建築是民間藝術的總匯，它匯集了彩畫、書法、木彫、石彫、泥塑、陶瓷、剪黏、服飾、器物、手藝，甚至詩詞文學，戲劇表演也都是，有人稱它是民俗的花，藝術的果，是當之無愧的。

只是不知你有沒有具備中國藝術的素養，否則對一位門外漢而言，乍看之下，所有廟宇，千篇一律，無啥看頭，味同嚼蠟。「外行的看熱鬧，內行的看門道」，在此，衷心希望親愛的各位讀者能耐下心，仔細地，一次再一次去實地體驗，去欣賞這豐富深層的文化內涵。

六、參觀寺廟之三

在台灣，宗教信仰是日常生活的一部分，日常生活的活動常藉助廟宇進行。廟宇空間除了最主要的祭祀空間外，生活空間亦很重要，故廟宇的空間設計，務使當地居民能夠直接參與融入。

台灣古蹟以寺廟、民宅居多，參觀寺廟先要認知它的空間模式。

寺廟的活動可以用「廟會活動」概括，底下又包括宗教活動、遊憩活動、服務活動。宗教活動又含括了宗教儀式、遊客進香與傳教活動等。遊憩活動可分爲靜態觀光與動態遊樂，靜態觀光包括觀賞風景、文物古蹟、廟宇建築、神佛塑像及庭園佈置等；動

態遊樂則有野餐露營及登山踏青等；服務活動有攤販、餐飲、住宿、買賣、解籤等。由上述種種活動及其營建造成的空間及設施構成整體景觀，再由此活動關係設計成空間模式，換句話說，廟宇空間設計必須達到以上所述種種活動機能。因此台灣寺廟的空間基本上有下列五個層次：(1) 引進空間（廟埕、山川門）；(2) 主要空間（或稱儀式空間、神聖空間，指正殿）；(3) 過渡空間（或稱引導空間，指廊道、中庭）；(4) 次要空間（廂房、後殿）；(5) 其他空間（辦公室、休息處、販賣部）。以下我們依其性質敘述如後：

(一)祭祀空間

祭祀儀式是廟宇活動重心所在，在平面佈置上，主要祭祀空間位在平面中心或偏後，讓信徒經過引進空間步步升高的引導，而達到崇拜的心理高潮。在剖面設計上，將臺基逐步提高，屋頂高度亦誇張升高，使得信徒崇敬心理逐漸提昇，每走上一步臺階，心理更加肅穆，依次而進到達最高潮的主要祭祀空間──正殿。

正殿是各種儀式的進行場所，故有學者稱之爲神聖空間，信徒的上香祭拜、求籤卜卦、和尚道士的誦經法會均在此進行，是廟宇重心所在，故其臺基、屋脊，理論上應最高（神格高者，以9~11 階爲准，官府也不過 7 階），藉以突顯重要性。層層的棟架及幽深的神龕，表現了空間的悠遠神祕，再加上光線、香煙繚繞的控制。幽幽暗暗、縹縹渺渺，產生神祕、壓迫、崇敬之感，達到威嚇敬仰的目的。

反之，後殿為次要祭祀空間，它的剖面高度較正殿空間低矮，光線也比較明朗，僅供作進行上香祭拜的簡單儀式。此後再轉入側殿作附屬的祭祀活動。然後再離開廟宇祭祀空間。所以正殿→後殿→側殿的參拜動線很重要，側殿的祭祀空間也常和廊道的動線重疊。

(二)生活空間

在台灣，宗教信仰成為日常生活一部分，日常生活活動常藉助廟宇進行，所以廟宇空間除了最主要的祭祀空間外，生活空間也成為重要所在，故廟宇的生活空間設計，必須使居民能直接參與，因此，廟宇最前面的廟埕，設計成主要生活空間。廟埕本身除了廟宇宗教活動外，尚具備該地區公共活動空間，例如廟宇可以供老人閒聊、乘涼、小孩玩耍遊戲、居民辦桌宴飲、農民曬穀、漁民補網、戲台表演、攤販叫賣等，構成一幅熱鬧活潑的氣氛，所以廟埕空間的設計，需要有一個界定的空間，或採開放式的無圍牆，或採封閉式的圍牆，都須注意其流通性，並考慮廟埕大小與廟宇規模的比例，看起來才顯得舒暢恰當。

至於山川門、前亭，則是廟埕生活空間的延伸，供老人聊天、午睡、飲茶、下棋等靜態生活空間，所以面積不必太大，但必須高敞、明亮，與廟埕相連，增進空間的使用。而後院、庭園是廟宇空間最後收頭部分，屬於清靜、休閒及養心的地方，為剩餘部分，可有或無。

(三)連接空間

從活動空間進入祭祀空間，從動態到靜態，從嬉戲到肅穆，其間的連續、轉換過程極具關鍵，所以山川門、廊道的聯繫設計倍加重要。

山川門除具有靜態活動空間外，同時具備緩衝空間的作用，信徒在此，一眼就可瞧見正殿的神像及祭祀活動，在裊裊香煙中升起肅靜的心理。再透過中庭與正殿視覺的高度比例，看到了高崇的正殿屋脊，也看到高踞神龕的主神，加上在旁環伺的部將神明，更升起尊貴、神祕的崇敬膜拜之心。因此，從廟埕熱鬧的活動，轉入山川門的清淨，使信徒心理有所準備，有所轉換，是第一個極其重要的緩衝空間與連接空間。

從山川門環視後，經過廊道前進，情緒逐漸安靜虔誠，加上身旁壁堵的圖案、文字、雕像及出巡道具、執事牌的擺列，更加深壓迫感和肅靜感。因此，廊道具有穿越連接及心理提昇的空間形態。此外，廟宇的中庭，不似住宅的中庭，是住戶的活動地點；一個香爐、幾張供桌，也許在視覺、心理上有所轉變緩衝，成為性質模糊的空間，當然也是一個信徒很少活動的空間。

(四)服務空間

在平面佈置上，多半散落在動線不明顯之處，在側殿及廊道附近設有辦公室、香客休息處、餐廳和住宿處等。另外，在廟宇四周，依附著廟宇產生了許多服務空間，如市場、攤販、店舖及算命風水等行業，使得廟宇活動藉著服務空間增加，大大地促

進入民生活信仰活動。另外，隨著現代化的進展，停車場也成了必要的空間，所以應考慮車輛和行人的行動動線。台灣有不少廟宇或因地小，或因缺乏考慮，以至車輛佔用廟埕空間，使廟埕活動大受影響，今後應如何分開，成了服務空間管理設計的一大課題。至於附屬的圖書館、醫院、幼稚園等，則有賴周全的空間設計規範了。

七、參觀寺廟之四

房屋是構成聚落的基本單位與要素，不同的時代背景，不同的國家、區域、文化內涵，有著不同的居住方式，因此世界各地的房屋型態形形色色，形成各地區域特性的主要指標。寺廟是神的房屋，因此，從另一角度來觀察寺廟，可以反映當地聚落的關係。

台灣民間普設廟宇，供奉天神、地祇、物魅、人鬼，這些廟宇通常可分為官設壇廟與民設寺廟，民設寺廟又可分為四種：一、為私人所有者；二、屬於同業公有者，近似會館；三、為同籍公有者，即人群廟；四、屬於村落居民共有者，即公廟。我們可從寺廟的屬性、所拜的神明種類來了解當地聚落發展的社會、經濟、文化背景。

關於寺廟與其社會背景的對應關係，研究台灣宗教的學者大體已建立了一個發展模式理論，為大家所接受。台灣寺廟的興建可分為四期來說明：

第一期稱為渡台期，大約清初以迄乾隆初葉。此期中閩粵移民因生活困苦，相率渡海來台，歷經風濤，上岸登陸後，還要面對瘴癘之氣，水土不服，而瘟疫、旱澇、山崩、地震等天災地

變，歲時有之，加上居民五方雜處，常有械鬥、「番」害之憂，在如此極不安定環境下，求神庇佑之念特別強烈。因此常隨身由故鄉帶來守護神，抵台安定後，或將小神像、香火供在田寮、民房，甚至掛在樹梢，以供膜拜。待經濟能力許可，才放置公厝供大家膜拜，以後進而改建小祠小廟供奉，以爲答報。此期或可稱爲「有神無廟」期。

第二期爲農業期，時爲乾嘉年間。此期開墾稍有成就，漢人村庄漸多，水利灌溉設施陸續設置，爲祈求五穀豐收，六畜興旺，於是農業神明上場，各村莊普設土地公廟，或神農大帝廟（又稱五谷廟），有的建在市街交叉路口，有的建在街頭巷尾，所謂「田頭田尾土地公」正是其寫照。靠海邊的村莊，則多供奉保佑航海平安的王爺廟與媽祖廟、上帝公廟。換一句話說，此期與五穀、瘟疫、土地、漁業有關的寺廟逐漸出現增多。

第三期爲商業期，乃道咸時代。此期承前期發展情勢，開拓大展，村庄眾多，形成市街，商號林立，貿易發達，經濟力、生產力大增之下，土地資本換成商業資本，行業日多之下，出現了許多同業或同鄉寺廟的擴建增修，換句話，商業神（財神）上揚普設。

第四期爲飽和期，爲同光年間時期。此時期文治武備燦然而具，各地村庄由市街更發展成城鎮都市，於是寺廟益多，規模愈具。這時期有如下幾點特色：一、一些重要城市成爲縣治府治行政中樞所在，社會組織趨於嚴密，官方控制力量強化，出現了文武廟、城隍廟、社稷壇、節孝祠等官方寺廟。二、文昌祠的出現，代表人文普及，讀書科舉風氣提升。三、職業行神更加隆

盛。四、家廟宗祠興建，漸有宗親之組織規模。

　　所以，我們可以明白寺廟的興衰與社會發展息息相關，而隨著市鎮機能的轉變擴展，不同性質的寺廟也隨著有所興衰。觀察台灣寺廟的發展過程，無異說明了這個地方的開發過程，例如泉州人的鄉土神主要有廣澤尊王、王爺、保儀尊王、觀音佛祖（晉江、惠安、南安三邑人）、保生大帝（同安人）、清水祖師（安溪人）。漳州人供奉開漳聖王。粵東人（或客家人）守護神為三山國王、三官大帝，汀州人供奉定光古佛，金門人供奉蘇府王爺。因此從這地方寺廟所供奉的神明，可以了解這地區當初是由那一籍貫的移民所開發的，閩人地區自然粵廟少或沒有，反之亦然。而泉人地區亦少有漳廟，反之亦然。

　　不過，要進一步補充的是，以上按時代區分寺廟發展過程，並不是固定的，一成不變的，還要考慮各方面因素。比如泉州臨海，泉人善於經商，故泉人來台聚居港口業商，港口多泉廟。漳州較偏內陸，漳人來台多深入內陸平原務農，故多漳廟。安溪人多居於山邊丘陵地，開墾山林種茶伐樟製腦，故多祖師廟。又如城市居民五方雜處混居，因官府控制力量雄厚，彼此較能相安無事，所以各種寺廟都有。當然，有些城市也全非如此，北部的新莊，原是閩粵混居市街，後因道光、咸豐年間一連串的分類械鬥，粵人避禍，舉族遷往桃、竹、苗地區，留下的三山國王廟被閩人佔據改為「三仙國王廟」，供奉劉、關、張桃園三結義，即是一例。此外，也不可忽略政治情勢的影響，如主政的大官是漳泉人，自會鼓勵倡建漳泉廟，而粵人一再受限移民台灣，故三山國王廟要遲至乾嘉之後才漸增，而眾多的義民廟或褒忠祠，也是

在林爽文抗清事件之後才出現增多。

　　除了籍貫、政治因素外，地理條件也要注意，如港口多媽祖廟、水仙宮；土地貧瘠，瘟疫頻繁的嘉南靠海鹽分地區，王爺廟眾多。又如經濟富庶，開發較早的地區，寺廟分布密集，如台北、台南、台中、新竹、彰化；反之，花蓮、台東寺廟最少。所以參觀寺廟不單只是看宗教信仰，它同時呈現了這地區開發的諸多面貌，我們可以這麼說，台灣的寺廟紀錄了豐富而詳細的社會歷史；一座寺廟史，宛如時間膠囊，濃縮記錄了台灣四百年的漢人開拓史。

八、參觀寺廟之五

　　宗教具有生存、求知、整合三大功能，所以透過共同的宗教活動，可以強化一個群體的社會凝聚力，而不論個人或群體，往往藉著各種不同宗教活動中的種種儀式與行為，表達其信仰理念與情感。

　　二千年來的一部中國史、四百年來的台灣開發史，政治與宗教相互間維持著一個很微妙很尷尬的關係，一方面民間扛著宗教旗子組織群眾，反對官府朝廷，一方面官府藉著宗教活動來安撫民心，維持社會秩序。宗教在中國、在台灣無論是官方或民間，始終很難脫離手段性、功利性、工具性的色彩。這麼一個很生活化、很入世的宗教，民間難免將人世間種種的一切反射到宗教裡。例如人間有皇帝與百官，神的世界也就有玉皇大帝與文武百官，各有職司、神階，人間有中央與地方等級，神明世界也有府、縣等級的城隍；人間有食衣住行、七情六慾之所需，神也有

誕辰、娶妻、子女的情形。因此有了各地民間節慶和宗教祭儀。

　　各地的廟會活動和神誕祭儀，亦是源自該地社群對超自然的一種認知體系，透過一連串的儀式行為及象徵實體以表達其信仰理念與情感需求。同樣地，透過這些節慶的種種活動，使個人、家族和社群之間，能有所調整，並強化個人與群體的情感與認同，藉此達到和諧團結的作用。而民間戲曲技藝表演往往伴隨著歲時節令、宗教祭儀或婚喪喜慶而來，最常見的仍是在宗教祭儀活動中，每逢寺廟神誕慶典、神明出巡繞境或進香刈火及作醮建醮等盛大祭儀活動，往往可見到一連串陣頭遊藝表演，以及地方戲曲的演出。當然，環繞在周圍的是手工藝品、食品的展示擺售，與其他流動攤販的聚集形成熱鬧滾滾的廟會活動。總之，整個宗教活動的內涵，基本上是以信仰及儀式為核心，逐漸向外緣形成一環又一環、一波又一波的活動，藉此滿足民眾的各種需求，交融成一個綜合性、開放性、自由性的社群活動。更簡單地說，在整個宗教活動中，基本上同時含有神聖性、世俗性兩種象徵範疇的交替運作。

　　民間戲曲及陣頭遊藝團體，依其組織型態，可分為業餘性的「子弟團」，與職業性的團體。一般地方性宗教活動的戲曲表演，其劇團來源主要是聚落中的子弟團。往昔各村落都有「曲館」或「子弟館」，這些村庄裡的良家子弟，聚集館中向長輩學習曲藝，遇有節慶廟會，有錢的出錢，有力的出力，參與表演以酬神謝恩，不同於職業戲班的伶人，故稱為子弟團。一般子弟團都與地方上的寺廟有極密切的關係，子弟團附近的廟成為他的「角頭廟」，子弟團也成為廟的特約子弟。早期子弟團的活動

十分普遍，演唱北管、南管、高甲、歌仔、車鼓、皮黃、潮州戲等。其中最普遍，活動最多的北管子弟團，其名稱通常是軒、園、社、堂，也有用齋、閣、會、團者。其戲曲表演可分成「扮仙戲」與「作戲」，搬演戲文，兩階段演出。

扮仙戲在正式戲曲演出前上演，充分表現酬神與祈福的儀式行為的功能和象徵意涵。內容不外乎：一扮天官賜福、二扮八仙或醉仙、三扮三仙會。在扮仙戲之前，戲團需準備牲禮，朝向廟的方向上香祝禱。扮仙出場時，各仙有各仙的曲牌配樂，從上妝到出場，及手持代表象徵意義的吉祥物（八吉祥，又分佛教八寶：輪、螺、傘、蓋、花、罐、魚、長；道教八寶：葫蘆、扇子、竹簡或漁鼓、寶劍或拂塵、荷花、竹簫、花籃（或響板、玉笛、碗）、笏（或節杖、雲陽板）；儒學八寶：珍珠、玉磬、方勝紋、犀角、書畫寶卷、金銀錠或元寶、卍字紋、艾葉），一方面表達對神的慶賀，一方面藉由模擬的儀式性行為，分散到觀賞者與請戲者身上，表演者本身已超越了世俗性的範疇，具備了神祇的靈力與意含，透過諸仙的聚合及其角色間的互動所呈現的情節和內涵，反映民間的價值理念，以及對人生的期望與追求，在扮仙戲的過程中，祭祀的主神、戲中的仙人及台下的群眾三者之間透過一連串象徵性的儀式行為，和一些象徵實體，達到交融狀態。簡單地說，由於扮仙戲的角色，多是擬人化的神祇，藉由對這些神祇行為的刻劃，信徒可滿足在現實人生中難以達成的願望，並可透過這些神祇表達信徒對主神的酬謝祝壽與祈福求願的動機。

扮仙戲之後，便進入世俗範疇，開始演出世俗性的戲曲。要之，在傳統的農業社會裡，生活、信仰、工作與娛樂是混為一

體的，生活的節奏是與農業的耕作收成週期密切關連的。農事休閒的時間就是祭神舉行儀式的時候，而藉娛神酬謝的機會，才會有演戲唱曲的活動。所以台灣民間戲曲表演一向與寺廟社祭有不可分的關係，傳統舞台、民間劇場，一般多建築在寺廟之前，有的甚至就是寺廟建築的一部分。前已說過，聚落中權力最具體的象徵在於寺廟，它是村莊裡的集會場所，也是居民團結的中心，兼具有經濟、娛樂、防禦、祭典、協調與教育的多元性功能，而這些功能以及儀式，都含有重要的社會意義，也即是說早期移民渡台開墾，有賴神明庇佑，所以在開發一個地方後，必先建廟來答報神明福佑，二則鞏固其勢力範圍，三則建立神聖體系以驅魔厭勝。因此居民受神明保護，同樣也需要以最大熱誠來奉獻神，保護廟。由於對神對廟的虔敬，神的誕辰、飛昇與廟的慶典、慶成，便成為地方大事，因此地方上的祭祀活動，也就顯得特別頻繁與隆重。在各種祀典中，戲曲演出自是不可缺少的部分，伶人利用寺廟舉行祭典的機會，來表演技藝糊口，而寺廟因戲曲的演出，來吸引更多的信徒與香火。久之，民間常因戲曲結社，來配合地方上的活動，並作為促進社群組織的基石，演變到最後，戲曲表演取代了某些古禮，成為民間婚喪喜慶活動的主要儀式，可知民間社火、寺廟和戲曲已熔為一爐，祭祀與戲曲活動成為傳統封閉的鄉民社會中最開放的主要活動。

　　如今，因社會變遷，戲曲活動已失去種種功能，淪落為最原始的功能，成為宗教儀式之一種，一些民眾也習慣以出錢演戲作為向神鬼報答還願的方式，演劇迎神遠近譁，迎神賽社且高歌，這種日子已走遠了，寺廟舞台也消失了！所幸它的功能還在，但往後呢？

九、參觀寺廟之六

　　台灣常見的迎神賽會，寺廟的神明出巡繞境，或進香團，遠遠望去，只見一排長長的隊伍，鑼鼓喧天，炮聲不絕，街道兩旁擠滿了人群，信徒店家擺起香案牲禮，恭迎神駕，好不熱鬧的迎神場面。只是，這一長長隊伍裡頭，有何看頭？又有何名堂呢？

　　通常迎神行列，都是以繡有寺廟及主神的頭旗，及寫著遊行路線的路關牌為前導，這兩種在迎神行列中常見的開路旗牌，是整支隊伍的代表，具有神聖性象徵，負責向行經的寺廟致敬，或向出迎的寺廟陣頭答禮，持頭旗者，必是訓練有素，德性良好者，其揮旗致禮有一定的步法。此外，近來也流行在旗牌前面有一小丑型的哨兵，俗稱「舖馬仔」（一作「報馬仔」），頭戴斗笠，背負雨傘，脖子掛著圈餅，腰繫豬腳和洋蔥，褲管一長一短，沿途又跑又跳地敲打小鑼，通知大家神明已來了。

　　頭旗之後，接著是舞獅隊打頭陣，其後是龍陣、鑼鼓陣隊、曲藝表演的藝陣。這些藝陣的各種表演，或打諢逗趣，或魚龍曼衍，精彩的活動，引導整個場面進入歡樂氣氛，使得龐大迎神隊伍顯得多采多姿。一到廟前廣場，或大戶人家門口，即圍成一圈，表演各種精彩內容供信徒居民觀賞，或使出渾身解數以博得賞金押爐。由於陣頭表演，聲勢熱鬧，鑼鼓喧天，不僅提供豐富的娛樂表演，更因能招來吉祥，普受歡迎，所以自古以來，每逢迎神賽會，慶典節日，都會邀請陣頭助陣演出，形成現今遍及台灣，洋溢歡樂氣氛的各種民俗遊藝。

民俗遊藝的種類繁多，在台灣民間俗稱「藝陣」，藝指藝閣，陣指陣頭。陣頭名堂很多，分類不易，民俗專家黃文博先生曾將之分爲六類：一、宗教陣頭：具有宗教功能或信仰意義的陣頭。二、小戲陣頭：帶有民間小戲味道和色彩的陣頭。三、趣味陣頭：純屬趣味和僅在增湊熱鬧的陣頭。四、香陣陣頭：附著或寄生於香陣行列中的陣頭。五、音樂陣頭：以演奏或歌唱爲主要形態的陣頭。六、喪葬陣頭：出現於喪葬禮俗或行列中的陣頭。並分析指出陣頭的發展，不管是陣種、形態，南部都要比中北部來得蓬勃熱絡。而且「職業陣」多花俏，業餘性質的「庄頭陣」較傳統。不過，由於藝陣的種類變化很大，推陳出新，不是消失，便是改得面目全非，這種分類雖有利於資料整理與分析，個人以爲治絲益棼，反而不如傳統分成「武陣」與「文陣」來得簡潔扼要。

　　武陣大體上包括獅陣、龍陣、宋江陣、八家將等等。這些陣頭，都是以武術爲基礎的子弟團，皆有固定的組織，各有其崇拜的守護神，多以某一廟宇爲會所，凡加入陣隊者，必經過入館儀式，拜師學藝，遵守戒律，平日在館中練武強身，一旦鄉里有事，便負起保衛鄉梓的任務，地方上有廟會節慶活動，則組隊「出陣」表演。往年，每次地方的迎神賽會，各武陣陣頭，爲贏取觀眾喝采，無不使出渾身解數，爭強鬥勝的結果，「輸人不輸陣」，往往有激烈的「拼陣」或「拼館」，造成流血衝突事件。

　　文陣指的是曲管團體與遊藝表演團體，這些團體多是由村人自行組成的業餘表演的子弟團類型，俗稱文館或曲館。其表演內容多取材自農村生活，例如有牛犁陣、車（跳）鼓陣、布馬陣、鬥牛陣、高蹺陣、跑旱船，以及藝閣的化妝遊街等等，皆屬於民

間歌舞小戲及雜技的表演，不需繁複的身段與高難度的技巧，舞蹈動作較為簡單，角色扮演也有限。

藝閣是「詩意藝閣」的簡稱，也叫「詩藝閣」，有「蜈蚣閣」和「妝台閣」兩種。蜈蚣閣是指大型串連在一起的藝閣，俗稱「蜈蚣坪」，目前已獨立於藝閣之外，自行成為一陣頭，即大家熟知的「蜈蚣陣」。妝台閣則指小型藝閣，在一方台上搭設富麗堂皇的樓閣佈景，內有小孩或模特兒扮演角色，其題材多出自民間傳說，戲曲故事，美侖美奐，使人看得目不暇給。早期藝閣都是由人力肩扛，以後演進到置於牛車、三輪車上，其後馬達三輪車及鐵牛車出現，成為推動的交通工具，至今更進步到採用貨車、卡車。除了藝閣外，近年「送王爺」的儀式中，平常供祀在廟中的王船也出現在行列中，稱為「王船閣」，也被認定是藝閣的一種了。

陣頭之後，便是由各團體信徒組成的神將會，即各種神偶遊行團體、家將團、莊儀團，包括了神格較低的神祇，主神的部將、護衛，然後才是主神。神偶團體，常見的有神童團、彌勒團、福德團等，這些大型神偶，是以竹材為骨架，再以紙、布糊製而成，由「力士」在裡面撐持著，又搖又擺走各種舞步，顯得滑稽有趣，壯大主神聲勢，近年更形成所謂「電音三太子」，配合舞曲擺動，逗趣有力，配上華麗的戰甲，可愛童稚的偶頭，背後插上五鋒令旗，廣受歡迎，成為一大新寵。

家將團是由人扮成神兵神將的儀式性隊伍，演出時多為八人，俗稱八家將。家將團主要功能在於協助主神驅鬼伏妖，是神界的巡捕組織，也是主神的隨從、部將。因此家將團常見於王爺廟、城隍廟、青山王宮等，一方面保護主神，一方面維護地方安

寧。各地的家將團，在武器、面譜和陣式均不相同，並有一套繁複的出巡儀式禁忌。如出巡前三天，須住進廟中，齋戒沐浴，禁絕酒色。出巡當日，由面譜師為各將畫面譜時，先行祭拜、寫符、燒符，在各將面前揮舞，以驅邪賜靈。從「開面」、「上馬」、「開步」、「出軍」、「領令」、「出巡」，皆有一連串象徵儀式及咒法。在出巡遊街時，進退有節，其陣法、舉步，口唸咒語，皆有其內涵意義。

最後，在主神之前必是護駕將軍，例如媽祖是千里眼、順風耳；城隍爺是七爺、八爺，通常是製成大型神偶，由莊儀團的成員撐持著遊行。總之，末尾的神將會具有宗教儀式濃厚色彩，並非以世俗性的娛樂為目的。

十、結語

重視同宗同鄉的關係，是中國傳統社會的一項特徵。而中國村落因構成成員的性質，可以分為血緣的村落與地緣的村落。前者係一村由同血緣者，即同姓者所構成，以宗祠為表徵，也是較有財富權勢的家族建立的。後者係雜姓眾人居住同一村落，以信仰同一鄉土神為表徵，而建立會館、公廟。

中國傳統原十分重視血統關係，聚落之形成亦多因於血緣，因此常常同姓者形成一村，或佔絕對多數，此種現象，華南比華北多，直到清末，在福建與廣東仍是如此。但是台灣的開發，由於早年清廷的嚴厲禁止移民攜家帶眷來台灣，先天上便很難形成一村只有一姓的血緣村落，加以鄭氏的兵屯，及清領時期由大租戶、小租戶多方招徠同鄉的農民開墾，因此形成的村落大多是一

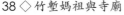

村多姓的異姓村落，也就是地緣村落。而移民爲確保墾荒成果與彼此相助的需要，於是形成鄉黨主義的村落。地緣聚落的形成，對都市發展影響甚大，因爲血緣聚落基於血統上的隸屬關係，傳統家長式權威較大，易趨於保守、排外，形成內動性的閉塞社會型態，不利於都市化的形成與發展。反之，地緣村落的組成，乃基於互相需要，排除家族權威的自限，爲謀求共同的發展，必須不斷接納吸收更多成員以壯大，維護共同利益。

根據學者的調查與研究，台灣村落因形成的基礎條件，以及特徵的不同，大約以十九世紀中葉爲一分水嶺。這之前，台灣初開發，具有強烈的移墾色彩，因此來台者單身多而成家者較少，更別談舉族或舉家同遷到台灣。且由於移墾者流動性大，男女比例落差大，故早期村落是以地緣關係爲整合凝聚人群基礎。於是開發某一地區時，不論招募墾丁佃農，或興建水利圳溝，大都以祖籍相同者爲對象，形成鄉黨主義的村落，於是泉州人組成泉州人的村落，漳州人組成漳州人的村落，客家人組成客家人的村落。這種村落較少建立有血緣意義的祠堂，通常是建立村莊公廟，供奉原鄉的鄉土神，作爲村落的自治自衛中心。例如泉屬同安移民村落供奉保生大帝，泉屬三邑人供奉觀音菩薩，泉屬安溪人供奉清水祖師，漳州人供奉開漳聖王，潮惠粵東移民奉祀三山國王均是。這種鄉土神的祭祀就是包含有地緣關係的意識。

台灣移民社會進入十九世紀中葉時，便產生極大變化。因定居日久，視台灣爲家鄉，不再強調祖籍，而以現居地爲認同對象，因而導致原來畛域分明的鄉土神祭祀產生融合，簡單地說，就是信仰圈的擴大，與尊奉神祇的漸趨統一。以往屬於某籍貫信

仰祭祀的鄉土神，逐漸超越原有祖籍群體，變爲不同祖籍而居住同一地區內的居民所共同膜拜，成爲一新的「台灣神」，也說明了台灣已由移墾性的社會，轉變成一定居的土著性社會，也因此，地緣性村落乃逐漸失去其凝聚社會與整合社會的角色與功能。不過，這其間，寺廟的功能作用並沒有因而改變、消失。

　　台灣的寺廟可粗分爲官設壇廟與民設寺廟兩類。民設寺廟又可分成四種：一、爲私人所有者，二、屬於同業公有的，三、同籍公有者，四、屬於村落居民共有者，即公廟。在台灣，以公廟最多，也最能表現地緣村落的性格，成爲觀察研究台灣早期基層社會的一個變相村際單位組織。

　　宗教爲人類社會生活之不可或缺，宗教有其重要的功能意義。研究宗教行爲的人類學家，認爲宗教存在於人類社會有三大功能：即生存、整合與認知三功能。所謂生存功能是指宗教信仰可彌補安慰人類在與自然奮鬥以求生存的過程中所產生的挫折與憂慮。所謂整合功能即藉宗教信仰，整合不同人群，使人類社會生活更安祥。而認知功能是指宗教信仰維持人類認知過程的持續發展。

　　台灣的村落，一向以一村一公廟爲原則，這些公廟最初爲移民渡海及開拓初期精神之依賴，繼而以寺廟神明爲認同中心，組成各種神明會次團體，透過各種宗教活動，如分火、割香、進香、出巡、繞境，廟與廟，村與村，人與人，由神、人、廟、地的互訪交陪，建立彼此社會關係，使居民團結合作。換句話說，台灣寺廟不僅扮演宗教團體，具有宗教功能，尚具有其他世俗功能。故台灣廟宇不僅是民間信仰中心，同時

也成為聚落自治及行會自治的中心，具有自衛、自治、涉外、社交、教化、文化、娛樂等多元化的社會功能，舉凡地方的治安、產業、交通、教育、聯誼、娛樂等等，無不透過寺廟以推行。譬如，寺廟對都市聚落的形成發展有相當大的影響性。當聚落成立之初，寺廟隨之建立。居民屋宅便以寺廟為中心向四周或呈帶狀發展，久之寺廟自然成為聚落的地理中心。此外由於寺廟具有地方自治中樞特性，民間交易自多集結於寺廟四周，久之寺廟附近多為店舖門面，廟前後廣場多為攤販聚集，故寺廟即具有聚落經濟中心的功能，也因此，寺廟附近形成週遭農村的地方市場中心，漸而形成城鎮都市。

是以台灣寺廟除宗教功能外，又具有其他多種世俗功能，且為配合當時社會發展，必須經常調整運轉其功能，否則即會香火衰滅，慘遭沒落。所以台灣的宗教，雖是社會生活所不可或缺，卻也經常淪為其他社會制度，特別是政治與經濟制度的附屬品，深具濃厚的功利主義色彩。

第一章
長和宮（外媽祖廟）

第一節　新竹開發概略

　　新竹縣，位於台灣西北部，東北與桃園縣接壤，西南與苗栗縣爲鄰，東南與宜蘭交界，瀕台灣海峽，面積共一五二八‧八○八四平方公里。由於東南縣境之大霸尖山山脈往西北逶迤而下，故地勢在東南一帶爲高，幾全是山地，西北則爲鐵塔型，各山脈間夾有鳳山溪、竹塹溪（即頭前溪）、隙仔溪（即客雅溪）等溪流流向西北出海，是以每當季節風期，風從海岸吹入，爲東南北三方所擋，匯歸一處，增強風勢，猛力掠過，故自昔以竹塹風出名，與宜蘭之雨併稱「竹風蘭雨」。新竹氣候溫和，雨暘順適，水利普遍，以茶葉、柑橘、通草、香粉、貢丸等地方特產馳名海內外。交通運輸發達，鐵路爲清代台灣首創台北至新竹鐵路之終點，今日則縱貫鐵路可達南北，光復後鋪設橫線，經竹東而達內灣。公路四通八達，客貨車往返縣內及鄰縣各鄉鎮，自高速公路興建，交流道設在新竹市，更稱便捷快速。全縣原轄有一市（新竹市），三鎮（竹東、關西、新埔），十一鄉（竹北、香山、湖口、橫山、新豐、芎林、寶山、北埔、峨眉、尖石、五峰），民國七十一年七月一日，新竹市升格爲省轄市，轄區減少一市。

　　新竹古名竹塹，以其爲原住民竹塹社「番」所居，由番語之社名音譯而來。竹塹社「番」爲平埔「番」大窩卡斯族（Taokas）之一系，即今之賽夏族也。古時之竹塹係指頭前溪、客雅溪及鳳山溪中流以下流域之原野而言，此片荒埔昔稱竹塹埔。竹塹社「番」之由何年何地遷徙而來？渺不可稽，傳說雖多，似由香

山、鹽水港以南海澨逐漸北遷之說較爲可信。據傳明隆武元年
（1645）有紅毛人因海難船破，登陸於今之紅毛港，因而久住該
地附近。由地名之流傳至今，及混血遺裔尚多散見於附近等事
實，可見竹塹海岸早已有漢人或中外海寇船隻出入。明鄭時代，
初隸天興縣，後隸天興州，永曆三十年（1676）設通事於竹塹
社，由是竹塹之名乃傳播於一般漢人間。清康熙廿三年（1684），
隸屬諸羅縣，期間有泉州同安縣人王世傑者，率其族親鄉人來竹
開墾，至康熙末年，墾務漸進，居民日多，已形成大小村落數十
莊。雍正元年（1723），新設治，隸淡水廳竹塹堡，時雖以竹塹
爲廳治之地，惟當時竹塹，民少「番」多，淡水廳署乃僑置於彰
化縣。雍正十一年（1733），同知徐治民環植莿竹爲城，始稱「竹
塹城」，漸躍爲北台之重鎮。其後居民日聚，望治日殷，至乾隆
二十一年（1756），廳署由彰化移於竹塹，從此防「番」與墾務
進展順利，城鄉各地陸續建莊，水利建設亦多就緒，住民生活益
趨安定，書塾之設漸遍於里巷，竹塹一躍爲北台第一邑。光緒元
年（1875），北路新設台北府，廢淡水廳，轄淡水縣、新竹縣、
宜蘭縣及基隆通判廳。「新竹」之名從此而定，蓋取竹塹之「竹」，
日新又「新」之意。十三年台灣建省，十五年（1889）新苗分治，
分新竹縣地爲新竹、苗栗兩縣，以中港溪爲界。時新竹縣治設於
新竹。轄有竹塹、竹南、竹北三堡。日治期間，或因政局不穩，
或因經濟需要，行政區劃更動頻頻，至大正九年（民國九年，
1920）竹、桃、苗合併爲新竹州，轄新竹、竹東、竹南、苗栗、
大湖、中壢、桃園、大溪等八郡。光復後，恢復爲新竹縣名。

新竹實爲北台設治最早地區，乾隆間，竹塹附近漸次由閩粵人士拓墾，形成街市村庄。墾殖有成，人口增長，需求遂多，商人亦隨之日增，商業貿易趨於繁榮。嘉道間因淡水廳學宮之建置，文風丕振，人才輩出，乃有塹郊之組成。咸同以還，墾務政務，蒸蒸日上，區域開拓，發展至速，塹郊亦日趨發達壯大，積極參與地方事務。光緒年間，因對外交通之港口淤塞與中法戰役之打擊，商業日趨萎縮，經濟衰退，塹郊隨之沒落。影響所及，新竹地位一落千丈，以致治台史者，往往忽略竹塹，多著墨於「一府二鹿三艋舺」。

　　本章雖以長和宮爲主，而該廟實爲新竹塹郊金長和之會館，因此長和宮之創建興修，在在均與塹郊有關，本文擬以新竹之塹郊爲主軸，作一全面之探討，明其興衰沿革、組織貿易、衰落原因、功能貢獻，並及長和宮之創建修葺，與廟內匾聯石碑之稽考，期能略窺彼光輝史實之一頁。

第二節　塹郊之成立

　　塹郊之公號爲「金長和」，其名稱由來無可稽考，或因「金長和」公號而建廟名「長和宮」，或是因「長和宮」廟名才取號「金長和」，兩者何是已不可知。至其成立年代，亦無確切文獻可徵，茲以《新竹縣采訪冊》卷五所收諸碑碣中有關郊行者爲主，旁稽他文獻以探討塹郊成立之年代[1]。

今存方志中記載竹塹有行郊者，以陳培桂《淡水廳志》爲最早，其〈典禮志・祠祀〉「天后宮」條云：「一在北門外，乾隆七年（1742）同知莊年，守備陳士挺建。嘉慶廿四年（1819）郊戶同修。」[2]《淡水廳志》修於同治十年（1871），其時淡水廳治在新竹，則似乎嘉慶末季新竹已有郊之成立，然稽之《新竹縣采訪冊》所收諸碑碣與匾額，似又不然。

《采訪冊》中「員山子番子湖冢牧申約並禁碑」立於乾隆四十一年，碑末有「鄭恆利、羅德春、吳振利」等名號，嘉慶十六年之「大眾廟中元祀業碑」收有「益川號、吳振利、陳建興、羅德春」等；道光五年之「文廟碑」中有「吳振利、陳建興、吳金吉」等，彼等其先或爲墾號業戶，或爲殷戶舖號，至後來均爲塹郊中之行號或郊商，揆之乾嘉年間諸碑均以私名舖號捐獻勒題，獨未見「塹郊」之公號，應是其時尚未成立塹郊。

同書又收〈竹塹堡匾（四）〉，內載舊淡水廳歷任同知德政匾，計自嘉慶二十年至光緒十二年，共二十五方。其中「海邦所瞻」匾，落款爲「恭頌耘廬薛憲台，嘉慶乙亥年桐月吉旦竹塹眾舖戶立」，乙亥，蓋嘉慶二十年（1815）也，可見此時塹郊尚未成立，若云眾舖戶未必落款郊號，則同時之「廉明愼勤」匾，落款爲「恭頌耘廬薛憲台，嘉慶乙亥年花月吉旦，新艋泉郊舖戶立」，新莊艋舺之泉郊眾舖戶既已公然題名，塹郊若此時已成立，並無遮掩躲閃之道理。再「澤遍民番」匾爲「嘉慶丙子年臘月吉旦，治下竹塹眾舖戶敬立」，而「德齊召杜」匾爲「嘉慶二十三年葭月穀旦，淡北新艋泉郊眾舖戶立」均可佐證此事實。直到「無欲而剛」匾，落款爲「恭頌懷樸司馬曹公祖大老爺德政，治下本城紳士郊戶叩

敬立」及「愛民民愛」匾爲「治下新艋衆紳士郊舖總董等全立」；匾文中之曹公祖（大老爺），即曹謹（字懷樸），道光二十一年任，二十六年卸篆，可知塹郊是於道光年間所組成，所出現的。其後出現諸匾，則大量出現郊舖字眼，如同治年間「潔己愛民」匾爲「治下新埔紳士郊舖全叩」；「實心實政」匾爲「治下閣淡紳耆郊舖全敬立」等等皆是顯例。

同書道光十六年（1836）之「義冢捐名碑」中錄有「吳振利、羅德春、逢泰號、陵茂號、益三號」等，並較明白指稱彼等爲「紳耆舖戶」。至道光十八年（1838）「義渡碑」中，則明確稱呼爲「郊商」，碑末之捐戶姓名中赫然有「塹城金長和公捐洋銀三百圓」。名爲「塹城」，顯見塹郊之成立與淡水廳城（即竹塹城）之建置有關。淡水廳城之築建，起自道光六年（1826）十一月地方紳士、舖戶具呈籲請，翌年六月初十日興工，於道光九年八月二十日工竣，此役之案卷，經劉枝萬先生整理標點，列入「台灣文獻叢刊」第一七一種，名爲《淡水廳築城案卷》。書中所收「鄭用錫、林平侯等呈」文件中，籲請建城者，舖戶有「恆利、逢泰、益吉、泉美、泉源泰、振吉、寧勝、瑞吉、寧茂、振利、瑞芳、裕順、金吉、益三、德吉、隆源、湧源、集源、長盈、福泰、泉吉等」[3]，均爲其後塹郊之郊戶，書末所收之「淡水同知造送捐貲殷戶紳民三代履歷清冊底」、「淡水同知造送捐建各紳民銀數遞給匾式花紅姓名冊稿」二文件，乃獎賞捐建廳城之各紳民、殷戶、舖號，其中頗多即是後來塹郊中之郊商、行號[4]，惟遍觀諸文件，均未見到有關「郊」或「金長和」之字眼，而塹郊諸行舖率集中竹塹城之北門，其會所「長和宮」亦在北門口（位在崙仔庄，俗稱宮口），

則似乎塹郊之成立在竹塹城興建後，故名「塹城金長和」，換言之，塹郊之成立或在道光八、九年左右。

另外，又據日治時期新竹公學校調查之《寺廟調查書新竹廳》中記載，其中「老抽分天上聖母會」成立於嘉慶二十三年（1818），會員性質為「同鄉人（郊商）」；「中抽分天上聖母會」成立於道光八年（1828）；「新抽分天上聖母會」成立於光緒元年（1875）[5]。此調查若信實可靠，則塹郊早期是以「神明會」組織型態出現，而且早在嘉慶末年已有，但因其時尚未組織成「郊」之公會，所以早期乾嘉年間古碑，未見「塹郊」之公號，多以私名或行號勒名捐獻公益活動。至道光七年六月竹塹城興工，遂於八年正式組織成郊，名為「金長和」。復次，日治初塹郊中抽分社之規約，其前云：「竊維我塹於道光間，建造聖母廟宇及聖母靈像，恭奉有年，即名曰長和宮」[6]，參照上引諸史料，應可確定塹郊正式成立於道光年間。

其後道光廿二年之「滴子莊萬年橋碑」，碑末明確稱「塹郊金長和」。咸豐年間之「憲禁冢碑」及同治年間之「長和宮碑」、「大眾廟中元祀業碑」、「重修滴子莊萬年橋碑記」、「示禁碑」等大量碑碣中，處處可見塹郊金長和之名，可窺知塹郊其時商業繁榮，勢力駸盛，於咸同年間參與地方事務，此時為塹郊鼎盛風光時期。

第三節　塹郊之組織及貿易活動

一、貿易概況

　　塹郊成立於道光年間，創始不可謂不久，而有關其組織結構、貿遷活動、商品經濟，歷來志書尟乏記述，有之，亦極其簡略，如修於道光年間之《噶瑪蘭廳志》卷五〈風俗〉「海船」條記：「蘭與淡（按指新竹）艋郊戶，其所云北船，惟至江浙而已。」[7]所謂「北船」，同書卷五〈風俗〉「商賈」條解釋爲：「北船（往江浙、福州曰北船，往廣曰南船，往漳、泉、惠、廈曰唐山船）有『押載』。押載者，因出海（船中收攬貨物司賬者曰出海）未可輕信，郊中舉一小夥以監之。雖有六五（按，指 0.5%）抽豐，然利之所在，亦難保不無鑽營毫末也。」[8]

　　又據同治十年（1871）所修之《淡水廳志》〈風俗考〉「商賈」條載：

> 曰商賈：估客轇集，以淡爲台郡第一。貨之大者莫如油、米、次麻、豆、次糖、菁。至樟栳、茄藤、薯榔、通草、藤、苧之屬，多出內山。茶葉、樟腦，又惟內港有之。商人擇地所宜，雇船裝販，近則福州、漳、泉、廈門，遠則寧波、上海、乍浦、天津以及廣東。凡港路可通，爭相貿易。所售之值，或易他貨而還，帳目則每月十日一收。有郊戶焉，或贌船，或自置船，赴福州江浙者曰「北郊」；赴泉州者曰「泉郊」，亦稱

「頂郊」；赴廈門者曰「廈郊」，統稱爲「三郊」。
共設爐主，有總有分，按年輪流以辦郊事。其船往天
津、錦州、蓋州，又曰「大北」；上海、寧波，曰「小
北」。船中有名「出海」者，司帳及收攬貨物。復有
「押載」，所以監視出海也。至所謂「青」者，乃未熟
先糶，未收先售也。有粟青、有油青、有糖青，於新穀
未熟，新油、新糖未收時，給銀先定價值，俟熟收而還
之。菁靛則先給佃銀，令種，一年兩收。苧則四季收
之，曰頭水、二水、三水、四水。其米船遇歲歉防饑，
有禁港焉，或官禁，或商自禁，既禁，則米不得他販。
有傳幫焉，乃商自傳，視船先後到，限以若干日滿，以
次出口也。[9]

　　光緒二十四年（1898）所修之《新竹縣志初稿》〈風俗考〉「商
賈」條亦載有：

商賈：行貨曰商，居貨曰賈。貨之大者，以布帛、油、
米爲最，次糖、菁，又次麻、豆。內山則以樟腦、茶葉
爲最，次苧及枋料，又次茄藤、薯榔、通草、粗麻之
屬。以上各件，皆屬土產，擇地所宜，雇船裝販。船中
有名「出海」者，主攬收貨物。有名「押儎」者，所以
監視出海也。有柁工焉，主開駛；有倉口焉，主帳目；
其餘如水手供使令，廚子主三餐。近則運於福、漳、
泉、廈，遠則寧波、上海、乍浦、天津以及汕頭、香港
各地，往來貿易。所售之值，轉易他貨，滿儎而還，搬

運入棧，各商到棧販售。每月逢三，到各商店鋪徵收貨
值，名曰「收期帳」。以上皆現貨售賣，至所謂「青」
者，乃穀未熟而先糶，物未收而先售也，有粟青、糖
青、油青之類。先時給銀完價，俟熟，收而還之，古諺
「二月賣新絲，五月糶新穀」，即此意也。各郊共祀水
仙王，建立爐主，按年輪流辦理商務。竹屬米價頗廉，
常多運販他處。倘遇歲歉防饑，有禁港焉，或官禁，或
商禁；既禁，則米不得出口。有傳幫焉，外船到港運
販，視船先到後到，限以若干日以次出口也。[10]

此稿本文顯見抄襲《淡水廳志》，稍有增改，亦可推知：從
同治十年至光緒二十四年之卅年間，塹郊之組織及貿易情形並無
重大變異。難解者，其所敘述為新竹行郊情形，殆無可疑，而竟
無隻字片語提及「塹郊」、「金長和」等字眼，令人莫解。又光緒
二十三年所修之《苑里志》亦提及塹郊：

台灣各大市鎮業商者有水郊，台北之南北郊、新竹之金
長和郊類是。苑里前為淡廳縣轄地，非通都大邑，故無
郊。然從前以米、糖、豆、麻、苧、菁等件，由船配
運大陸者甚夥；布帛、什貨則福州、泉、廈返配，甚有
遠至寧波、上海、乍浦、天津、廣東，亦為梯航之所及
者。各商各為配運，名曰「散郊戶」。船之中有名「出
海」者，司賬及買辦貨物；復有「押儎」者，所以監督
出海也；然主持，皆出自郊戶。現金買現貨者，為「現
交關」；物未交而先收金者，為「賣青」。米、粟有

青，油、糖皆有青也，其價較現交關者爲稍低。買賣亦有依期收賬者，亦有陸續支收至年末會算收訖者。樟栳、茄藤、薯榔、通草、藤、苧各件，苑里離番山太遠，故絕少。港則以通霄、苑里、福德爲出入。日本新制，台灣各處小船只准本島運載，不得擅往大陸，而大陸船只准於三大口出入，例禁森嚴。因此，而苑里之貨物，悉由南北搬來，其價故比他處尤昂，商業爲此稍沮。[11]

光緒二十四年所修之《樹杞林志》亦載有：

台灣商業，各大市鎮皆有水郊，即如台北府之南北郊、新竹之長和郊類是。樹杞林堡爲新竹轄地，無港口往來船隻，故無郊。然該地所出之栳、茶、米、糖、豆、麻、苧、菁等項，商人擇地所宜，雇工裝販，由新竹配船運大陸者甚夥，運諸各國者亦復不少。布帛、雜貨則自福州、泉、廈返配，甚至有遠至寧波、上海、乍浦、天津、廣東，亦爲梯航之所及者。各商各爲配運，名曰散郊戶。船之中有名出海者，司賬及買辦貨物。復有押載者，所以監督出海也。然主持皆出自郊戶。現金買現貨者，爲現交關，物未交而先收金者，爲賣青。米、粟有青，糖、油、苧、豆、栳、茶亦有青也，其價較現交關者爲稍低。賣貨亦有依期收賬者，亦有陸續支收至年末會算收訖者。惟樟腦、茄藤、薯榔、通草、藤、苧等件，樹杞林堡離山未遠，故此物最盛。各商販若遇價

昂，爭相貿易。所買之貨，各雇工運至港口，乃商自
傳，視船先後到，限以若干日滿，以次出口也。[12]

　　苑里與樹杞林原屬舊新竹縣，兩地志書與上引之《新竹縣
志初稿》及《新竹縣采訪冊》，皆是日治初期所修，故內容多有
雷同，可貴者在其歧異處，如指稱台灣對大陸航海貿易之諸郊為
「水郊」[13]，未加入郊行之商人為「散郊戶」，均為其他文獻所未
見，亦可見新竹地區之郊行頗為離散，並不團結，且並未全加入
「金長和」公號組織，才會有如此記載。又如郊行之沒落乃日人
據台後，不許台灣船隻駛往大陸，及限制大陸船隻來台，致引起
物價上漲及物資缺乏，為郊行沒落之一重大原因。

　　綜上所引諸志，知：新竹行郊又稱「塹郊」、「金長和郊」，
或簡稱「長和郊」，為「水郊」之一。其組織採爐主制，或按鬮
或憑筶選出，按年輪流辦理商務，並負責祭祀事宜，其下則有郊
書等職員若干[14]，詳細編制及職掌不得而知。祭祀神明以海神媽
祖與水仙王為主。商船運載人員有出海、押載、柁工、倉口、水
手及廚子等，輸出貨品有米、糖、豆、菁、麻、苧、樟腦、茶
葉、通草、茄藤等農產品，輸入貨品則有布帛、陶器、鐵器、紙
張等什貨。其貿易地區，近則福、漳、泉、廈，遠則寧波、上
海、乍浦、天津、汕頭及香港。售貨之值，轉易他貨，滿載而
還，至港載貨下船，先將所發貨件斤兩開明，交駁船前赴釐金分
局報明課稅[15]，再將貨物搬運入棧，由次級之批發商到棧販售。
至於外銷，則由商人擇地所宜及價昂土產，雇工裝販至港口，由
自設之傳幫負責船期，視船之先後到達以次出口。

二、交易方式

　　復次，其交易方式有現金交易及賣青兩種，結帳則有陸續支收至年末結算者，亦有依期收賬，於每月逢三之日到各商店舖收賬者。其平日所用帳簿種類，有：進貨簿（上水簿）、出貨簿（支貨簿）、存貨簿（貨底簿）、櫃頭簿（號頭簿）、現採簿、現兌簿、棧房簿、日清簿、總簿等九類。兼辦零售經紀業者另有：日清簿、草清簿、兌清簿、暫浮簿、小兌貨簿、採清簿、水客簿（外水總簿）、出貨簿、府治簿、出貨蓋印簿、收帳簿等十一種類。至於帳簿之用法年份首記在帳簿首，一月稱端月或元月，二月爲花月，三月桐月，四月梅月，五月蒲月，六月荔月，七月瓜月，八月桂月，九月菊月，十月陽月，十一月葭月，十二月爲臘月。貨物之「出、入」改曰「去、來」，分記於帳簿之上下段。現款均大寫，餘則用商場俗字（俗稱蘇州碼），即「｜、｜｜、｜｜｜、乄、8、亠、亠、亖、夂、○」等碼子字，金額及數量單位書於數字之下[16]。

三、收支開銷

　　塹郊之收入，亦不外乎捐款及課稅兩途。以捐款言，如官府之徭役或地方公益事業，則臨時攤派或樂捐。以課稅言，於長和宮置有公糧（即衡器）過量炭薪，每過量一擔炭薪，則抽錢五文，充作香油錢，《新竹縣采訪冊》也記「又宮外公糧一枝，年可收錢百餘千文」。餘如船隻進出、貨物買賣，均有「抽分」。最重要者爲公業租項之收入，或由值東爐主向佃人支取租穀，而佃人或

納穀，或依時結價，俱皆兩可 [17]，或出貸瓦店收取租金，以充祭祀費用之需 [18]。其收支歲費，據《新竹縣制度考》記 [19]：

收項

（一）璞榔莊年璞小租穀九十石。佃人彭況。

（一）番仔碑莊年璞小租穀九十石。同（指佃人兩字）黃仔木。

（一）番仔湖莊年璞小租穀九十石。同吳華。

（一）泉州厝莊年璞小租穀五十五石。同鄭青山。

（一）鳳鼻尾莊年璞小租穀六十七石三斗。同林立。

（一）浸水莊年璞小租穀九十三石。同楊富。

共計年收小租穀四百八十五石三斗。

（一）北門外米市街瓦店三座，年稅銀六十元。

開銷

（一）水仙王二季祭祀值年爐主去穀一百二十石。

（一）長和宮二季祭祀值年爐主去穀一百二十石。

（一）宮內和尚全年伙食去穀三十石。

（一）完隆恩地基去銀四角。

（一）完納隆恩去銀一十八元七角。

（一）雇人出莊辛金銀三十二元。

（一）上元火燭鼓吹並雜費去銀五元五角。

（一）值年爐主去穀五十五石。

（一）每年納完錢糧去銀一十九元九角三點三釐。

（一）（媽祖）聖誕祭祀去銀六十二元一角。

（一）宮內盂蘭會（指七月十五之普渡）去銀五十七元五角。

（一）聖母飛昇誕共去銀六十三元七角五點。

（一）水仙王聖誕去銀二十一元。

以上共計穀三百二十五石，銀二百七十九元八角三點。

《新竹縣志初稿》〈典禮志·祠祀〉「水仙王宮」條亦附有歷年租項，惟極簡略，稍有出入[20]：

（一）暯榔莊水田年納小租穀九十石。

（一）番仔陂水田年納小租穀九十石。

（一）番仔湖水田年納小租穀九十石。

（一）鳳鼻尾水田年納小租穀六十七石三斗。

（一）泉州屋水田年納小租穀五十五石。

（一）浸水莊水田年納小租穀九十三石。

（一）北門米市街瓦屋三座，年納稅銀六十圓。

（一）舊港老開成年納銀二圓。

此一文件，驟視之，似為長和宮之歷年租項開銷，實為一難得有關塹郊之收支公費帳冊。析論之：知其收項以租穀、稅銀為主，共計年收小租穀四百八十五石三斗，稅銀六十二元。其開銷，則泰半是祭祀費用與和尚全年伙食之供應，至於完納錢糧與雜項支出，僅佔部分，共計一年開銷穀三百二十五石，銀二百八十元八角八點三釐（按《新竹縣制度考》一書統計有誤）。光緒年間，米價最貴時，每石價銀三點七三兩，而常時則每石在銀一兩六錢五分至一兩八錢[21]，時新竹地方米每石價銀二圓，折算之，則長和宮一年盈餘有壹百零一元七角一點六釐，可謂盈餘頗豐。

第四節　市場交易及行銷系統

　　清代台灣商業，初期均以市場爲中心之簡單貿易，生產者與消費者在市集上直接以物物交換或貨幣交易。雍正年間，行郊興起，在島內各港埠頭組織諸郊，經營貨物輸出入，至咸同年間，勢力駸盛，掌握台灣內外貿易實權，並從而控制市場。以新竹言，其交易之行銷系統，行郊下，略可分爲：文市（亦稱門市，即零售商）、辦仲（在各埠頭設店，爲行郊與生產者居間之商人。又辦仲所派短期駐在生產地，貸放生產資金並接收生產品者，稱庄友）、割店（批發商）、販仔（辦貨往各埠頭推銷者）等類。而貨物之輸入系統，通常係由行郊經割店至文市，由文市出售給顧客，然亦有行郊自兼割店售與文市者。鄉下埠頭係由販仔等經手而供應文市業者。其他尙有出擔（肩挑零售）、路擔（露店、攤販）、整船（又稱船頭，即經營船舶，航運各港交易者）、水客（帶各行郊所委託貨物，搭乘他人船舶至各埠販賣者）等[22]。其間關係如圖 1-1。

　　新竹地方市集交易，並無詳確文獻可徵，但在清代，新竹街北門、北門外及南門等地，早已設有露店市場，並備有縣衙檢查核可，勒有「奉憲示禁」之公斗，做衡量之標準。在北門外天后宮（後面附祀水仙尊王，即長和宮，爲塹郊之會所），亦置有公糧，以過量炭薪，每過量一擔，須抽錢五文，充作香油錢[23]。當時已有米市、柴市……等，自然集結各地街市，並無綜合性之交易市場，茲分述如后[24]：

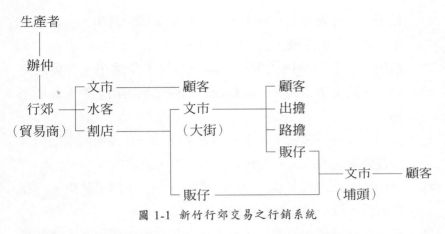

圖 1-1 新竹行郊交易之行銷系統

一、米市：一在縣城內北鼓樓外之米市街，另城外之水田街、九
　　　芎林街、樹杞林街、新埔街、北埔街、鹹菜甕街皆有。皆城
　　　廂舖戶及各村莊農人用竹籃挑運到此，排設街中為市。每日
　　　辰時（早上七點至九點）畢集，日晚則散。

二、樟腦市：大都集中在城內南門街、樹杞林街、北埔街。

三、柴市：一在縣署口，每日巳（九點至十一點）、午（十一點
　　　至十三點）二時為市。一在縣城北門外外天后宮口，每日未
　　　（十三點至十五點）、申（十五點至十七點）二時為市。一
　　　在縣東二十里九芎林街，每日辰、巳二時為市。一在縣東南
　　　二十五里樹杞林街，每日辰巳二時為市。在縣東南三十二里
　　　北埔街，也是辰、巳二時為市，另新埔街也有。

四、草市：一在縣城南門外，俗名草埕，每日辰、巳二時為市。
　　　一在縣城北門外外天后宮口，每月未、申二時為市。

五、炭市：一在縣署口，一在縣城西門內內天后宮口，每日巳、
　　　午二時為市。一在縣城北門外外天后宮中，每日未、申二時

為市。一在縣東九芎林街，一在縣東南樹杞林街，一在縣東南北埔街，皆是辰、巳二時為市。

六、魚市：一在縣城內太爺街，溪魚每日下午為市，海魚無定時，大約下午為盛。一在縣城北門內之米市街，視太爺街稍稀。

七、菜市：一在縣署口，一在城內太爺街，一在縣城內南門街，一在縣城北門內，一在縣城北門外外天后宮口。

八、果市：一在九芎林街（又名公館街），一在樹杞林街，一在新埔街，每日辰、巳二時為市。

九、芋市：在縣城內南門街，每日巳、午二時，內山客人挑運到此為市。

十、瓜市：一在縣城北門街，每年五、六兩月瓜熟時，每日辰、巳、午三時為市。一在縣城內南門街，為市與北門街同，而繁盛不及之。

十一、土豆市：在縣城北門外外天后宮口，每日辰、巳二時為市。如遇土豆（花生）新出時，則於黎明為市，日出則散。

　　這些各地街市，值得注意的是與塹城交通往來的關係。九芎林街的興起頗早，早在乾隆年間佃首姜勝智招佃開墾九芎林後，在其地形成市集，又名「公館街」，由於當時樹杞林未設市，石壁潭僅有小市，因此樹杞林、九芎林、橫山地區大市總聚在九芎林街，九芎林街成為當時商業中心，且在乾隆末即成為墾民的中繼站[25]。嗣後，墾民再由九芎林南下到樹杞林之三重埔、柯仔湖，越山經寶山、埔尾進入北埔。隨著五指山一帶的開拓，北埔街乃成五指山地區首一的市場，作為農產品輸往較大級集鎮的起

點，及外地輸入貨品的終點。至光緒十二年（1886）至少有二十家以上的舖戶，其中較著名者有金廣茂、金福茂、金同興、金同茂、金合振、新合利、萬興號、義興號等[26]。當時北埔街以腦市、米市、柴市、炭市最爲著名，這些市集均是每日皆有，貨品均由附近農村提供。同治初年，樹杞林設市，隨著橫山、樹杞林等地內山的開發，樹杞林街市容日盛，店舖日繁，反之，九芎林一帶屢被水沖，市容寖衰，遂被樹杞林取代商業中心。

　　以上這些地區所產農產、山產、腦藤等，經由 (1) 塹城◄──►土地公坑（新竹市高峰里）◄──►雙溪崎◄──►雙溪；(2) 塹城西門◄──►茄苳湖◄──►新城；(3) 塹城東門◄──►金山面（新竹市金山里）◄──►水仙崙（今寶山鄉寶山村）◄──►草山（同上）◄──►大壢（寶山鄉仙鎮村）◄──►埔尾◄──►北埔等道路[27]，挑運至塹城，由舊港轉運出口，而日常用品亦由舊港上岸轉運至各地。要之，當時竹塹郊商從對岸大陸之福州、蓮河、泉州、頭北、溫州等地輸入貨品，再分散配銷至大湖、苗栗、南庄、三灣、月眉（今峨眉）、北埔、樹杞林、九芎林、新埔等地區小市場，這些地區小土產再集中竹塹銷往對岸，形成一市場體系。

第五節　知名郊舖與郊商

一、塹郊中次團體

　　塹郊金長和，此一商人集團下又分爲老抽分、中抽分、新抽分等三類。所謂「抽分」亦稱「抽解」，有二義，一是：唐及以

後歷朝政府對國內部分貨物徵收的實物商稅。始於唐德宗建中三年（782）開徵的竹木稅。一般十分取一，後代沿襲，主要抽竹木、磚瓦等建築材料，也有抽及礦產。降及明代，凡販賣竹木、柴草、石炭、石灰、磚瓦等貨之商人所納的實物稅即是。工部設場局徵收，數額因貨種、時地而定，所徵貨物，堆存以資工用。後因實物運解不便，改折銀徵收。至清漸改徵貨幣。另一義是：中國古代的外舶貨物稅，由市舶司徵收。未規定進口海舶貨物，除政府收購部分外，還要抽徵實物稅，稱「抽解」。稅率大致為粗貨十抽其三，細貨十抽一、二，南宋時曾一度十抽其四。元沿宋舊制，稅率不同，粗貨十五抽一，細貨十抽一，此外另有三十分之一的徵稅。明初不徵外貿稅，明武宗正德年後復行抽分，稅率十分之二，至明後期改徵餉銀 [28]。

清朝對於台灣沿岸各港口之商船課稅，採船徵法，但計擔數，不計精粗，惟新竹縣屬，另有「抽分」名目，抽分之貨品為何？稅率多少？其詳不得知，不過於常理推測應不外乎米、糖等土產，至於其稅率，《淡新檔案》收錄有咸豐七年九月一件檔案，與此有關，茲摘錄於下，以供參考 [29]：

> 具僉稟。墾南四保大甲街總理職員謝玉麟、義首職員王崑崗，暨各庄總董庄正人等，為蒙諭團練……奈團練供費宜有條規，方能厥成。麟等爰集各庄總董庄正人等，僉議保內「抽分」條目定規，如每家有租谷壹百石，該抽伍石，業主應抽肆石，佃戶應抽壹石。米石出口，每□□抽銀□，照每百袋該抽銀參元，餘可類推。若鋪戶家資隨時從中的酌量捐題，未知有妥，不敢擅專，合應

斂稟請給憲示鑑定……保內各家宜照抽分條規而行，不可違例……（批）……至需用局費，每營壹百石議抽谷五石，業四佃一，應自與各庄業佃公同商酌議定，免致推諉阻撓。所有出入米穀各貨抽分，前已議著條款，札飭照辦矣……

若以此資料所提到的抽分作爲參考基準，似乎稅率在 5% 左右，尚屬輕微。抽分課稅爲塹郊收入之一，用在日常祭祀事宜、地方公事、職員薪資，及其他雜項爲主，是以《新竹縣志初稿》卷二〈賦役志・釐金〉記新竹船戶抽分之半，充爲竹塹育嬰堂費用[30]：

育嬰堂，在南城內龍王祠左畔。同治九年，官紳倡首捐項……原撥船戶「抽分」之半，以充經費……嗣因「抽分」一款改歸釐金按給，嬰兒之項無從提給。

《淡水廳志》卷四志三賦役志〈賦役志・卹政〉亦記[31]：

育嬰堂，一在塹城南門內龍王祠右畔，購汪姓屋改造。一在艋舺街學海書院後，購黃姓地基新造，俱同治九年官紳倡捐合建。艋舺詳定撥三郊洋藥「抽分」每箱四圓之半，塹垣亦撥船戶「抽分」之半，以充經費。……

《新竹縣制度考》復載[32]：

查育嬰堂前給嬰兒，係由本城糖米出口「抽分」項下提給。……嗣抽分由官改歸釐金，而每月按給嬰兒之項，莫從提給，由此截止，理合聲明。

不僅此，抽分之費亦曾用在竹塹城之興建，鄧傳安在〈捐造淡水廳城碑記〉中載：「工用捐輸，皆屬殷戶司出納，不假手於在官」、「維億之費出於官捐者十之二，餘皆取於士庶捐助，雖計畝輸粟，按船出算，而人不以爲苛。」[33]「按船出算」即是抽分之項。此項稅收，至光緒十三年（1887），奉巡撫劉銘傳諭定：「將全台船貨釐金及抽分、斛船等項名目一概裁免，仿照內地按貨抽釐，以除風弊。」以後「凡郊行儎貨下船，應將所發貨件斛兩開明，交駁船前赴分局報明，由局逐一秤量，按則徵收給與完單，方准盤上大船。倘不先赴分局報完釐金，擅行下船者，即以偷漏論。除令繳足正款釐金外，照應完之釐三倍處罰，以示懲警」[34]。

塹郊組織有老、中、新三抽分之分類，據《百年見聞肚皮集》之解說爲[35]：

> 然竹塹外天后宮創建自竹塹開港時，得諸船戶水郊祀奉，媽祖廟之檀越施主中，分爲老抽分、中抽分、新抽分、是由船戶水郊抽捐供養，故稱三抽分。但水郊設有商會議堂，在水仙王宮後殿，曾選置郊師一人主議會事務，凡郊商有事，關於大要會議或商務交涉約束，暨就郊師議決。

此說仍未解釋老、中、新之稱別，究竟是指郊戶加入金長和之先後抑或是舖戶行號創業之先後？按，同治五年（1866）之「長和宮碑」列有老、新抽分，並未有「中抽分」，據個人看法：前已言新竹地區頗多「散郊戶」，並未加入「金長和」組織，顯見該地區郊戶之組織與管理頗爲離散。因此嘉慶年間之老行號視道

光年間新加入之諸行號爲「新」抽分，故其時只有「老、新」二抽分。迨光緒初年續有一批新行號加入，遂又視之爲「新抽分」，而原來道光年間加入之「新抽分」遂因年資升級爲「中抽分」。至此乃有老抽分（嘉慶年間組成）、中抽分（道光年間加入）、新抽分（光緒元年加入）三類。至日治後僅存「中抽分社」，不見老、新抽分。不過，據以上種種資料，似乎可以推論知塹郊金長和內部並未十分和衷團結。蓋台灣各地行郊之組成，雖因交易地區、販售貨物、宗族籍貫之不同，分成若干種類行郊，但絕無同一行郊內因加入先後再分成若干次團體，是組織中另有派系、門戶之別，顯見金長和內部之不和，有違「長和」之名，而「長和宮」之名與塹郊「金長和」之名，或許正因此取名，其中頗有期許之深意。我們從日治時所存塹郊中抽分社之規約中，刻意稱之爲「中抽分社諸同人公訂」不稱「金長和」，不見老、新抽分社，除了說明塹郊內部之不能克衷和諧外 [36]，也似乎說明了道光年間加入塹郊之中抽分社諸行號商舖才是塹郊正式成立之主要成員暨推動力，我們在前文推論塹郊成立於道光八、九年即可做一旁證。

老抽分之郊戶，據「長和宮碑」所載，同治年間有：金和祥、金逢源、謝寶興、林泉興、金協吉、金集源（後之集源號疑即是金集源）、范殖興、金振吉、陳振合、郭振德、金振芳、周茶春、吳金吉、陳建興、金德隆、吳萬德、王益三、吳振利、楊源發、金東興、吳金鎰、王振盛、王元順、金協豐、杜巒振、陳振榮、吳振鎰、吳萬隆、金瑞芳、金瑞吉、吳金興、吳萬裕（按即吳振利）、林萬興、陳協豐等計三十三戶。至於其時新抽分之諸

郊戶，或則爲：鄭用鑑、恆隆號、吳源美、吳福美、鄭恆升、李陵茂、郭怡齊、鄭恆利、鄭吉利、鄭同利、何錦泉、恆吉號、怡順號、利源號、吳鑾勝、振益號、振榮號、義榮號、曾德美、王和利、魏恆振、茂盛號、泉泰號、恆益號、義和號、正香號、勝興號等計二十七戶[37]。另前引中抽分社規約內提及「社內之人共有三十餘人」、「契券交在振合號」，兩相對照，差距不大，或應即是。

船戶向與郊戶不可分，「長和宮碑」之捐獻名單中有竹塹諸港之船戶，茲一併抄錄於后：金洽吉、金勝順、張吉發、林德興、曾瑞吉、曾復吉、曾萬和、曾順益、金慶順、金益勝、金振吉、曾順成、曾振發、曾盛發、張和興、陳鎰隆、張吉盛、金順興、金順盛、許泉勝、曾順吉、金泉順、金瑞順、金成興、金順安、陳捷順、金新興等計二十七戶。

二、塹郊郊戶名單

除此外，《淡新檔案》所收錄諸文件，偶有提及塹郊諸行號暨附近地區諸行郊，茲爬梳史料，一併摘錄於下，謹供參考：

1. 「塹郊香山港長佑宮首事、總理張自得」、「金順和街公記」（咸豐十年四月，編號：一一〇一‧一，下同，茲省編號二字）。

2. 艋郊殷實頭人名單「泉郊金晉順、北郊金萬利、頭人總理蔡鵬桂、南北郊爐主、職員黃萬鐘、林正森、林國忠、吳光田、謝廷銓」（一一一〇一‧二）。

3. 「竹南四保大安街郊舖金萬和、監董事陳興、易雲，舖戶

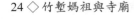

萬發號、協源號、源美號、吉金號、自成號、自源號、源
榮號、丹成號等」（光緒八年、一一一〇‧六一）。

4. 滬尾街商號公記三十五枚：「豐源」、「濟生」、「德
春」、「春和」、「萬美信記」、「福安兌貨」、「晉
利」、「復興信記」、「□□」、「蔡晉發」、「祥
興」、「崇興江記」、「泰興信記」、「泉和號」、
「源順利記」、「長春」、「芳□」、「源泰」、「裕
成」、「瑞□周記」、「德成兌貨」、「利興」、「德
美印記」、「萬勝合記」、「永吉利記」、「晉益瑤
記」、「源振兌貨」、「新興林記」、「復源勝記」、
「德興」、「建泉」、「合和□□」、「榮源同記」、
「□□□□」、「□□興記」（道光二十七年十一月，
一一一〇八‧三）。

5. 竹塹「本城舖戶瑞興號」、公記一枚「瑞興信記」（光緒
六年二月，一一二〇五‧五 A。

6. 竹塹「金聯盛」、公記一枚「金聯盛兌貨，支取不憑」
（光緒六年三月，一一二〇五‧一〇）。

7. 竹塹「本城內舖戶益合號」、公記一枚「益合」（光緒七
年二月，一一二〇五‧一八）。

8. 竹塹「本城西門街商民振吉號即陳服，……緣服開張商
賈、倚售貨物店舖……所倚係是茗葉、魚脯等貨，各府縣
地方，亦有客商倚售貨物店舖，俗名九八行」、公記一枚
「振吉號記」（光緒七年十一月，一一二〇七‧一五）。

9. 竹塹「本城西門街商民泉成號即倪連溪」、公記一枚

「泉成」（光緒七年十一月，一一二〇七・一六）。

10.竹塹「本城舖戶高恆升」、公記一枚「恆升信記」（光緒九年六月，一一二一〇・二）。

11.竹塹「城內舖戶金源成」、公記一枚「金源成」（光緒十年十一月，一一三一五・七）。

12.竹塹「吳興……現住北門街前做生理」（光緒十三年閏四月，一一三二一・三）。

13.竹塹「舖民郭振春」（光緒十三年閏四月，一一三二一・四）。

14.竹塹「業戶林恆茂出資……買過本城泉源泰號王秀水番木大料三十五件……蓋用『恆豐』字樣烙號爲據」（同治九年閏十月，一一七〇一・五）。

15.中港「舖戶陳恆裕號，住竹南一保中港街，在中港街合本開張恆芳號生理……由內地買載船料……埋寄在香山頂寮合茂號店後」，（同治九年十一月，一一七〇一・六。

16.竹塹「就各郊舖公同選舉……舖民郭尚茂……堪以頂充北門總理」（道光二十三年五月，一二二〇二・七）。

17.竹塹「舖戶寶源號、吉昌號等」、公記二十五枚「□連」、「新福泰兌貨」、「茶瑞」、「三益合記」、「永昌合記」、「金順利記」、「隆興信記」、「益興晉記」、「進興信記」、「自成信記」、「金同成記」、「聚發長記」、「瑞茂林記」、「怡盛源記」、「川盛梅記」、「政和林記」、「金茂」、「吉昌」、「寶源」、「恆順信記」、「新興」、「協源」、「尚

□」、「泰昌」、「瑤興信記」（道光二十三年九月，
一二二〇二・一一）。

18.竹塹「北門總理王禮讓……現住本城北門街內，開郊行生
理」（道光二十四年五月，一二二〇二・二〇，按另前
後之西門總理洪德樑、南門總理陳大彬、北門總理鄭用
鐘、東門總理林揚芳、西門總理林承恩等人極有可能也是
郊商）。

19.苑里及通霄「竹南三保宛裡街……舖戶恆生、恆美、
文興、聚利、發興、恆德等……吞霄街……全眾舖戶
泉發、瑞興、振吉、協利等」、公記三十四枚「長
茂」、「聚利」、「順美」、「恆升」、「合記」、
「源美」、「合利順記」、「登興」、「恆美」、
「恆德」、「和成勝記」、「恆合」、「□□」、
「保生」、「長發勝記」、「文興勝記」、「湧源勝
記」、「源盛信記」、「發興勝記」、「古松林」、
「泉成」、「泉協信記」、「泉美」、「信興義記」、
「□□□記」、「□發□記」、「瑞興」、「協合」、
「泉興」、「泉發」、「益利翁記」、「壽仁堂」、
「晉吉隆記」、「成發」（道光二十二年十二月，一二二
〇三・四）。

20.通霄「舖戶廣發號、振利號等」、公記二枚「振利合
記」、「廣發號」（道光二十二年十二月，一二二〇
三・七）。

21.通霄「舖戶成美號、源美號、合利號、和盛號等」、公記

十四枚「恆順信記」、「豐發陳記」、「成美」、「源美」、「聚利合記」、「萬利兌貨」、「□源」、「合利圖記」、「和盛」、「榮勝」、「和源兌貨」、「復盛兌貨」、「協和」、「松盛」（道光二十三年十一月，一二二○三‧二二）。

22.通霄「吞霄街舖民梁壬生……與妻子現住吞霄街生理」、公記十三枚「恆順信記」、「豐發陳記」、「成美」、「源美」、「萬利兌貨」、「□源」、「合利圖記」、「和盛」、「榮勝」、「和源兌貨」、「復盛兌貨」、「協和」、「松盛」、「聚利合記」（道光二十三年十一月，一二二○三‧二四、二七）。

23.通霄街眾舖戶推薦陳存仁接充董事，後附公記十六枚「成美」、「永芳信記」、「益美信記」、「合利兌貨」、「泉美」、「新謙泰」、「洽裕記」、「協和」、「瑞興」、「成發」、「泉協信記」、「源泰」、「泉發信記」、「濟成信記」、「壽仁堂」、「萬利兌貨」（道光二十四年四月，一二二○三‧二八）。

24.通霄街眾舖戶稟請由梁壬生暫充總理，後附公記十四枚：「承發號」、「協發信記」、「和發」、「廣源」、「新廣泰」、「義利法制」、「振順勝記」、「源發勝記」、「新廣成」、「源美」、「福仁名煙」、「振和合記」、「□□□」、「吉利」（道光二十五年五月，一二二○三‧三二）。

25.芎林鄉「舖戶益齡號」（同治六年三月，一二二〇七·四、五）。

26.竹北一保九芎林等庄僉舉徐安邦爲總理，後附公記十五枚「魏祥衢」、「九芎林山下莊眾佃戶公記」、「源發兌貨」、「萬福益記」、「振隆劉記」、「化育堂」、「福成盛記」、「源勝」、「永成」、「□□芎林課□」、「昆和」、「劉萬昌記」、「振和兌貨」、「從順信記」、「林冠英記」（同治七年八月，一二二〇九·二四）。

27.後龍「舖戶成金號」（同治九年十月，一二二一一·一）。

28.銅鑼鄉人稟舉李逢年充當約首，後附公記二十枚「永興信記」、「濟安兌貨」、「榮盛」、「榮豐兌貨」、「接興信記」、「銀昌」、「同春兌貨」、「福盛信記」、「裕盛陳記」、「榮興信記」、「全興」、「義興兌貨」、「益成兌貨」、「福源兌貨」、「萬成信記」、「福昌兌貨」、「協和兌貨」、「復盛劉記」、「和生堂」、「源利信記」（同治十年十二月，一二二一二·一）。

29.中港眾舖戶，附公記二十一枚「義成」、「金寶興」、「尊賢鍾記」、「源泰」、「合順□記」、「和盛」、「義發兌貨」、「大安」、「榮昌信記」、「振昌信記」、「良記」、「梓記」、「和成」、「萬興兌貨」、「寶和信記」、「梓□謝記」、「陞昌兌貨」、

「義盛兌貨」、「裕成源記」、「遠美謝記」、「延年兌貨」（同治十一年十一月，一二二一四‧二）。

30.後龍「會同塹局派往紳董……及該地各紳商郊舖妥議，僉舉……舖戶監生蘇綸爲局董」（同治十三年八月，一二二一五‧一）。

31.大甲街「郊舖泰和號、祥春號、興瑞號、金振順暨眾舖戶等」、公記二十三枚「祥春」、「新泰和信記」、「興瑞兌貨」、「金振順信記」、「隆發」、「和美」、「復盛兌貨」、「泉扁（廈？）兌貨」、「勝吉兌貨」、「新振源兌貨」、「金□春記」、「泉興兌貨」、「順興兌貨」、「協發」、「萬吉兌貨」、「道生兌貨」、「成春兌貨」、「恆勝」、「□隆」、「大甲隆源」、「金瑞兌貨」、「順源」、「和順」（光緒九年九月，一二二二‧一）。

32.九芎林庄眾舖戶，後附公記十三枚中有「慶隆祀記」、「合□兌貨」、「義昌□□」、「和順利□記」、「源順」、「金義發兌貨」、「金福安」、「振順」、「源興」、「金源昌」、「榮喜」、「源順德記」（光緒九年十一月，一二二二三‧一）。

33.通霄「金和安眾舖戶等、巫怡順號、黃金和號」、公記三十七枚「通霄街眾舖戶金和安公記」、「金安信記」、「金源順信記」、「利源」、「勝利兌貨」、「永昌」、「勝發」、「盛□」、「勝益」、「泉成」、「新勝發記」、「泉協信記」、「振憶」、

「□□□□」、「德芳兌貨」、「□□□□」、「合順勝」、「順發」、「新永泰」、「□盛兌貨」、「源興」、「怡順」、「茂春」、「吞霄課館」、「恆隆兌貨」、「振成」、「合興」、「裕盛」、「德發兌貨」、「義盛」、「錦源兌貨」、「合順兌貨」、「通盛兌貨」、「金利信記」、「源利勝記」、「金永順」、「義利」（光緒九年二月，一二二二四‧三）。

34.後壠「郊戶金致和」（光緒十二年四月，一二二二九‧四）。

35.北埔眾舖戶，公記二十枚「金同興記」、「理元信記」、「德隆信記」、「逢原兌貨」、「瑞興」、「合利兌貨」、「萬興」、「同□」、「金長勝」、「振利」、「□□」、「□□□□」、「勝興」、「益興兌貨」、「義興兌貨」、「□興記」、「□壽」、「榮和」、「□通彭記」、「長壽居」（光緒十二年十二月，一二二三一‧一）。

36.新埔金廣和、公記十枚「廣和宮公記」、「雙和曾記」、「金利兌貨」、「源茂兌貨」、「振和」、「進發」、「天德美記」、「萬安」、「鼎興」、「合裕兌貨」（光緒十三年閏四月，一二二三二‧一）。

37.苑里街眾舖戶、公記十五枚「正□□記」、「振合」、「悰錦信記」、「泉玉兌貨」、「恆泰」、「□□」、「□□」、「德安□□」、「自發兌貨」、「恆□」、「源興信記」、「永盛信記」、「昌盛信

記」、「榮順」、「□□」（光緒十三年閏四月，
一二三三・一）。

38.大湖「舖戶振昌、振利、東益、福和、陳義合、金合
源、益成等」、公記十二枚「獻福陳記」、「金福成
公記」、「振利吳記」、「福源」、「金合源」、「東
益信記」、「福和堂」、「陳義合信記」、「興盛」、
「□□」、「□□信記」、「□□兌貨」（光緒十四年
十一月，一二二三九・一）。

39.中港舖戶、公記七枚「□□局號」、「榮昌□記」、
「鎮和徐記」、「新興黃記」、「□□□記」、「德美
黃記」、「接興」（同治十二年十一月，一二三〇一・
六）。

40.竹塹「本城舖戶益豐號」（光緒五年閏三月，一二四〇
四・三）。

41.「後壠、大安舖戶合興號即朱鳥杙、益成號即梁琳」
（光緒五年十月，一二四〇四・一三）。

42.竹塹「本城舖戶金恆順號」（光緒五年十月，一二四〇
四・一五）。

43.竹塹「本城舖戶恆泰號」（光緒六年五月，一二四〇
四・一八）。

44.竹塹「本城舖戶恆春號」（光緒七年九月，一二四〇
四・二〇）。

45.「大甲街金萬興郊暨眾舖戶等」、公記九枚「大安□金興
公記」、「泉成」、「萬吉兌貨」、「新隆源兌貨」、

「大甲春兌貨」、「新義順兌貨」、「榮春兌貨」、「新恆瑞兌貨」、「□□」（光緒八年三月，一二四〇四・二六）。

46.「淡水舖戶黃萬順、賴源和」（光緒九年十二月，一二四〇四・四一）。

47.竹塹「本城舖戶金德美」（光緒十年四月，一二四〇四・四九）。

48.「本城舖戶吳萬裕號即吳士騰……茲查有該（大安）□舖戶王合發……」（光緒十年十二月，一二四〇四・五四）。

49.竹塹「本城舖戶雙合號」（光緒十一年正月，一二四〇四・六三）。

50.大安「舖戶金勝發」（光緒十四年二月，一二四〇四・八七）。

51.竹塹「本城舖戶劉振春號、劉勝發號……本城舖戶郭蔡祥一名，在該口生意有年」（光緒十五年十一月，一二四〇四・九七）。

52.竹塹「本城郊舖高恆升」、公記一枚「恆升號」（光緒十六年四月，一二四〇四・一〇四）。

53.竹塹「民人金協和……竊和籍隸竹城，貿易爲業」（光緒十七年八月，一二四〇四・一一三）。

54.竹塹「民人駱財源……竊源籍隸竹城，貿易爲業」（光緒十七年八月，一二四〇四・一一二）。

55.竹塹「本城舖戶榮源號」（光緒十七年八月，一二四〇

四・一一三）。

56.竹塹「協和號」（光緒二十年三月，一二四〇四・
一二七）。

57.竹塹「民人馬得利……竊利籍隸竹城，貿易爲業」（光緒
二十年三月，一二四〇四・一二八）。

58.竹塹「民人金駿發……竊發籍隸竹城，貿易爲業」（光緒
二十年三月，一二四〇四・一二九）。

59.竹塹「舖戶勝記號及蘇進賢」（光緒二十年四月，一二四
〇四・一三六）。

60.竹塹「民人金合和……竊和籍隸竹城，貿易爲業」（光緒
二十一年正月，一二四〇四・一四四）。

61.竹塹「本城舖戶王義合」、公記二枚「復合兌貨」、
「義合」（光緒二十一年正月，一二四〇四・一四五）。

62.竹塹「本城舖戶源春號」、公記一枚「源春兌貨」（光緒
八年八月，一二五一一・四）。

63.九芎林，公記十三枚「九芎林舖戶公記」、「姜
源興」、「源豐」、「大□兌貨」、「□源」、
「□□」、「源□」、「恆生」、「爕和」、
「□□」、「九芎林下山□佃戶公記」、「和昌」、
「□和□」（光緒九年七月，一二五一三・四）。

64.中港舖戶，公記四十四枚「新竹縣中港義圍總局公
記」、「中港金和順公記」、「珍□兌記」、「德
成信記」、「興利」、「□□」、「利源」、「興
吉」、「恆順信記」、「和成」、「錦發信記」、

「恆生□」、「安發」、「瑞發兌貨」、「榮發」、「□□」、「□□□」、「合安□記」、「恆美兌貨」、「合安信記」、「洽安信記」、「福興兌貨」、「協□兌貨」、「裕記」、「泉順」、「泉春」、「義成信記」、「義□信記」、「興□」、「口發」、「□□」、「振安」、「泉安兌貨」、「和興信記」、「恆陞」、「□□□□」、「□□信記」、「□□」、「榮興□□」、「捷勝」、「□□」、「泉盛陳記」、「泉興兌貨」、「恆□兌貨」（光緒十二年二月，一二五一五‧六）。

65.竹塹「商郊吳順記」、「商郊戶內鄭人俊」（同治七年五月，一二六○二‧三）。

　　割台前所採輯之《新竹縣采訪冊》亦有零散之紀錄，茲整理如下：

（一）　竹塹義倉之建，於同治六年淡水同知嚴金清諭「業戶林恆茂、鄭永承、吳順記、李陵茂、鄭恆升、鄭吉利、鄭同利、翁貞記、陳振合、何錦泉、陳沙記、鄭利源、恆隆號等捐建」，此份名單，幾乎全是郊商或郊行，但可惜案卷只明確的記載：「郊行吳順記捐穀四千石。」[38]

（二）　義冢之設，據道光八年五月淡水同知李慎彝告示，中有「據本城舖戶郭逢茂（即郭棠棣）稟稱……今該舖戶稟稱願將以己業南勢一帶……充作冢地」[39]。

（三）　六十甲圳（一名振利圳），道光初，吳振利濬。十六年

十二月，吳振利與田主鄭恆利等，及各佃人籌議，商由隆恩圳陂長張王成備本修築，歸併一手管顧，同立約章，付陂長執憑。後「十五年七月，吳振利捐銀三百圓繳縣，發交舖戶陳和興生息，作爲遞年修理考棚經費」[40]。

其他像 (1)「創建試院碑」末之捐題名單「杜漢淮、蘇團芳、林恆茂、鄭如蘭、蔡景熙、李陵茂、鄭以典、葉祥孚、陳其德、高廷琛、黃照卿、郭□合、何錦泉、杜鏡濱、張維巖、黃勝吉、林鳳儀、黃仕配、張程材、陳鳳岐、陳萬順、王瑤記、廖讚元、郭程銘」；(2)「大眾廟中元祀業碑（一）」中捐輸名單有「陳建興、益川號、林紹賢、林光成、吳金興、潘文助、吳振利、林元瑋、金和祥、洪贊光、益三號、羅德春、金逢泰、張文吉」；(3)「大眾廟中元祀業碑（二）」中有「同治六年間，有本城恆義號（即麥悔官）生理倒罷，積欠和等眾郊戶銀貨賬項」；(4) 道光十八年「義渡碑二」捐題名單中有「禮部正郎鄭用錫、加五品銜林祥雲、新艋泉廈郊、塹城金長和、後壠眾行舖、塹城金瑞華、大甲金濟川鹽館、艋舺陳悅記、艋舺林榮泰、艋舺杜遠記、艋舺珍瑞記、大甲舖戶新義號、艋舺舖戶舖濟和、大甲舖戶協泰號、大甲舖戶新振興、大甲等堡舖民長成、恆勝……等五十七戶、粵莊舖民監生邱鳳池、源陞、元利……等五十六戶」；(5) 道光二十二年「湳子莊萬橋碑」有「塹郊金長和、鄭用鍾、鄭用哺、吳奠邦、陵勝發、源泰號、鎰泰號、協裕號、德隆號、泉吉號、萬成號」；(6) 同治七年「重修湳子莊萬年橋碑記」有「金長和、李陵茂、陳振合、吳萬吉、鄭恆升、翁貞記、恆隆號、金泉和、集源號、恆吉號、義榮號、振榮號、怡順號、錦泉號、利源號、和利號、鄭吉

利」；(7) 道光十六年「義冢捐名碑」有「林平侯、新艋泉郊金進順、艋舺廈郊金福順，紳耆舖戶：鄭用鍾、吳振利、曾昆和、吳稱其、金振成、周智仁、陳詞裕、金廣福、鄭長源、林元會、羅德春、劉聯輝、李青雲、逢泰號、陵茂號、源泰號、益三號……春貞記……鎰泰號、協裕號、德隆號、鄭武略、陳祖居」；(8) 咸豐三年「員山子番子湖冢牧禁碑」有「本城舖戶陳泉源、鄭恆利、張順發、吳振利、林九牧、林慶算、吳嘉記、官志交、林美士、林瑞源、童高秀、張成珠、林其回、詹瑞業、林清隱、林廉逸、童士添、林福孫等」；(9) 光緒十三年「重修龍王廟」中倡捐各紳商士庶名單有「林恆茂、周茶泰、謝謙利、鄭永承、蘇團芳、李陵茂、曾萬春、鄭時霖、葉鼎記、蔣瑞章、鄭恆升、鄭吉利、王義合、曾昆和、林振榮、梁占魁、魏泉安、鄭利源、黃瑞利、范福興、王和利、王義芳、魏益記、曾德興、曾榮發、何錦泉、陳泉源、金新茂、陳振合、陳玉衡、黃義龍、陳和興、吳盛吉、陳廣義、洪合春、蔡福鎰、陳怡順、金德美、陳恆裕以上三十九戶」[41] 等等。上述名單有不少即是郊行或郊商，可惜史未明文，無法明確予以斷定。

　　以上史料之爬梳，本諸寧詳勿略之原則予以摘錄出來，茲再集中竹塹一地，並將明確寫出郊行或郊商者，整理如次：(1) 咸豐十年張自得；(2) 道光二十四年王禮讓；(3) 光緒六年郊舖高恆升；(4) 同治六年郊行吳順記。其他僅記載「舖戶」或從事「貿易」（非「生理」）者，依常理判斷，應該也是，不過為嚴謹學術之考慮，暫不開列。至若更周詳之名單，讀者有興趣者自可參考林玉茹《清代竹塹地區的在地商人及其活動網絡》（聯經出版公司，

2000 年）書末附表 2〈清代竹塹城郊商資料表〉（頁 400~408），
表長，此處不引錄。

三、著名郊商

塹郊中特具代表性，財勢最稱雄厚者，據《台灣省新竹縣
志》載爲：

> 當時新竹財界，以內外公館（原註：即林占梅、鄭用錫
> 之族人）爲兩大勢力。行郊以鄭、林兩族之鄭恆利、鄭
> 吉利、鄭恆升、林恆茂及林泉興、陳建興、陳和興（原
> 註：稱三興）及周瑞春、羅德春、×××（原註：一缺
> 詳；再註：稱三春。筆者按，不知是否即是「曾萬春」
> 或「洪合春」？）爲巨商。[42]

三興與三春，方志無傳，事蹟不詳。但提起內外公館之林、
鄭二家，可是大名鼎鼎。鄭氏在崇字輩時，雖漸有餘裕，尚未發
達。至文字輩時，人才輩出，有理財致富，購置田產成爲地主，
亦有讀書中舉，取得功名成爲士紳，使鄭家兼巨商、地主和鄉紳
三種身分。鄭家家族俱業商起家，分爲四大號：曰永承、永裕、
吉利、恆昇，各造有角板烏艚巨船，貿遷遍及天津、上海等大江
南北，及呂宋、嘭叻（即今新加坡）、檳榔嶼、新加坡各港灣[43]。
惜《浯江鄭氏家乘》與《百年見聞肚皮集》等書有關鄭家經商資
料缺詳，難能做進一步了解。

內公館之林家，至林紹賢，善治生計，墾田習賈，從事帆船
航運，頗爲得手；復辦全台鹽務，致成鉅富，廣置田產，人稱「萬

生翁」，商號曰「恆茂」，負責全台鹽務，故有「恆茂課館」之稱，另外還有「恆發」商號，專門從事貿易，貿易遠達呂宋群島[44]。不料嗣後林、鄭兩家卻因田界、水路問題起衝突，積怨成讎，終於涉訟。林占梅後來且因佃農命案，與鄭家構訟，林氏因久訟纏身，復受風寒，憂憤致命，含恨以終。訟則終凶，林鄭兩家之紛爭，在新竹遂留下「銀牛相觸角」之俗諺。

第六節　塹郊與金廣福之組成

清代台灣之隘防制度，其先起源於明鄭時期之「土牛」、「紅線」，蓋嚴禁漢人侵越，同時也制止番人越出。其後隨著在台漢人生齒日繁，土地日闢，耕地漸侵入土牛界內，非設隘防守無法防止生「番」滋擾，尤無法積極進取墾拓，於是設隘成為北台開拓墾土方法之一。

道光十四年淡水同知李嗣業積極開疆拓地，諭令新竹殷戶粵籍姜秀鑾與閩籍周邦正二人，合組「金廣福」團體，聯合驅「番」拓墾。金廣福設有公館，統轄全部墾務，以此為中心，拓墾竹塹城東南城郊地區，此地區山巒起伏，為中港溪、鹽水港溪及客雅溪三水系之上游，約今北埔、峨眉、寶山三鄉，一面戒備，一面墾地。至同治間，墾地愈廣，各隘移入內山，規模愈大，時人稱之為「大隘」，號稱全台最大隘。

時賢已有人運用檔案、方志等資料對「隘」加以討論，近人吳學明著有《金廣福墾隘與新竹東南山區的開發》，則進一步就

(1) 金廣福組成的背景、經過，及其資金的籌措方式與運用。(2) 檢討金廣福防番、開墾兩大功能運作情況。(3) 透過土地開墾、水利興修以及聚落形成的探討，更進一步探究在金廣福開墾下的漢人社會發展特色，予以全面深入探討，其所運用資料率多未刊史料，乃「幸能得到開闢大隘粵籍墾戶首姜秀鑾裔孫之協助，得借閱大批有關金廣福大隘之諭示、稟稿、墾照、契字、丈單、案底、族譜、鬮書等寶貴文件」，其珍貴可想而知。文中所述，極多有關塹郊者，惜著者不知，文中所述不僅未提及任何「塹郊」之名號，所述相關郊商多以「塹城聞名商戶」或「塹城經商鋪戶」含混稱之。今茲據吳書撰述整理有關塹郊者於下：

　　清領台灣後，南部可墾荒埔所剩不多，移民逐漸北移，由於地理環境限制，開墾形式隨之改變，因之墾戶扮演一重要角色，彼等提供農具、種子，及開圳築堤，耗費甚鉅，故開墾資金之籌措，頓成問題。而透過兩人或兩人以上認股出錢，籌集資金之方式最為普遍，合資經營成為台灣開墾主要型態。金廣福大隘於沿山諸隘中最大，獨具特色，由姜秀鑾負責總其成，「起造隘寮、招募隘丁、把守該地方、鳩派隘糧，及築開圳招佃、墾闢田園、建造庄屋、設立庄規」等，凡此在在莫不須有大筆人力、物力、財力之支出，而姜秀鑾個人財力有限，獨力難成，官府乃另諭飭姜秀鑾、林德修勸捐定股，舉二人為總墾首，合串戶名金廣福，以在城在鄉殷戶之財力，共同解決隘費不足之困境。

　　先是閩人多城居經商，因經商致富累積資金，須為資金謀一投資出路；再則埔地愈墾愈深，「番害」也逐漸加重，隘寮隘丁隨之添設，所需開墾資金隨之提高，已非一般移民所可承擔。

因緣兩相湊合，在城之閩商或以小租戶、或合夥、或獨資組成墾號，將資金投入附近山區開墾，如咸豐二年十二月樹杞林總墾戶金惠成之組成股份，計有「黃利記、林桓茂、蔡致記、何順記、彭阿祿、許珠泗、陳建興、彭阿添、彭林山、陳阿生、郭村記、陳敦記、張福貴」等十三人合成十四股 [45]，此名單可明顯確知是塹城郊商與在地粵籍墾戶合作組成。今既有官府出面諭知合組金廣福，而林德修曾任塹城西門總理，是塹城縉紳，此次授命與姜秀鑾集城鄉股戶捐資認股，並被推為閩籍墾戶首，向在城閩籍股戶招募股底銀，又與姜氏訂立大隘規約。林氏不久過世，改由周邦正接替為墾戶首，周氏在道光初年由福建安溪來台，來台十餘年，一方面在塹城經商，一方面在大甲從事水圳投資，人稱「周百萬」。

金廣福大隘所需隘費丁糧主要來自官方的資助，然而隘丁甚眾，隘糧不敷甚多，不足貼補，遂有賴殷紳捐派、隘糧大租、給墾埔底銀，及墾戶貼納隘糧等鳩集資金之方法 [46]。

閩粵捐派中，閩籍捐戶中可確知為塹郊郊商者有：吳金桔（金吉號）、林恆陞（即林恆茂）、金鎰號、鄭恆利（即鄭用錫）、振益號、許泉記、德隆號、萬泉號（為大甲郊鋪）、鄭和順、羅德春、鎰泰號、陵茂號、新瑞芳、王益發、童泉陞（即童陞）、童高秀、蘇泉吉（即蘇陞）、集源號、鄭振興、林瑞源、林同興、金逢泰、瑞吉號、源順號、振裕號等皆是。餘如陳舒和、周邦正（在塹城經商）、鄭咸亨、涂阿慶、王天宮、陳阿生、鄭承福、許萬生、鄭亨記、黃源利、鄭貞利、周鼎瑞、吳有量、楊庭金、蔡致記、林印卿、林惠香、陳昆榮、林德和、林德悠、陳柳官等 [47]，史籍有

關，無法證明彼等是否塹郊中之郊商郊鋪，於常理推論，亦應大部分均是。

在議貼隘糧中，據吳書所引之例，道光十五年正月有鹽水港墾首吳振利、鄭振記與金廣福所訂合約[48]，道光二十一年二月有王義方與金廣福所訂合約[49]，而王義方、吳振利與鄭振記正是塹郊郊商與郊行。誠如吳文所言，以上諸人諸鋪「與其他資料對比，得知閩籍捐戶大都為塹城之鋪戶，除在城經商外，部分亦從事土地拓墾，如金逢泰、林同興、鄭長源、陳大彬等曾合夥承領土地，開闢田園」，事實上除此外，金德成、金福泉、金德發等墾號，均為塹郊聞名郊商李陵茂與許泉記所擁有之公號[50]。

然而塹郊郊鋪捐資合組金廣福之用意，一則出於官府之諭示派捐，二則以為商業資金之出路，三則加上樟腦利益之誘因，使得在當年閩粵械鬥頻傳的大環境下，居然會出現閩粵合資經營的墾號。結果是疊派不休、出資不停，而金廣福墾務遲遲未成，所得僅埔地數甲，況塹郊郊商活動範圍仍以廳城附近之商業為主，此種土地投資，所得微薄，投資意願遂低，而閩籍郊商多為不在地之地主，取得土地後，勢必將土地轉租出去，而承租者大半為粵籍佃戶，此種現象在當時地緣意識強烈，械鬥頻生的時代而言，畢竟非閩商所樂見，於是莫不急於抽退或拒絕加派，咸豐同治年間，閩籍墾戶仍漸將股權拋售，因而粵籍墾戶轉而逐漸掌握金廣福。

要之，金廣福拓墾成功固有官方的協助，但閩粵兩籍股戶之合作攤派，才是金廣福組成之主要憑藉，而開墾初期金廣福開山防番之資金，主要來自在城閩籍商業資金，以及在鄉粵籍農墾資

金之結合；換言之，若無塹郊郊商之參與，金廣福之能否成功，頗堪疑問。此亦塹郊於新竹附近地區開拓助力之一大功勞也。

第七節　塹郊會所長和宮

一、長和宮之創建

　　新竹之天后宮有「內媽」與「外媽」兩座，內媽祖座坐於西門街一四八號，建於乾隆十三年（1748）。長和宮則係外媽祖宮，由於新竹城之北門外，從西北可通頭前溪河口舊港，為往昔與大陸貿易物資運輸路線，及城裡城外必經之路，因此長和宮建立在塹城外之北門口，亦有其選地之考慮因素。除為交通要道外，也因建城之後，城門白天開啟，晚間關閉，無法配合漁民出入捕魚時間，乃在城外修建該廟。再則，此地又為風水寶地，民間傳說新市竹為一「鯉魚穴」，魚頭是關帝廟，魚尾是長和宮，長和宮兩旁的愛文街、城北街為魚尾雙叉，魚臍則是城隍廟。

　　因以上諸原因，所以長和宮建置頗早，《淡水廳志》卷六志五〈典禮志‧祠祀〉記：「一在北門外，乾隆七年（1742），同知莊年、守備陳士挺建。嘉慶二十四年（1819），郊戶同修。」[51]《新竹縣志初稿》亦記：「天后宮，在縣城北門口，乾隆七年，同知莊年、守備陳士挺建。嘉慶二十四年，鋪戶同修。廟宇五十坪，地基百坪。」[52] 時前殿祀天上聖母，後則祀水仙尊王，而且因各行業店舖行號店號匯集北門口，有米市、柴市、炭市、魚市

等等之結市[53]，熱鬧繽紛，北門大街成為商業中心，竹塹郊商為求近便，自然會以長和宮為聚會議事之所，何況崇奉之媽祖、水仙尊王是海神，職司庇佑航海平安，故為郊商海客所崇信，尊為安瀾之神，長和宮遂成水郊總匯之所，是以今廟中猶存二匾，可堪佐證，一是「嘉慶辛酉（六年，1801）仲春（二月）」、「眾街水郊弟子奉」之「德可配天」匾，後可能損毀，遂在「昭和八年癸酉（民國二十二年，1933）」重修塑立，由「老抽分會重修」。一是「嘉慶辛酉仲春」、「水郊眾弟子奉」之「慧光普照」匾，後在「昭和十年乙亥」由「老抽分會重修」。從此二匾亦可推知其時竹塹郊商尚未組成正式之商會，是以僅能籠統的稱呼為「眾街水郊」，亦可進一步佐證，老抽分會確是最早加入之會員，所以才肯在日治時期由他們重修嘉慶年間古匾；反之亦說明了老抽分會的舖戶成員大體上在嘉慶初年已出現，初只是神明會型態，未組成正式商會團體。

再，前文提及日治初期之中抽分社規約，刻意不提老、新兩社，據此匾，知直到日治末（昭和八年）老抽分會尚存在，余一再言塹郊內部之不協和，在此又得一例證。

以後眾郊戶在嘉慶二十四年大力捐輸，予以修建，可能是在翌年完成，所以今廟中有一「嘉慶庚辰年（二十五年，1820）桐月（三月）吉旦」、「董事郭尚安、吳建邦、吳世英、吳國舟（？）、陳展遠（？）、郭尚茂、金登□、郭治本仝奉」之「海邦砥柱」匾。而此一批人也非常有可能是「老抽分」初創者，今廟中尚存有一「創立老抽分會諸先烈神位」之長生祿位供奉。不過其時之建築，筆者懷疑是一落單進式建築，尚談不上「前後二殿」，蓋

「長和宮碑」記：「我塹郊創建長和宮，由來已久。前殿崇祀天上聖母，而後蓋則崇祀水仙尊王。廟宇亦自清肅，然徑迂而曲，堂窅而深，未甚軒昂豁達。」不稱「後殿」僅稱「後蓋」似可見其時之簡陋，是以眾郊商遂在同治二年（1863）十二月間，公議將老抽分東畔店地（即天后宮左側）重新起建新廟，充爲水仙王宮，奉祀夏王，殿後另有竹安寺，奉祀觀世音菩薩。關於此次興建，《新竹縣志初稿》記：「水仙王宮，在天后宮左側，祀夏王，同治二年，鋪戶捐建。廟宇三十坪，地基五十坪。」[54]「長和宮碑」尤詳述始末：「同治二年十二月間，公議將老抽分東畔店地重新起建，以爲水仙王殿，其規模較爲宏敞可觀。爰詢請老抽分紳士，咸樂獻其地。謀及新抽分紳士，則樂供其費。因倡是舉以成厥事者，則職員林君福祥之力居多。茲值落成，謹溯始末事由，勒書於石，以垂不朽。」碑末落款是「同治五年歲次乙丑臘月印塹郊眾紳士仝立」，可知斯役興於同治三年，完成於五年歲末，費時三年（1864~1866）才得以完成，可以想見此次工程之浩大，碑末之「總共收來佛銀四千二百二十四大元整」、「總計開出佛銀四千二百二十四大元正」，亦可佐證其花費之龐大。

另新竹耆宿蔡翼謀曾口述：「外媽祖廟是漁民出海打魚前，祈求神明庇佑的所在。以前竹塹石城，晚間封閉，無法配合漁民捕魚時間開啓，因此在城外修建這座廟。當時老抽分出六百石租，中抽分出三百石租，新抽分出一百石租。船頭行負責抽收、設料、買地、完成建廟。那個時候一百石租約納一萬石稻穀。日據時代後期，實施皇民奉公化，廟產充公，租穀由助役負責收取。」[55]惜未明確指出是何時修建，不過既說是有塹城之後，應

即是指道光之後的同治年間此次修建。

　　花費如此鉅大，自可想見其時郊商之財力雄厚，也因行號成員日多，原有廟宇空間不敷使用，才有擴建之舉，更有需要購置廟產以充廟中香資祭祀及郊中諸事之開銷，是以《新竹縣志初稿》記其「歷年租項」中有「楝梛莊水田、番仔陂水田、番仔湖水田、鳳鼻尾水田、泉州屋水田、浸水莊水田、北門米市街瓦屋三座」，另「舊港老開成年納銀二圓」[56]。而《新竹縣制度考》中記「北門外長和宮、水仙王宮香油銀」中之「收項」與前文完全相同，是其明證。

二、廟中文物稽考

　　不過，今廟中存有道光年間二匾，一是道光乙未（十五年，1835）仲冬（十一月），「水郊眾弟子奉」之「萬世永賴」匾。一是道光丁未年（二十七年，1847）季春月（三月）吉旦，「大夫第貢生鄭如梁敬立」之「海邦赫濯」匾。廟外側三方石碑中之道光十五年，總理鄭用哺、吳建邦、鄭用銍（？）、郭尙茂，董事李錫金、曾玉山、新陸勝、王益三……等眾行郊捐輸之碑文，惜碑文漫漶不清，無法辨讀是爲何事而捐題，碑末略可辨讀者有「一總收題捐緣銀肆仟捌佰捌拾元……開用外，尙剩銀二佰四十伍元……」、「……生息以供……水仙尊王」等字句，參考以上二匾一碑，似乎道光十五年尙有一次修建，而且日治時期之中抽分規約中記載：「竊維我塹於道光間，建造聖母廟宇及聖母靈像，恭奉有年即名長和宮」，也可證明其是。

　　同治初年之大事新建，使得廟中留下頗多之匾碑，如 (1)「同

治三年吉月」、「塹城眾董事敬立」之「盛德在水」匾。(2)「同治三年吉月」、「塹城眾郊戶敬立」之「績著平成」匾，後於「昭和八年癸酉」、「老抽分會重修」。(3)「同治四年仲夏月」、「裔孫（林）福祥敬立」之「母儀配天」匾。(4)「同治丙寅（五年，1866）春月穀旦」、「兵部侍郎兼都察院右副都御史、福建巡撫提督軍務兼理糧餉徐宗幹敬立」之「泛舟利濟」匾。(5)廟外側矗立之同治五年臘月所立之「長和宮碑」均是。

同治年之新建，立下壯麗偉固基址，光緒年間遂無甚修葺，今廟中僅存一聯一碑，一聯是「光緒十五年孟夏穀旦」、「候升同知直隸州本任埔裡通判權知縣事方祖蔭敬酬」所撰書之木聯：「四海安瀾稱后德、萬人再示頌慈恩」。一碑是廟外牆矗立之光緒十三年六月之「獺江祀碑」，碑文清晰可讀，《新竹縣采訪冊》亦收有此碑文。

另《百年見聞肚皮集》亦有記載長和宮若干事宜，如道光咸豐年間長和宮之住持有「天恩」、「和尚金」等二人，塹郊在水仙王宮開會商議時，和尚金必在議堂奔走，當差應命，原文如下[57]：

> 然竹塹外天后宮創自竹塹開港時，得諸船戶水郊祀奉，媽祖廟之檀越施主中，分為老抽分、中抽分、新抽分，是由船戶水郊抽捐供養，故稱三抽分。但水郊設有商會議堂，在水仙王宮後殿，曾選置郊師一人主議會事務，凡郊商有事，關於大要會議或商務交涉約束，暨就郊師議決。和尚金遇有水郊開會議時，必在議堂奔走，勤謹應命當差，備辦（辦）茶點，無不充足周到，又能巴結

鋪郊家長，各位稱意，殷勤親切，故凡佛事供養、燈火香花、做敬奉齋、捐題募化，俱與容易便宜，所得樂施錢米，收入比較天恩師時倍加，年年出息不少，綽綽有餘裕，任憑揮霍，尚亦裕如。和尚金得此機會，洋洋自得，以其諸檀越施主信任無疑，可以放心肆意，行其所欲為。

又如同治初年戴萬生之亂，於水仙宮設協（集）義廳，權充衙門辦事處，暫攝淡水廳篆[58]：

民情洶洶，一城無主，城門緊閉，用砂包堆塞城門，交通不便，有越垣縋城，方能出入。全城紳商人等，開會議選林占梅為議長，公同舉立張師爺出為攝理淡防廳職，設協義廳於水仙宮。後依官衙辦（辦）法，差遣捕快，捉拏暴徒劫賊二三，依法押赴北門外城邊車埕地場斬決。

惟礙秋大老殉職，一城無主，難以服眾，百姓不得安寧，甚遺憾事。乃有提議設立臨時假廳長，得名具爾瞻方妥。然後募兵籌餉，並專差材幹能為之士，到福州陳情，請兵救援，算是上策。議決公同超選推舉張師爺，因張師爺曾為秋大老幕賓，現充鋪郊郊師，為人能幹善謀，老誠諳練，熟悉人名政事。得其承諾，遂設假廳事於北門外水仙王宮後殿，充當做衙門辦（辦）事處，用林覺、呂世宜、謝琯樵同參贊廳事，以該殿為集義廳，攝淡水廳篆，出告示安民心，籌辦（辦）餉糧，設軍儲

會計、物資度支兩局，分理募兵籌餉。

也有提及長和宮之重新修整，惜未明確記下年代，但以和尚金交往之諸人年代稽考，應即是筆者前面推論之道光十五年事[59]：

和尚金在新莊、艋舺盤桓經旬，始歸竹塹，時外媽祖宮廟宇多少舊象，諸水郊擬再重新修整，煥然一新，媽祖神像在塑鋪金，議訂要往湄州謁祖進香，出發有日，即使和尚金奉媽祖神像，隨駕至湄州乞火掛香。及期，和尚金同諸善信及水郊頭人，相將由舊港啓帆，向湄州進發。不幾日，到湄州，入祖廟進香乞火，依例行事畢，和尚金乃對諸頭人道及欲往興化探訪故舊相厚僧侶，並要往南海普陀山講求佛道，定明年春三月歸廟，諸檀越請奉媽祖回竹塹，貧僧不在廟內，諸香火請檀越祈代爲照料爲幸。水郊等眾許諾，和尚金自去，水郊等眾即奉媽祖歸竹矣。

三、日治以來

到了割台前，日治初，時長和宮「廟宇五十坪，地基百坪」，水仙宮「廟宇三十坪，地基五十坪」。《新竹縣制度考》又記其規模：「天后宮（即媽祖廟），北門外。門一棟，堂五棟，前面空地大凡一百四十五坪。又附屬水仙尊王廟，後面尚有一棟廟（即長和宮），前面空地大凡一十坪。」[60]陳朝龍《新竹縣采訪冊》則有更清楚詳盡的記載：

天后宮，……一在縣城北門外，名長和宮，又名外天后宮（以城內有天后宮，故別之曰外），正殿三間，左右廊各一間，前殿三間。左為水仙宮，後為觀音殿，又後為四香別墅三間，右為僧舍大小計七間。香燭租穀三十石，每年由金長和公租支給，又店租銀一十二圓（店在縣城內北門街，年收店租銀二十四圓，與內天后宮對分）。又宮外公糧一枝，年可收錢百餘千文。

至於原來的水仙宮改祀觀音菩薩，陳書又記：

觀音殿，……一在縣城北門外長和宮後殿，三間。舊為水仙宮，同治二年，郊戶改建水仙宮於長和宮左畔，以舊水仙宮改祀觀音佛祖，即今所也。

對於清末時塹郊與地方歲時信仰的活動，陳書復載：「郊戶所祀之天后香火，則自興化府屬之湄州分來；每三年則專雇一船，奉安天后神像駛往湄州進香一次，祭以少牢。回時各郊戶具鼓樂旗幟往海口迎接回宮，輪日演劇。」中元普渡則「各郊戶同日會普，謂之眾街普」[61]。

日治時長和宮之興修補葺，經筆者之探訪，惜執事者或云不知，或稱資料已被取走，無可奈何，僅能就廟中現存文物建築做一稽考。今廟中有一「歲次乙卯仲冬穀旦立」、「信官程介眉敬酬」之「厚德配天」匾；一「丙辰年福醮紀念」、「閤竹眾紳商庶全敬叩」之「霖雨蒼生」匾，似乎大正四年（乙卯，1915）、五年（丙辰）可能有小修，才有作醮之舉。又有一柱聯題「跡顯湄州坤雍永奠、神依淡北水道安瀾」，落款「昭和戊辰孟秋之月重修」、「林

桓茂敬獻、李逸然（樵？）謹書」，則明確指出昭和三年（民國
十七年，1928）廟曾一度重修。廟中神桌上置有二籤筒，內各有
十二地支之令牌，皆是昭和八年夏季所設，乃「老抽分會會員一
同設置」。水仙宮正龕下之神桌乃明治三十二年（光緒二十五年，
1899）十二月捐獻，桌之邊角赫然落款「沐恩弟子魏泉安、陳桓
豐、杜玉計、莊崑茂、吳吉記、連裕興、李怡泰、謝泉源、鄭邦
露、李陵茂、周茂泰、興隆局、金德美、鄭利源、振榮號、怡順
號全叩」，對照前節稽考得知之郊舖、郊商，重複頗多，幾乎可
斷定即是日治初、光緒末之郊商及郊舖，為今存最晚之塹郊古文
物。除此外，再加上前述老抽分會重修昭和八年「德可配天」匾、
昭和十年「慧光普照」匾，暨中抽分祭祀規約，正說明了日治時
期，眾郊商祭祀活動之頻繁與熱烈，不過不用塹郊或水郊之名
稱，僅用「老抽分」、「中抽分」之名稱，已顯示性質返歸趨向神
明會之型態。至於「新抽分」無聞焉，不知是解散歸於沉寂，還
是分別併入老、中抽分，則無可得知矣！

　　另外，經檢索日治時期報紙資料，有若干則報導，也可供補充
長和宮此時期之歷史沿革，這些報導，大略歸類，可以分為三類。

(一)廟與廟往來交陪聯誼

　　如《台灣日日新報》明治四十二年（1909）十二月九日四版
報導：

> 北港媽祖，本月四日來竹。邑之善男女，齊備鼓樂，前
> 赴南門外停車場迎接……及汽車既至，乃昇神輿，直赴

北門外媽祖宮駐驛。是日到宮參拜者，絡繹不絕，幾無立錐地。宮外設露店賣金香燭，以十餘處計，演劇四台，觀者如堵。翌五日參拜者，竟覺多數，牲醴陳列，如星羅棋佈。乞爐丹者，紛如蟻聚。宮外演官音菊部二台，國錦文掌中班一台。庭前新築土圍，高四尺餘，闊有一丈四方，中燒金紙，其灰堆積如山，亦可見信仰者之眾矣。

同報同日又報導：

去六日竹邑街莊人民，合同歡迎北港媽祖，及竹蓮寺觀音菩薩。午前八勾鐘，鑼鼓樂隊，已齊聚於新竹街後布埔。迨鐘鳴九點，煙火三發，始舁神輿出遊。……入夜則滿街餘興，如城隍廟，外天后宮，內天后宮、竹蓮寺、水田福德祠、東門福德祠、地藏庵等處，各演劇一、二台。……據古老所云，竹邑迎神，未有若此回之盛。然此一日之熱鬧，僅就市區管內而言。其他附近各庄，將順次恭迎，聞須至來十三日，方畢其事云。

《台南新報》昭和元年（1926）五月二十四日六版有記：

近駐新竹街北門外長和宮之北港媽祖，及彰化南瑤宮聖母，以去二十一日下午二時，由各團虔備鼓樂詩意，及子弟團等二十餘陣，恭迎神像遶境……受該地人士行香至四時半發程，迎神輿回鑾於長和宮。

(二)廟會戲曲陣頭之表演

如《台灣日日新報》大正十二年（1923）八月十日六版記載：

> 新竹街北門新樂軒，恭迎其軒之西秦莊府王爺，已登前
> 報。去六日午後一時，煙火三發，由行台起程遶境。是
> 日諸軒員各寄贈音樂隊、南管、歌仔唱、車鼓、採茶
> 歌、獅陣、藝閣、蜈蚣閣、外江陣、其他假裝什劇，並
> 庄下十數陣參加行列，共四十餘陣頭。是日天氣佳良，
> 庄下紅男綠女，到市上觀迎，時壅塞不開。同夜自西門
> 隍廟前街中，點五百燭光電火，到北門外天后宮行台前
> 電門止，照耀如同白日。

再如《台南新報》昌和二年（1927）三月十五日版記：

> 新竹北門堡訂古曆二月十八日至廿五日之間，分為北門
> 市場營業團、外天后宮團、雜貨商團，籌備詩意廿二
> 架、蜈蚣閣五架、子弟劇四陣、大鼓隊其他各數陣，現
> 正設備云。

(三)廟慶建醮活動

《台南新報》昭和六年（1926）十二月十六日六版報導：

> 新竹城隍廟慶成三朝福醮，以去十四日舉行善施，始自
> 柱音一百七十二名，並村庄各團，裝結醮壇者百餘行，
> 其中最特色者三十餘處。是夜由審查員，分為五等。而

公選之中選者，如下：……三等者外天后宮壇……（下
略）。

　　謹舉以上數則報導，以概其餘。只可惜七七事變後，日府下
令進入「禁鼓樂」時期，尤以太平洋戰爭爆發後，更是全面嚴格
執行，廟會活動少了，報紙報導也就少了，終至絕跡，直到台灣
光復後才又恢復活動。

　　光復以來，又有幾許滄桑變化。廟中現有一匾「安瀾濟眾」
立於「民國戊午年（六十七年，1978）三月」，乃「新竹水仙宮、
長和宮管理委員會、主任委員吳張炎暨水郊會派下一同」所敬
立，凸顯了塹郊已純然是神明會組織，至於「水郊會」近況如何？
是否尚存在？經詢問執事者亦是一問三不知。民國六十七年為響
應復興中華文化，始奉文昌帝君，因此乃拆除長和宮室間，增建
文昌殿，於六十九年五月發包興建，工程順利，於同年農曆十月
完竣，於十月二十八日奉文昌帝君神像進殿安座。翌年（辛酉
年）舉行建廟兩百四十週年建醮大典，今廟中有台南大天后宮「后
德配天」、新竹市長和里里長楊金土「慈光宏達」之賀匾。民國
七十九年（庚午年）十二月，續作整修，內外油漆，煥然一新，
並製獻媽祖，觀音佛祖，水仙王神龕前雙龍幛幃、神冠、神袍。
近年全面暫修，由慶洋營造公司負責，於民國九十年六月二十七
日完工。

第八節　塹郊對地方之貢獻

台灣行郊實爲一特殊之商業團體，其所具有之功能已含括政治、經濟、社會、宗教等多元功能，舉凡如地方上之徭役、公益、宗教、教育等事業，幾無一不由彼等倡導、創建或重振。郊行之組織，不僅促進了台灣商務之發展，安定移民社會之秩序，更對社會建設提供了巨大之推動力量。

塹郊金長和成立於道光年間，盛於咸同年間，期間對新竹之社會建設與地方公益事業，莫不熱烈參與支持，踴躍捐輸，茲分述於後：

一、教育方面

教育爲百年之計，風俗之醇，人才之盛，端賴學校化陶之，我國自昔之文教設施，無非以設學宮廣學額，輔以書院，加之義塾等方式來培養人才。新竹地方之文廟、試院、書院、學田，在在皆有郊商鉅富之參與，或倡謀捐建，或慷慨輸獻，碑文俱在，如「文廟碑」、「創建試院碑」等是，昭昭可信 [62]。

二、公益方面

清代台島道路不修，交通不便，兼之河流不一，野水縱橫，每逢大雨後，淺者固易架橋，深者非渡不爲功。故除在路旁由官民建置路亭以供行旅暫憩奉茶外，各大河溪多有官民捐置之義渡或橋樑，以供旅人之便利。

道光十六年（1836）淡水廳同知婁雲，召集紳士、郊商等，廣爲勸諭，在大甲溪、房裡河、柑尾溪、中港溪、鹽水港等六處，或設渡船、或架木橋。事後撰有〈義渡碑記〉，詳記始末，內中捐戶姓名有「新艋泉郊公捐洋銀一千圓」、「塹城金長和公捐洋銀三百圓」。按淡北義渡較少，據婁雲詢諸紳耆郊行，知悉淡北各港溪所設渡船，渡費低廉，均稱利濟，並無訛索之風，率由舊章，未改設義渡[63]。

橋樑部分，以萬年橋之修建最具代表性。萬年橋，舊名湳子橋，在縣二里湳子溝，爲南北往來孔道。嘉慶間竹塹社屯千總錢茂祖創建木橋，並於橋南北各砌石塊爲路，共計長一里許。道光二十二年（1842），舊橋朽壞，郊舖金長和及諸紳士鳩捐重修，並於橋南北石路中間改敷石板，旁夾以石塊，以期永固。其後屢壞屢修，塹郊商民糜資修葺，耗費不少，覺終非長久之計，遂於同治七年（1868）由同知嚴金清、諸紳士及郊舖金長和捐資改建，仿三江運河式，仍其舊址，疊石爲圓洞橋，橋上翼以石欄，更名萬年橋[64]。

三、宗教方面

清代之台灣移民社會，因台島荒蕪初啓，天災疫害頻頻，加以官府力量薄弱，兵燹屢屢，民間互助合作之風氣特盛，常有結社組織，多由同鄉、同族或同業組成，以共同信仰神明爲中心而結合之，因之促成寺廟之興建發達。故台灣廟宇不僅是民間信仰中心，同時也成爲聚落自治及行會自治之中心，具有自衛、自治、涉外、社交、教化、娛樂等多元功能。明乎此，知寺廟之與

地方發展息息相關，我拓台先民實善於運用寺廟以推進地方建設，興辦慈善公益事業，進而教化百姓，平定變亂，維持社會治安，促進商務繁榮。

行郊係由同一行業之商賈組成，奉一神明，設幫會，訂規約，以時集議；內以聯絡同業，外以交接別途，自須有一集會辦事處。此辦事處或稱公所，或名會館，惟此多見於大陸各地行會，台島少見，多是附屬於寺廟，以充聯誼自治之所。故本省各大寺廟之創建興修，各地郊商莫不踴躍捐輸。塹郊之參與新竹地方寺廟修建，有文獻可徵者乃文廟、龍王廟及長和宮、大眾廟[65]，他文獻不足徵，以籠統之「眾紳商、諸舖戶」等稱之，概不採納。其中長和宮爲塹郊之會所，亦爲本章之主體，已在前節詳述之，茲不贅。

四、慈善方面

本慈善事業主指助葬、救荒兩種。清代助葬事業，有供給土地於貧民埋葬，或合葬無緣枯骨，或寄託旅櫬，或協助埋葬等，其種類不外乎爲義塚、寄棺、枯骨埋葬及孝舍等。台灣之義塚，由官建置者有之，紳民買獻者亦有之，任人埋葬，不收地價，勒石定界，以垂永遠，並嚴禁牛羊踐踏之害，誠爲義舉。

新竹地方之有義塚，約始於乾隆四十年（1775）前後，惟嘉慶年間清廷曾下諭以凡無耕耘或無田賦之地，皆作爲塚墓或牧場，此後糾紛迭起。緣由道光十四年（1834），金廣福墾號開始拓墾後，墾戶屢屢混界殘害塚墓，滿山遍野破罐露骨，致使訴訟不斷。咸豐元年（1851），遂由諸紳士及郊行舖戶等向同知朱材

哲稟請，具呈金廣福等之弊害，朱氏乃差官屬前往查勘，其後勒石嚴明境界，設禁以防佔混踐踏。光緒年間，南門口巡司埔附近時有毀塚私營田園，或任牛車亂駛，毀塚墓尤甚，致暴露棺骸；七年（1881）有諸紳士耆老及郊行舖戶等之稟請，又至南門城門建碑示禁。此後凡義山之開墾必須受官之准許，其例持續至清領台灣末期[66]。

清代之救荒設置有常平倉、義倉、社倉、番社倉等，新竹地方有常平倉、義倉、番社倉，而社倉則無文獻可稽。

義倉者，當年歲凶荒之際，貧民告糴無由，則開義倉之穀，而給民糴；義倉原由官方管理，後改由民間經理。新竹之義倉，係道光十七年（1837）淡水同知婁雲創始，但未置倉廠，捐穀即由捐戶收存。至同治六年（1867）同知嚴金清復倡，捐廉俸銀一千圓購穀一千石，並勸諭紳商、業戶捐穀四萬九千石，於同年在竹塹及艋舺各建明善堂為義倉，附以義塾，另撥捐穀三千六百石充為義塾經費，以興養立教。

竹塹明善堂（即義倉）在新竹城南門內，係購城內義倉口街金姓舊屋而改築，其房數共十二間，同治六年（1867）九月興工，翌年四月竣工，費銀二千九百七十二圓二角。此役主要捐輸者有業戶林恆茂、鄭永承、紳董吳順記、李陵茂、鄭恆升、鄭吉利、翁貞記、陳振合、何錦泉、陳沙記、鄭利源、恆隆號等，多為聞名郊商。無如其後世風不古，有遇青黃不接之時，告糴者聚而請，收儲者置罔聞，明善堂之設，於是乎有名而無實。義倉至光緒十六年（1890）改為電報局，附設之義塾至翌年，由知縣葉意深移入明志書院，自為塾長，另謀發展[67]。

五、平亂方面

新竹行郊內公館林家、外公館鄭家，與三春、三興為巨商。鄭家祖先原是福建漳州漳浦人，於乾隆四十年（1775）遷居後壠（今苗栗縣後龍鎮）之溪州，至「文」字輩起家，聲名烜赫，有讀書中舉者（如鄭用錫、用鑑），有經商墾殖致富者（如鄭用鍾、用鈺），其家族又分為四大號，曰永承、永裕、吉利、恆昇，俱業商起家，貿遷遍及天津、上海、大江南北，及呂宋、嚕叻（今新加坡），檳榔嶼等地，而鄭用錫其人，少遵父訓，力行為本，於道光三年舉進士。平時家居，里黨有舉，輒致其財力，鄉人稱善士。凡倡修學宮、橋渡、賑饑、恤寒，悉力為之。咸豐三年（1853），林恭、吳磋以次起事，而漳泉又分類械鬥，全台俶擾。當是時，械鬥愈烈，延蔓百數十里，殺人越貨，道路不通。鄭用錫親赴各莊，力為排解，著「勸和論」以曉諭眾人。這其中倒有一段內幕，牽連新、艋、竹諸郊商，《百年見聞肚皮集》詳記其事，也可見眾郊商之熱心公益，平定紛亂，茲摘錄於下，以略見梗概[68]：

> 賦間（聞）無事，有一日，得頂港有人來下書，披閱之下，知是大龍峒陳維英迂谷先生，及林右藻、林柏邱兩紳商，並艋舺舉人蘇袞榮，廩生黃中理，僉同函信，函中所云事為新艋漳泉人，分籍械鬥，經累歲月，塗炭生靈，禍害不淺。今二比知悔，漏意謂，若有人出作魯仲連，便可排難解紛，因此邀請公及許超英到新艋磋商擬議等語。晚間又接林本源家五少爺林國芳，暨新莊紳商

數人，並艋舺黃林吳三郊家長，各通書信，先後投遞，其大意亦欲依賴公等出為周旋。公得信遂與許超英計議可否。許超英曰：「事無難處，到時見機而作，可也。」雖（遂）決偕行。不出三日，先到艋舺，會三郊家長，同來大龍峒，訪陳迂谷先生家。得迂谷先生殷勤禮遇，遂假宿焉。翌日，公與許超英集合陳迂谷、蘇袞榮、黃中理、林右藻、林柏邱諸氏，並艋舺黃林吳三郊家長，一齊到新莊見五少爺林國芳，新莊紳商人等，議定和約，既和不論理，各自引責，相好如初。公遂為作勸和文一章，刻石永垂鑑戒。以多年紛糾事，經一席話迎刃而解。雖曰人情有，天意在焉。自此新莊、艋舺漳泉籍人，賣刀買犢，棄利刃，負犁耜，化衽兵革而尚玉帛，同流合污，無分畛域，此咸豐三年（1853）事也。然斯時竹塹當閩粵反，經年始平，俗有「世事恰大咸豐三」，是謂此也。公因新莊和議告成，歸艋舺，回大龍峒與陳迂谷先生暢敘攸情，盤桓浹日，即招許超英同歸竹塹。

內公館之林家，其祖林紹賢，墾田習賈，復辦全台鹽務，富冠一鄉。傳裔至林占梅，性豪邁，好交名下士，濟困扶危，糜萬金在所不惜。道光二十五年，英人犯雞籠，沿海戒嚴，倡捐防費，得旨嘉獎，以員生加道銜。二十三年，防堵八里坌口，又捐巨款。二十四年，嘉彰各邑漳泉械鬥，募勇扼守大甲溪，絕其蔓延，並護閭閻，出資撫卹。咸豐三年，林恭之變，北路震動，奉旨

會辦全台團練，又以捐運賑濟津米三千石，奉准簡用浙江道。同治元年（1862），彰化戴潮春起事，淡水同知秋曰覲被戕，民心惶惶。林占梅獨籌危局，備器械、出資餉、討軍實、修城濠、募勇士，部署甫定，而警報亦至，占梅力主戰守，以家資十數萬爲餉糈，竹塹城中眾紳士郊商亦踴躍輸將，民心始定。旋奉巡撫徐宗幹檄准布政使，頒總辦台北軍務鈐記，通飭所屬聽令。後陸續克復大甲、牛罵頭、梧棲，梧棲爲通商之埠，殷商聚集，占梅暗中潛結當地郊戶楊至器，遂得於同治二年二月取之。至十一月，率勇與官軍會攻，克復彰化，十二月振旅凱歸[69]。潮春之役，林占梅傾家紓難，保障北台，運全局於掌上，屢收要隘，再復堅城，固一時之傑，若舉有功於鄉里者，當推爲先。

舉此二例，可以概括新竹郊商平匪亂、維治安、禦外侮、護鄉梓之貢獻矣！

六、其他方面

每一時代，每一社會均有其惡風劣俗，清代台島淡廳之地方惡習，約而舉之有四大害：如母家藉女病故索擾，賣業找盡纏訟，總董誣良爲盜，命案任意牽連等是，爲害中之最。於是諸紳耆暨郊舖金長和共向淡水同知向燾僉稟，請求嚴行禁革，以杜訟源而肅法紀。爲此向燾特立碑示禁，以期互相勸勉，漸挽頹風，若有不遵，則執法嚴懲[70]。

至若擔任城工董事，管收店租生息，以備歲修城工[71]，或為人作保具結[72]，以求息訟，以杜爭端，並進而共同保舉董事總理[73]，自行擔負行政大任等，一則可見塹郊在新竹之權勢，擔負行政，再則移風易俗，可想見其熱烈參與地方事務之積極態度矣！

第九節　塹郊衰微原因

《新竹縣采訪冊》中所收碑碣，同光年間最多，光緒年間有關塹郊者反而最少，甚有簡稱為「郊舖、郊戶」，至後來根本以郊商之私人姓名或行號銜題，不見公號之稱呼，又恢復乾嘉時代之情況，可想見塹郊此時之衰微[74]。方豪先生曾就有關新竹萬年橋之修建前後文獻加以研究，獲得三點結論[75]：

（一）　道光年間，鳩捐重修人以郊舖金長和居首，紳士舉名者三人，皆列金長和後。

（二）　同治年間，捐款人同知之後為紳士，舉名者三人，郊舖金長和列紳士後，居於末位。

（三）　光緒年間，紳士舉名者二人，郊舖金長和且未列入。

此三點事實可作為塹郊於光緒年間衰微之旁證。

塹郊衰微之原因固多，如：郊商私人向官府借款營商，遇逢年市面光景歉薄，生理賠累[76]；或其他行號向塹郊借款經商，因生理倒罷而致拖欠公款[77]，與海禁大開，洋行勢力侵入，遭受嚴重打擊等均是，但諸種因素中恐以(1)港灣淤塞；(2)內亂外患為

主，茲先分述新竹三港之沿革興廢：

一、港灣淤塞

(一)舊港（竹塹港）

　　舊港於清乾隆時稱為竹塹港，至嘉慶十二年（1807）改稱為舊港。該港每年三月至七月間多西南風，九月至翌年二月間多東北風而為雨季，港位於新竹市西北四公里半之舊港溪與頭前溪分流再匯合入海之三角洲上。港口面北，因水淺，民船須利用滿潮時始能出入。

　　舊港至雍正九年（1731）始因島內貿易而開港，惟因地形限制，自昔屢有塗流夾砂壅塞港口之患，是以《淡水廳志》載：「港分南北二線，可泊小船，候潮出入。如溪流沖壓，港路無定；晝則循標而行，夜則籌燈為號。」嘉慶八年，因洪水港塞，妨礙船舶出入，經商民籌議各捐資金，於嘉慶十二年（1807），在其附近新開停泊處，稱之新港，前之竹塹港改稱舊港。但未及二年，此新港亦被淤塞，商船難以出入。嘉慶十四年，淡水同知薛志亮勸諭商民招股創設老開成，濬復舊港。咸豐四年（1854）以後，行郊多設棧於此，船舶出入日多，該港之開發亦日見興盛。其貿易地區以大陸對岸各地為主，以泉州第一、福州、廈門、溫州次之，主要輸出品為苧麻、水產物、棉織物；輸入品為苧麻布、黃麻布、紙箔、陶器、木材等。其後貿易地區更延伸至天津、牛莊，進而至日本、朝鮮、呂宋、暹羅。然因咸豐七、八年間，諸商以該港南方四浬之香山港港水深，便於出入，自是大船多泊於

香山港，舊港大受打擊。數年後，香山港亦被泥沙淤塞，船舶復歸泊於舊港，惟已不及往時之盛。

舊港在日治時期，曾一度恢復盛況，至昭和七年（民國二十一年，1932）十二月二日奉令廢港，從此該港僅被利用為漁港[78]。

(二)香山港

香山港位於鹽水港溪與客雅溪兩溪口之間，南北二公里半，海灣距深水外洋約六公里，岸去海口遠，海灘甚大，不能靠岸。《淡水廳志》載：「香山澳……距城西十里，離深水外洋五里。口門闊二十餘丈，深一丈二尺。潮漲至鹽水港而止，退即旱溪。三、五百石之船，乘潮可入，為南北大路。」以今視昔，變遷驚人，今日之滿潮深不過五尺，潮退即可涉過，自然船舶出入不便，僅五十石以下之舟楫可繫碇。

該港之被發現，係在咸豐七、八年左右，因商人至竹塹港貿易時，發現竹塹港南方四浬有香山港，較竹塹港水深，為一優良港灣，故內地商船每遭風暴，寄泊於此，從此大船多泊於該港，與大陸對岸貿易甚盛，一時成為貨物集散地。當時又適際大陸移民來台頻盛，與中港遂成為內地貿易商船出入頻繁之港。但未及數年，港亦被泥沙壅塞，出入之船舶大半復歸泊於竹塹港，復因八里坌開港，遂被禁止通商，其後僅成為漁港[79]。

(三)紅毛港

紅毛港位於新豐鄉紅毛口，南有鳳鼻山突出於海，北有小

丘，成爲細長港灣，有新庄子溪、茄苳溪流入港內。港內滿潮時，水深八尺，平潮時平均六尺。港口雖小，而內較寬，就自然條件言，南北有山丘，港內廣闊，爲一良港。在明鄭之前，爲台灣西北海岸一著名海舶交通門戶，明鄭以後，仍繼續利用，經常諸船輻輳，銅鑼之聲不斷。

　　清時曾在該港架設砲台，從事海防。咸豐十一年（1861）在該港設釐金卡，徵收釐金。該港出口貨，以樟腦、米穀、茶葉爲主，入口貨爲棉花、布匹、酒類、陶器、木材、石材、獸骨等，多由大陸對岸及台島中南部輸入，供應竹北二堡、中壢等地，極盛時爲北台一重要物資集散地。其後因土砂淤積，海舶難於進口，遂逐漸衰頹。日本據台後，鋪設鐵道，運輸多賴鐵道，海運減少，終成廢港[80]。

　　近人林玉茹根據港口之泊船條件、商業機能、軍事機能，以及行政機能作爲綜合指標，將清代台灣大小諸港口，分成五種等級，其中有關新竹諸港，略謂：1710 年（康熙四十九年）以前之竹塹港爲五級港；1731 至 1860（雍正九年至咸豐十年）之竹塹港爲三級港；1861 至 1895 年（咸豐十一年至光緒二十一年）爲二級港；同時期之香山港爲三級港[81]。所謂三級港，據林氏之定義爲：大都可以容納閩、台兩地之大商船出入，或是港口雖因泥沙淤塞，只容航行於南北沿岸之小船停泊，但可由外口轉駁。在商業機能方面，一般已具備市街型態，或是作爲內陸縣城、市鎮之貨物吞吐港，而本身並未形成市街。在軍事地位上，大部分是由千總、把總以上之中級將弁駐防，少見營盤駐紮之例。在行政設置上，最多派駐縣丞、巡檢專防，鮮見同知或通判之駐守。大

部分的三級港並未被官方開作兩岸對渡港，因此通常與二級港有轉運關係，且往往具有民間人、貨、走私或偷渡型態，與大陸對岸時有往來。至於二級港之定義是：大都已由官方正式開口，作為大陸與台灣之對渡門戶，一般言港口的泊船條件可以容許航行閩台兩地之橫洋船或販艚船等等大商船自由出入；即使泊船條件惡化，也可以尋找外口以停泊大船，再用船轉駁至內港。一個二級港，通常有行郊、倉儲存在，已具備市街型態，具有區域性商業中地機能，在軍事機能上，大都有營盤駐防，或至少有把總以上武弁駐紮。在行政機能上，有海防同知或縣丞、巡檢駐防，稽查海口。二級港大都為官方明令開放與大陸對渡的正口，通常必須負責配運兵穀、配渡官兵，以及轉遞文報。其與一級港最大差異在於：二級港的對外貿易範圍局限在中國大陸地區，腹地大都較一級港小，而且禁止外商停留貿易，洋行、領事館與海關等設置，付之闕如[82]。

此說對照前述諸港興廢，雖未必全部符合，亦大體可通。竹塹港為新竹地區主要港口，鄰近小港與之互動頻繁，本身也成為淡水以南地區四個（竹塹港、後龍港、中港及大安港）次級港之一。特別是竹塹港與淡水港距離最近，聯絡關係也最密切，由淡水至竹塹的交通，水陸皆可通往，大體言，水路沿海岸向南行，約費時五小時，陸路則需三十六小時，艋舺並有客船航運至竹塹[83]。而該港戎克船在台灣沿岸貿易，北至基隆、淡水，南至鹿港皆有，也即是說，與淡水、基隆、許厝港、笨仔港、紅毛港、香山港、中港、後龍、吞霄、大安、梧棲、塗葛窟、鹿港等港區均有往來。其中自然與淡水、鹿港之貿易往來

最爲重要，竹塹商人常自艋舺取得鴉片，再轉輸鹿港[84]。淡水港輸入貨物，也大都由沿岸迴行本港，再分配至各集散市場，也即前述輸入品，大部由竹塹港集中至竹塹城，再分配至大湖、苗栗、南庄、三灣、月眉、北埔、樹杞林、九芎林及新埔等市場。反之，竹塹港並收集鄰近地區樟腦運往淡水出口。

至於香山港位於竹塹港與中港之中間，港口亦置文武口，稽查掛驗內地出入船隻。其後因竹塹港一度壅塞淤積，竹塹郊商改由香山港進出貨物，因此香山港也有郊行市街，但因始終是作爲竹塹港外口，集散市場與竹塹港重疊，與竹塹港又有密切連結關係，也因此始終不能取代竹塹港地位。

總之，新竹地區自昔因陸地交通不便，地廣無人，野番出沒，野水縱橫，處處病涉，故居民多利用船舶交通，如舊港、紅毛港、香山港等是。諸港自康熙年間已有船舶往來。惟因地形之限，環佈礁砂，大船難近，「竹塹舊港、香山港，皆港門一線，大船雖可出入，必須乘潮遙立望燈，小舟帶引，方可出入，否則有淺涸之患。」[85] 通航不便如此，加之新竹附近山陵高崇，平原不廣，溪流短急，諸港多位於溪流之口，易爲泥沙淤積，且未常加疏濬，年久失修，港口遂不能用，失去港灣機能，終成廢港。於是不復可見往昔物資集散之商況，此後竹塹僅成爲一消費地，大量物資殆皆須由外地進口，塹郊之逐年衰微，良有以也。

以上爲新竹三港之榮衰沿革，三港因淤積壅塞而失去港口機能，自會對操持進出口貿易之塹郊成一大打擊。

二、內亂外患

　　另一重大原因即是連綿不絕之內亂外患，結果造成社會之動盪不安，破壞地方之治安與建設，阻礙經濟建設與成長，新竹地區之民變與械鬥，導致商鋪罷市，郊商或助餉募勇，或斂資通款，在在蒙受損失。以《新竹縣志初稿》卷五〈兵燹〉所載為例：先是乾隆五十一年林爽文起事，「塹城陷，巡檢張芝馨、把總高茂、尹貴、尹仰舟，外委虞文光等俱死之。」後由淡水同知幕賓壽同春偕原任竹塹巡檢李生椿、書院掌教孫讓，糾合義民萬餘人，收復塹城。嘉慶十年海盜蔡牽「復駛至竹塹、鹿耳門等處游奕」。嘉慶二十二年三月，「草鳥匪船擾塹南各港口」。咸豐四年，「（黃）位竄大雞籠口，逸竹塹港。同知丁曰健平之。」[86] 而同治元年彰化戴潮春起事，更波及竹塹，一城驚慌，《百年見聞肚皮集》記載：「城內街市，殺人越貨，白日搶劫，暴亂行為，死傷人命，百姓紛逃。」[87] 對附近郊商殷戶之影響，尤有一段深刻記載[88]：

> 不幾日，有自後壠走來之殷戶鋪郊，攜有眷屬老幼，相將避難來竹塹，云大會約某日取後壠，街眾無力抵抗，我等聞風先行逃走，以避賊鋒。不幾日，人又來報道，大會果於某日入後壠街信宿，便全隊抽退，其原因為街眾老弱幼少不堪受驚者，出避於外埔。聞大會入街，專事尋覓巨商大賈、殷實富戶，入門勒索，捐題軍輸，來狀可怕。哥老會首腦者坐大轎四，拋綏結綵，繫繡球裝飾，如王爺公坐輦轎，發軔用三進三退，開大鑼打大鼓，號頭奏笳嗚嗚叫，奔躍狂進入街時，坐轎首腦探頭

出轎窗，爭佔大戶大郊舖，入則傳呼頭家家長，謂大哥有令，勸捐軍需，某號數萬，某號數十萬，盡封業戶粟倉。逃眾聞聲不敢回家，聚集在外埔朱王爺宮。

諸如以上所舉之內亂、民變、械鬥爲例，所至烽火蔓延，焚殺擄掠，郊商素稱殷富，尤爲覬覦之目標，焉能不受慘重損失。內亂頻仍，而外患亦至，其中以中法戰役打擊至深。

光緒九年，中法爲越南爭釁，爆發戰爭，台灣告緊，清廷分調劉璈、劉銘傳守南北。十年六月，法將孤拔率艦攻基隆，銘傳敗之。七月再犯，不勝而去，法軍遂改採封鎖政策，於是北自蘇澳，南至鵝鑾鼻，禁止船艦出入，台海被封鎖，長達七閱月。這期間對新竹之影響，《新竹縣志初稿》僅簡略地記載：「（十一月）二十三日癸亥，法兵輪停泊竹塹舊港口，開大砲擊燬商船。」[89] 其實遠比縣志所記尤要殘虐，《法軍侵台檔》收錄有「督辦福建軍務左宗棠咨報往來台澎漁商各船被法船轟擊情形」（以下簡稱左文），及「閩浙總督楊昌濬咨報法船在台灣洋面殘暴情況」（以下簡稱楊文），詳述法船之殘暴手段，關於新竹一地，左文中載[90]：

> 十一月初五日，有法船一隻停泊新竹油車港，並拖帶商船一隻。又見商船一隻，已被法船開砲轟壞，擱在淺水之中；船上血跡淋漓，並有青菜、酒罈等物。嗣據泅水逃水手蔡連升供稱：「該船名『陳合發』，載運木板等物，自福建來台；在紅毛港被法船轟燬，焚燒殆盡，人盡死亡，僅存船底而已」。
>
> ——新竹縣稟報（新竹團練林紳士稟同）

十一月七日未刻，有法船一隻游弋紅毛港上之泉水空港。適遇竹塹郊行商船一號（船名「金妝成」）由泉州運載麵線、紙箔、雜貨；又有頭北船一號：均被法人開砲，尾追莫及，又見隨後有商船二號，已被法船趕上牽去。而法船又將龍皂漁船兩隻內有捕魚者共十六人盡行擄去，而空船放還。

——新竹縣稟（紳士稟同）

十二月初七日，有法船一號在距城八、九里之拔仔港外游弋。適逢兩隻商船進口，內一隻名「柯永順」，由頭北裝貨來台；被法開砲，貨客林三娘受傷。尚有一隻躲避不及，係被牽去；船民及人數，無從查悉。

——新竹縣稟

　　左文中又有轉記「泉州轉運局稟法船焚害民船情形」，載泉州諸船在新竹口外之悲慘遭遇：

（一）　惠安小岞地方陳細糞隻船，於十一月初間由省出口，至十一月十二日駛至竹塹口外；遇法人兵船，被放火箭，射中大帆。該船急沖沙汕，船工、水手登岸脫逃，後開大砲，該船被焚。

（二）　惠安獺密澳地方張草圭船，於十一月初四日在獺密揚帆駛至觀音澳，於十二日放洋，至十三日駛至竹塹地面；適遇法船，被其牽去滬尾口外。舵工、水手等人均被兜留，挑運沙泥；船貨放棄，漂流滬尾之南嵌地方，貨物被在地百姓搬空。

（三）　同澳地方曾雅舵之船，同日揚帆駛至竹塹口外；均被牽去。舵工、水手亦被兜留；其船放棄，不知漂泊何處。

（四）　晉江古浮澳地方金成利、金進發、金順興三船，在澳揚帆，於十一月二十一日早駛至香山之鳳鼻腳；忽遇法輪，均被牽去。其舵工、水手均禁在輪船上；將金順興船拖入基隆，成利船被砲擊沉大額尾、金順發船擊沉八尺門之三灣鼻。至二十四日，法人將所拏去三船等人押在獅球嶺頂，令其挑運砂石，慘不可言。至二十五日，所拏去諸人皆暗約申刻逃走；即於山崗上墜下，不顧生死，拚命奔走。嗣後法人知覺，追趕前來，被洋銃擊斃金進發、金成利二船水手蔡扶、凍走二名；尚有數名，不知名字。其逃至六堵官軍得以安全者，計有六十二名。

　　據上引諸條，可見法艦撞遇商船民船，即肆行轟掠，殘暴萬分，也可知郊商損失慘重。何況以上所奏，僅是十一月初五至十二月初五，一閱月時間而已，而且這期間「聞在洋被害商船，甚多無人具報，候查明彙開」，則其他五、六個月時間，尚不知有多少船隻、人民，無辜被戮被轟。是可知內亂迭興，外患交侵之下，台灣社會經濟飽受創痛傷害。每次亂事一起，互市停止，百業俱歇。郊商擁資貿易，為保家衛國，輸力輸財，捐餉助防，募勇組團，輸耗鉅大，虧損日益，新竹塹郊亦難逃此劫，內亂外患之連綿不絕，對新竹郊商實具嚴重之打擊與影響。

第十節 結語

　　新竹行郊習稱塹郊，爲水郊之一，公號金長和。其創立或可溯至嘉慶年間，確知者成立於道光八、九年間，咸同年間最稱繁盛，至光緒年間，因中法戰爭之摧殘及竹塹港、香山港、紅毛港之淤塞而衰微，論其輝煌歷史亦不過七十年。

　　塹郊之會所爲長和宮，位於北門口，奉祀媽祖及水仙尊王，而此地爲通頭前溪舊港之要道，故郊舖與市集均聚結於北門街，其他如：頭重溪、頭份街、大湖口、貓裡街（今作苗栗）、署前、大甲街、四城門、中港街、新埔街、後壠街、香山街、吞霄街（今作通霄）、房裡街等亦有郊舖之分佈[91]。其組織採爐主制，以按鬮或憑筶選出，按年輪流辦理商務，其下則有郊書及若干職員協助。塹郊又分老抽分、中抽分、新抽分三社，未加入者稱散郊戶；郊商人物則以鄭、林兩族爲首，其他以三興、三春稱鉅。其貿易地區以福州、漳、泉、廈門爲主，而泉州尤盛，有時甚且遠至寧波、上海、天津、汕頭、香港，凡港路可通，爭相貿易，由商人擇地所宜或價昂土產，雇工裝販至港輸出。其輸出以米、糖、苧麻、樟腦爲著，輸入則以布帛、陶器、鐵器、紙箔等民生用品爲主，而堆積貨品之棧房，多集中於舊港。復次，其交易方式有現金交易與賣青二種，或至年末總結算，或於每月逢三之日結帳。餘如郊貨之搬運，致引起挑夫之紛爭承挑，有賴官府出面協調，諭示郊舖均分，俾得其平，爲郊史外一章[92]。

新竹地方，山高原狹，溪道支分，橫流氾濫，陸地交通不便，多賴海舶交通。無奈溪短湍急，其對外交通貿易之港灣，遂易受泥沙淤淺，其榮枯固繫於港灣之疏濬暢通也。其盛也，郊商雲集，爲北台一重要物資集散地；其頹也，郊商四散，地位一落千丈，淪爲神明會組織，乃使治台史者，每每忽略竹塹之歷史，令人惋嘆白雲蒼狗，變遷無情。惟新竹地方之發展，郊商亦盡其力襄助，促進地方建設之繁榮，舉凡如廳城之建築、學塾之興建、寺廟之創修，總理之保舉，金廣福之組成，無不參與；至如平日之矯俗移風，懲惡解紛，作保具結，平匪息亂亦莫非行郊是賴；餘如地方公益，或舖橋樑，或捐義倉，或置義塚，或設義渡，則踴躍捐輸，共襄義舉，實亦可觀。

　　論新竹地方於咸同年間，政務、墾務之蒸蒸日上，成爲北台一重要政經中心，其發展之速，固得官民協力合作，而塹郊居中襄贊之功亦不可沒也，惜今存遺跡僅一長和宮矣！

〈註釋〉

1. 光緒十八年，新竹知縣葉意深，設採訪局於縣署，廩生陳朝龍應聘，出差縣下各地實查，寫成採訪冊十二本。舉凡山川、城池、莊社、街市、舖遞、營汛、橋樑、水利、祠廟、寺觀，及其他各類記載莫不詳盡。至若碑碣、坊區等，悉皆搜羅無遺，故本章撰述，採用碑碣者以此書為主。此書後有佚失，缺書院、祠廟、坊區、風俗及列傳等項。幸碑碣項無缺，民國五十一年七月由台灣銀行經濟研究室印行，列入台灣文獻叢刊（以下簡稱台銀文叢）第一四五種。茲將碑碣中有關郊行者，列表於后：

清朝年代	西元年代	碑名	頁碼
道光五年	1825	文廟碑	173-175
光緒十一年	1885	創建試院碑（一）（二）	177-179
同治五年	1866	長和宮碑	181-183
光緒十三年	1887	獺江祀碑	183-184
嘉慶十六年	1811	大眾廟中元祀業碑（一）	186-187
同治六年	1867	大眾廟中元祀業碑（二）	187-188
道光十八年	1838	義渡碑（一）（二）	193-199
道光廿二年	1842	涌子莊萬年橋碑	202-203
同治七年	1868	重修涌子莊萬年橋碑記	203-204
咸豐元年	1851	憲禁冢碑	208-210
光緒七年	1881	示禁碑記	210-211
道光十六年	1836	義冢捐名碑	212-214
咸豐二年	1852	員山子番湖冢牧禁碑	216-217
乾隆四十一年	1776	員山子番子湖冢牧申約並禁碑	218-219
同治十二年	1873	示禁碑	226-228
光緒十三年	1887	重修龍王廟	232-233

附註：以上概屬竹塹堡碑碣，竹南、竹北二堡碑碣，竟無一涉及郊行者。

再，民國83年1月，台灣省文獻委員會另刊行合校足本之《新竹縣采訪冊》，惟與本註出處並爲矛盾之處，茲仍維持舊註，以存當年原貌。

2. 陳培桂，《淡水廳志》（台灣省文獻委員會，民國六十六年二月），卷六志五〈祠祀〉「天后宮」，頁137。

3. 見《淡水廳築城案卷》（台銀文叢第一七一種，民國五十二年五月），所收之「鄭用錫，林平侯等呈」，頁1。

4. 詳見前引書之〈淡水同知造送捐貲殷戶紳民三代履歷清冊底〉、〈淡水同知造送捐建各紳民銀數遞給區式花紅姓名冊稿〉，頁94-114。

5. 轉引自陳惠芳，〈清代台灣的移墾與民間結社的發展〉，《教學與研究》，第四期，頁128。

6. 《台灣私法物權編》（台銀文叢第一五〇種，民國五十二年一月）第八冊，第四章第四節宗教，第十五條規，即塹郊中抽分社之規約，頁1448。

7. 陳淑均，《噶瑪蘭廳志》（台銀文叢第一六〇種，民國五十二年三月），卷五上〈風俗上〉「海船」，頁218。

8. 同前引書，頁197。

9. 陳培桂，《淡水廳志》卷十一〈風俗考·商賈條〉，頁286-287。

10. 鄭鵬雲等，《新竹縣志初稿》（台銀文叢第六一種，民國四十八年十一月），卷五〈風俗考〉「商賈」條，頁177。

11. 蔡振豐，《苑里志》（台銀文叢第四八種，民國四十八年七月），下卷〈風俗考〉「商賈」條，頁83。

12. 林百川等《樹杞林志》（台銀文叢第六三種，民國四十八年一月），〈風俗考〉「商賈」條，頁98。

13. 按《苑里志》〈建置志〉「橋渡」項中指出房裏溪渡由大甲街「水郊戶」出辦（頁27），似乎「水郊」之稱呼在光緒年間頗爲普遍，特別是在北部台灣。有關台灣行郊之種類及稱呼，可參考拙著《清代台灣的商戰集

圍》（台原出版社，民國八十二年六月一版二刷），第二章第四節，頁49-51。

14. 塹郊中職員之詳細編制及職掌，苦乏文獻，無法得知。《新竹縣采訪冊》收錄之「長和宮碑」中曾開列同治五年修建該廟之總理及董事名單。又，《淡新檔案選錄行政編初集》（台銀文叢第二九五種，民國六十年八月）第六十三號案卷，收有光緒十二年正月九日「新竹知縣方，飭郊戶金長和、郊書吳士敬選舉挑夫首」（頁70），觀其諭文，如「爲此諭，仰該郊戶書，即便遵照，迅邀各郊舖，公同妥議，所有船隻裝載貨物入港，有與郊舖交關往來之貨擔，概歸挑夫首搬挑」、「該郊戶書等，作速妥議，或有誠實、諳練、可靠之人，出爲承充挑夫首額缺」，則似乎郊書之權責頗大，對內可召集各郊舖集議，對外代表郊舖應接官諭，且郊書吳士敬爲舉人，或有功名者方能擔當此一職務，然則塹郊之「郊書」，或同於台南三郊之「稿師」耶？但此稱呼又有一二疑點，愖我氏《百年見聞肚皮集》曾提及：「水郊設有商會議堂，在水仙王宮後殿，曾選置郊師一人主議會事務。凡郊商有事，關於大要會議或商務交涉約束，概就郊師議決。」（頁98）又提及淡水同知秋日觀某一幕賓張師爺在同治初年戴萬生之亂時，「現充舖郊郊師，爲人能幹善謀、老成諳練，熟悉人民政事。」（頁120）「郊書」「郊師」何者爲是，頗難斷定，茲姑以公文稱呼爲主。從上引二件資料，似乎可確定郊書權力很大，不同於他地行郊職權掌控在董事或爐主手中，亦可凸顯塹郊之特色。

15. 有關郊貨進出口之手續及稅則，詳見《新竹縣志初稿》卷二〈賦役志〉「釐金」項，頁82-84。

16. 見《台灣省新竹縣志》（新竹縣文獻委員會，民國四十六年五月編纂，民國六十五年付印）卷六〈經濟志〉第七篇〈商業〉第一章〈沿革〉，頁4。

17. 同註6。

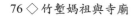

18.見《新竹縣采訪冊》所收之「大眾廟中元祀業碑（二）」，頁188。

19.見《新竹縣制度考》（台銀文叢第一〇一種，民國五十年三月）所收「北門外長和宮、水仙王宮香油銀」文件，頁112。

20.《新竹縣志初稿》卷三〈典禮志・祠祀〉「水仙王宮」條，頁110。

21.關於清代台灣米價，詳見王世慶，〈清代台灣的米價〉，《清代台灣社會經濟》（聯經出版公司，民國八十三年八月初版），頁78。

22.同註16，前引書，第六卷第七篇第三章〈市集交易〉第一節〈清代〉，頁14。

23.同前註。

24.同前註前引書，及《新竹縣志初稿》卷一〈建置志・街市〉，頁21；與《新竹縣采訪冊》卷二〈街市〉，頁103。

25.《樹杞林志》，頁126。

26.見新竹縣北埔鄉慈天宮所懸光緒二年「志衛山河」匾。另參見《淡新檔案選錄行政編初集》，頁569-572。

27.見吳學明，《金廣福墾隘與新竹東南山區的開發（1834～1895）》（國立台灣師範大學歷史研究所專刊，民國七十五年二月初版），頁263。

28.關於「抽分」之解說，見(1)《經濟大辭典》〈中國・經濟史卷〉（上海辭書出版社，一九九三年三月初版），「抽分」條，頁357。(2)《中國歷史大辭典》〈明史卷〉（上海辭書出版社，一九九五年十二月一版），「抽分」條，頁275。

29.《淡新檔案》（國立台灣大學，民國八十四年十月）第一編〈行政〉，編號一二四〇二・一，頁284。

30.同註15。

31.陳培桂，《淡水廳志》，頁100。

32.《新竹縣制度考》，頁89。

33.《新竹縣志初稿》卷六〈文徵〉，鄧傳安「捐造淡水廳城碑記」，頁228-
231。

34. 同註 15。

35. 愯我氏《百年見聞肚皮集》（新竹市立文化中心，民國八十五年二月出
版），頁98。

36. 同註 17。按此規約立於光緒二十三年三月，乃「中抽分社諸同人公訂」，
不見老、新二抽分。

37. 同註 1，前引書，頁181。關於新抽分郊戶名單，乃是據碑文所列行號扣
除老抽分名冊部分，謬誤自所不免。

又《台灣省新竹縣志》卷六經〈濟志商·業篇〉第四章〈公司〉，收有「日
據初年新竹市合股經營商號一覽表」（頁42），乃根據光緒卅一年日政府
調查所得製表，其中有許多似曾是塹郊之老郊戶，茲摘錄簡化如下：

店號	營業種類	股東數	創設年代
興隆	中藥行	二	光緒九年
金德隆	中藥行	三	光緒十一年
集源	染房	五	嘉慶廿五年
怡順	船頭行兼彩帛店	三	乾隆卅三年
振榮	船頭行	二	咸豐年間

38.《新竹縣采訪冊》，頁64。

39. 同上註前引書，頁134。

40. 同上註前引書，頁145。

41. 同上註前引書，分見頁 178、179、187、188、197、198、203、204、
213、216、233 等。

42. 同註 16。

43.《百年見聞肚皮集》〈祉亭公逸事〉，頁23。

44.見陳運棟,《內外公館史話》(華夏書坊,民國八十三年元月),頁70。

45.見咸豐二年十二月南興庄總墾戶金廣福、樹杞林總墾戶金惠成等仝立合約字,轉引自吳學明,前引書,頁27。

46.見吳學明,前引書,頁42。

47.見吳學明,前引書中附表二:(一)「金廣福閩籍捐戶及其可能原捐銀數表」,頁62-64。

48.見道光十五年正月金廣福、吳振利、鄭振記仝立合約字,轉引自吳學明,前引書,頁78。

49.見道光二十一年二月金廣福、王義方等仝立合約字,轉引自吳學明,前引書,頁78-79。

50.見吳學明,前引書,頁43。

51.同註2。

52.《新竹縣志初稿》,頁110。

53.同註24。

54.同註52。

55.《新竹市鄉土史料》,(耆老口述歷史叢書第十五種,台灣省文獻委員會,民國八十六年六月),頁151。

56.同註20。

57.《百年見聞肚皮集》,頁98。

58.同上註,頁84、120。

59.同上註,頁100-101。

60.同註52、註54,及《新竹縣制度考》,頁49。

61.陳朝龍撰,林文龍點校,《合校足本新竹縣采訪冊》,(台灣省文獻委員會,民國八十八年一月),分見頁209、217、375、377。

62.同註1,前引書,及《新竹縣志初稿》卷三〈學校志〉,頁89-100。

63. 見註1，前引書之「義渡碑」，頁193-199。

64. 見註1，前引書之「湳子河義渡碑」「湳子莊萬年橋碑」「重修湳子莊萬年橋碑記」，及同書卷三〈橋樑〉項「萬年橋」，頁113。

65. 見註1，前引書有關諸碑。

66. 見註1，前引書卷五所收「憲禁冢碑」、「示禁碑記」、「義冢捐名碑」、「員山子番子湖冢牧禁碑」、「員山子番子湖冢牧申約並禁碑」等諸碑文，及同書卷三〈義冢〉「竹塹堡義冢」，頁131-140。

67. 參見《新竹縣采訪冊》卷二〈倉廒〉「竹塹義倉」條，頁64；《新竹縣志初稿》卷二〈建置志・倉廒〉「義倉」條，頁16；及《苑里志》上卷〈建置志〉「倉廒」，頁23。

68. 同註57，前引書，頁42-43。

69. 連橫《台灣通史》（台灣省文獻委員會，民國六十五年五月印行），卷三三，列傳五〈林占梅列傳〉，頁691。

70. 同註1，前引書所收「示禁碑」，頁210。

71. 同註14，前引書所收「城工店稅」文件，頁92-95。

72. 同註1，前引書所收「獺江祀碑」，頁183。另《淡新檔案選錄行政編初集》，（台銀文叢第二九五種）中所收有關香山港浮出大枋，致民人爭奪紛紛，其中舖戶陳恆裕號投明香山總理、郊舖等，共同查驗具結，亦為一例。見此書第二六三號至二七一號文件，頁330-340。

73. 見《淡新檔案選錄行政編初集》中郊舖金長和保舉郊中商人任北門總理（第三二五號至第三四二號文件，頁414-234），吞霄舖戶等選舉吞霄總理（第三四四號至三五一號文件，頁425-432），及舖戶人等保舉陳存仁為竹南三堡董事（第三六一號至三六四號文件，頁446-448）。其他例證尚多，茲不多舉。

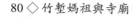

74.碑碣中有關郊行者，茲統計如下表：

年代	碑數	有關者	佔有百分率
乾隆	4	1	25%
嘉慶	5	1	20%
道光	9	4	44.44%
咸豐	6	2	33.33%
同治	13	4	30.77%
光緒	12	4	33.33%
合計	49	16	32.67%

附註：本統計數字僅限於竹塹堡。

75.方豪，〈新竹之郊〉，《方豪六十至六十四自選待定稿》（著者發行，民國六十三年四月初版），總頁319。

76.《新竹縣制度考》〈小課經費〉「利息減一分具稟」，頁64。

77.見《新竹縣采訪冊》碑碣中所收同治六年之「大眾廟中元祀業碑」，頁187。

78.參見（1）《台灣省新竹縣志》第六卷第七篇第五章第四節〈港灣〉，頁66-73，及第十篇第五章〈海港〉，頁211-216。（2）陳培桂，《淡水廳志》卷七〈武備志・海防項〉之「香山澳」「竹塹港小口」，頁171，及卷二〈封域志・山川項〉之「竹塹溪」，頁17。

79.同上註。

80.同上註。

81.林玉茹，〈清代台灣港口的發展與等級劃分〉，《台灣文獻》，第四十四卷第四期，民國八十二年十二月，頁119-125。

82.同上註。

83.林玉茹，〈清代台灣港口系統的演變：顛峰期的轉型（1861-95）〉，《台灣

文獻》第四十六卷一期，民國八十四年三月出版，頁 101。

84.同上註前引文，頁 114。

85.陳培桂，《淡水廳志》卷一圖說三「論沿海礁砂」，頁 3-4。

86.《新竹縣志初稿》，卷五考三〈兵燹〉，頁 200-215。

87.《百年見聞肚皮集》，頁 119。

88.同上註。

89.同註 86。

90.詳見《法軍侵台檔》（台銀文叢第一九二種），光緒十一年「督辦福建軍務左宗棠咨報往來台澎漁商各船被法船轟擊情形」，頁 347、356，以下楊文略同（頁 369），茲不贅引。

91.同註 73，前引書，第四二號「新竹知縣李，對郊舖等告示」，頁 45-47。

92.按郊舖船隻往來貨物及與郊舖交關往來之貨擔，必須雇夫、雇車挑運，原係由蕭姓包辦，引起官夫首之覬覦，致有紛爭不平，後由新竹知縣諭示，半歸蕭姓，半歸官夫首，同沾利益，以勻苦樂，遂得其平，乃息紛爭。詳見《淡新檔案選錄行政編初集》中第三七至四三號有關文件，頁 40-47，此處不具引，以省篇幅。

第二章

天后宮（內媽祖廟）

第一節　內天后宮之創建與時代背景

　　新竹內天后宮新竹人俗稱內媽祖廟，與文廟、武廟、城隍廟
夙稱四大官廟，又同與城隍廟、竹蓮寺，因香火最旺，素稱三大
廟宇，其創建年代一般說法均是清乾隆十三年（1748），諸人喜
引用陳培桂《淡水廳志》卷六志五〈典禮志・祠祀〉「天后宮」
之記載，今先全文引錄，再一一釐清史實：[1]

> 天后宮：一在廳治西門內，乾隆十三年，同知陳玉友
> 建。四十二年，同知王右弼修。五十七年，袁秉義捐
> 修。據袁秉義碑記云：「廟僧稱為陳護協所建，王司馬
> 修之。創始何年弗可考。乃集都人士，謀節俸倡修，凡
> 費番鎚三千有奇。襄厥成者，守戎盧植，二尹陳聖增，
> 分司章汝奎，董事邵起彪。」道光八年，李慎彝重修。
> 同治九年，官紳復重修。

其實其前鄭用錫《淡水廳志稿》卷一〈祠廟〉已先有記載：[2]

> 天后宮二：一在西門內，乾隆十三年，廳主許建造，
> 五十七年，廳主袁秉義捐修。道光八年，廳主李慎彝率
> 舖民重修。

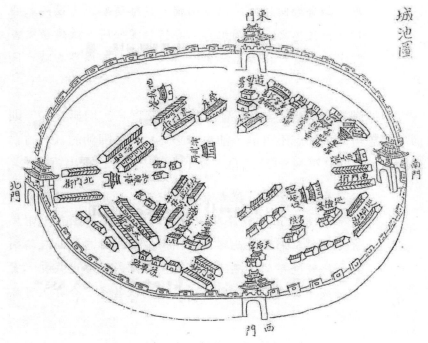

圖 2-1　城池圖　鄭用錫《淡水廳志稿》

　　二書記載互有出入，創建者一指「廳主許」，一指「陳玉友」，按陳玉友據鄭喜夫《台灣地理及歷史》卷九〈官師志〉第一冊「文職表」記：陳玉友，字瓊度，號蓬園，直隸文安人，雍正八年庚戌進士，乾隆十三年十月初二日由建寧府同知調任，乾隆十六年三月陞署台灣知府。[3] 陳培桂前引書亦有傳：[4]

　　　　陳玉友，字瓊度，號蓬園，順天文安人，雍正庚戌進
　　　　士。乾隆十三年，調淡水同知，清操絕俗，不以絲毫累
　　　　民。善決獄，剖斷如流，一時豪右屏迹，民戴之若父

母。調署台防同知，以廉明稱。稽察商船，吏役無敢染指。商民感之，立祠祀焉。尋轉台灣知府。改建崇文書院，倡捐膏伙以育生徒，一時人文蔚起。以事去職，民至今思之。

至於鄭書之「廳主許」，遍查志書〈職官志〉均無其人，則似乎陳志可信，鄭志不可信，卻也未必然。其後陳朝龍《新竹縣采訪冊》卷四〈祠廟〉「天后宮」條下小字夾注，已提出質疑：[5]

> 按《廳志》云：「據袁秉義碑記云：廟僧稱爲陳護協所建。」考雍正、乾隆間，竹塹只駐守備，並無所謂協者，如謂駐彰化之北路協，然考《彰化縣志》北陸路副將，終乾隆年間，無陳姓其人。彰化縣屬屢遭兵燹，案卷燬失，其《縣志》所載，武職闕佚甚多，今亦無可參考也。

可知「陳玉友」創建一說一樣未必可信，何況此一說法僅是根據乾隆五十七年廟宇重修時，某一「廟僧」口述而來，更是未必可靠。

然而鄭志成書於道光初年，陳志修於同治年間，於情於理，自較晚修之陳志可信，何以反有此失誤？再細查陳玉友之前後任，赫然發現其前任爲「陸廣霖」，字用賓，一字補山，江蘇武進人，乾隆四年己未進士，乾隆十三年以彰化縣護理淡水同知。[6]志書有傳：[7]

> 陸廣霖（1706~1780），字用賓，一字補山，號簡園，

江蘇陽湖人。乾隆三年（1738）順天鄉試舉人，四年成進士，改庶吉士，未散館即除福建連城知縣。九年二月（墓志作八），調知彰化縣事。城外虎尾溪，土地遼闊，爲劫奪藪，請設縣丞，以資彈壓。巡道以彰化多鴨寮，康熙間朱一貴曾藉以起事，令善處之。廣霖曰：「苟業耕者叛，將廢耕乎？審年貌，鄰右互結足矣。」十三年去任。歷順昌，復再任彰化、恭城縣，署百色同知。後家居，一意文酒。四十五年卒，年七十五。

　　按，「陳」、「陸」、「許」三字若以毛筆行書抄寫，筆形相似，極易造成誤抄誤讀誤判之混淆，陸廣霖當年以彰化知縣護理淡水同知，廟僧下民於官制不明，誤「護理」爲「護協」，再加上陸、陳二人恰爲前後任，又同是乾隆十三年任期，事久年遠，更不免失憶，可能情形是：乾隆十三年時陸廣霖倡建於先，陳玉友十月繼任，建成於後，更易造成混淆不清。

　　創建人物既已大體解決，尚有一疑點要解決，即何以余文儀《續修台灣府志》未有採錄記載，何況此廟又是官廟，列入祀典。按余志之前的諸府志，如季麒光《台灣府志》、高拱乾《台灣府志》、周元文《增修台灣府志》等等，皆修於康熙年間。劉良璧《重修福建台灣府志》修於乾隆六年，七年（1742）刊行，范咸《重修台灣府志》乾隆十年重修，十二年（1747）刊行，新竹內天后宮既是創建於乾隆十三年，以上諸府志未有記載，自然是理所當然，但是余志修於乾隆二十七年，刊於三十九年（1774），卻未有記載，不免是一疑問，若說是失記，則同時間興建之彰化縣天后廟有「乾隆十三年知縣陸廣霖倡建」，淡水廳

內也有城隍廟（也是建於乾隆十三年）、關帝廟及其他諸天后廟之記載[8]，並未漏記，實在令人不解。惟一能強作解釋之說法：或當時新建廳治，規模草創，不值得采錄，或是捐項不敷而中輟，而無法采錄。總之，扭於史料，也只有暫闕待考了。

至於內天后宮清代舊址在今日新竹市何地？今人范明煥稽考已明，范氏參考文獻、地圖、耆老口述，及實際踏勘，尋得其舊址為：今西門市場旁西安街五巷五號一帶。[9] 新竹耆老葉錦爐更明確指出「現在的西大路 408 號附近，就是舊時稱媽祖宮口，而 408 號的旁邊巷仔，即西安街 35 巷，其中 1 號至 11 號的兩邊店舖屬舊廟地，10 號及 11 號為廟前庭，旁邊的三尺小巷就是書院街。」[10] 不過，此舊址仍有進一步補充申論之餘地：

一、西門街今昔不同，舊的西門街係指清代的西門街，址在今日的石坊街底通往中山路段。今之西門街仍係明治三十八年（1905）到明治四十二年（1909），日府實施第一期市區改正時，拆除明志書院時所闢建，約在昔西門街之南，目前是北區和東區，關帝里、中央里二里的分野。[11]

二、清代西門街大約是今中山路轉石坊街之路段。在清代，進出南北官道是由告成門（昔土城西門，約今中山路、延平路交會處）或挹爽門（昔磚城西門，約今中山路、勝利路交會處）入城後，為西門口街，前轉西門街經石坊腳（即今石坊街）到淡水同知署衙門（約今西安街三十一巷口），續分兩路，一路右轉經同知衙門至太爺街；或左轉到衙門口街，再右轉接太爺街成一路。太爺街即中山路從北門街口到城隍廟口的街段，此一街段和衙門口街同樣是清代銜接北門與西門的官

道之一，也是進出西門與北門商旅行販的匯聚之所，不但是清代重要的魚市、菜市所在，仍是今日西門零售市場的所在地，因常有官員出入，故民間俗稱太爺街。而衙門口街即今中山路自城隍廟口到西安街口的街段，淡水廳署位置約在今西安街四十六號向東南方至土地銀行，也即是今西門市場和中央商場一帶，衙門口街顧名思義，因位在衙署前方而得名，為清代柴市、炭市和菜市所在，要之，太爺街、衙門口街同是商旅、官員出入西門、北門的必經官道，也是行販、市場匯聚所在。

不論左右轉兩路，均會合在太爺街，接著再北折經鼓樓門街、米市街、北門街，出北門口。[12]

三、附帶一提，附近有一菁仔巷，址在西安街三十一巷，陳國川書記：相傳此巷為早期新竹市販售檳榔、荖葉及其他青果之地，故名，[13] 此乃陳氏誤信後人口述，一時失察所誤。此巷在清代為販賣染料大菁所在，為大宗買賣，從其附近有前布埔之舊地名可為佐證，清末外國發明人工染料後，此一傳統染料為之淘汰，此地商行居民才不得不轉型，改販青果、檳榔維生。菁仔巷西南側，也即是內天后宮舊址所在。

不僅如上述所引，吾人尚要擴大目光，注意新竹附近郊區之開發與塹城交通市集往來關係，才會明白內天后宮創建之時代背景，與其需要性、選址原因。

內天后宮創建因由，據日治時期增田福太郎的調查，略謂：「乾隆十三年為祈求與對岸間來往的商舶之安全而創立，建立當時對船舶的往來靈驗顯著。」[14]，這是習說常文，媽祖隸屬海

神，職司安瀾，一向爲郊商漁民所信仰，此說固然無法反駁，亦不足爲憑，尚未完整道出實情。雍正元年（1723）設淡水廳，竹塹地區日闢，游民日增，雍正十一年，同知徐治民環植莿竹，建竹城設四門，新竹城遂有內外之分，其後在城外北門口，於乾隆七年（1742）創立長和宮，「往日僅於祭祀時開廟門，不作一般崇拜祈禱之用，其功能類似爲一商業會議所，乃評斷商戶善惡之處。」[15] 李亦園於民國七十年代調查時，亦記載長和宮乃由昔日北門街船頭行所組成之老、中、新抽分共同獻地集資建成，「不對外開放，會員資格係父子相承」[16]，可知一般信徒，前往參拜並不是相當方便之事，所以勢必增建一座新媽祖廟，以滿足竹塹其他大眾，此其一。

其二，長和宮位在北城門外，且是郊商海客等民間百姓所建立之私廟，媽祖既列入清代國家祀典，官員於朔望春秋時需前往禮拜祈報，官民混雜一起，自有所不便，若要鳴鑼喝道，清場肅靜，只供官府祭拜行香，不免於民不便，在官民兩皆不便情形下，則勢必新建一座媽祖廟。

其三，乾隆十三年陸廣霖已在彰化倡建一座媽祖廟，同年陸氏護理淡水同知，新官上任，下車伊始，自然樂於倡建，迎合民意，只不過至同年九月底調職去任，由陳玉友接任，遂收功實，成於其手。

至於內天后宮何以興建在西門街，揆其原因，不外乎下列數項：

一、北門口外既已有長和宮，自無在北門街興建之理。

二、其時，城隍廟正在興建，位在廳署右側，也即是西門街範

圍，同是官廟，便於一併祭拜自有地緣與廟緣之考慮。

三、北門街、西門街爲南北官道途徑，亦爲商販行旅所經，西門
　　街附近又有太爺街、衙門口街，廳署又在其左近，自然方便
　　參拜，在各種考慮中，應是優先考慮之適當地點，自然不作
　　他想。

　　更重要的是，竹塹週遭地區已開始開拓，日後出現各地街
市，如九芎林街興起頗早，早在乾隆年間佃首姜勝智招佃開墾，
在其地形成市集，又名公館街。由於當時樹杞林未設市，石壁潭
僅有小市，因此樹杞林、九芎林、橫山地區大市總聚在九芎林
街，九芎林街在乾隆末即成爲墾民的中繼站，亦是當時商業中
心。嗣後，墾民再由九芎林南下到樹杞林之三重埔、柯仔湖，越
山經寶山、埔尾進入北埔。隨著五指山一帶的開拓，北埔街乃成
爲五指山地區首一的市場，成爲農產品輸往較大級集鎮的起點，
及外地輸入貨品的終點。至光緒十三年（1886），至少有二十家
以上的舖戶，當時的北埔街以腦市、米市、柴市、炭市最爲著
名，這些市集均是每日皆有，貨品均由附近農村提供。至同治初
年，樹杞林設市，隨著橫山、樹杞林等地內山的開發，樹杞林街
市容日盛，店舖日多。反之，九芎林一帶屢被水沖，市容寖衰，
遂被樹杞林取代爲商業中心。[17]

　　以上這些地區所產農產、山產、腦藤等，經由(1)塹城←→土
地公坑←→雙溪崎←→雙溪；(2)塹城西門←→茄苳湖←→新城；(3)
塹城東門←→金山面←→水仙崙←→草山←→大壢←→埔尾←→北
埔等途徑，挑運或車載至塹城，再由舊港轉運出口，反之，日常
用品亦由舊港上岸轉運至各地。[18]

也就是說在雍乾之際，竹塹地區的墾務大振，新竹市在乾隆年間大致完成拓墾，續以竹塹城爲核心，呈光環式的向外擴張，這時間點似可以乾隆二十一年（1756），王錫縉將廳署移駐竹塹城內爲基準。當時的塹城爲交通、市場的中心，將各種貨物分散配銷至大湖、苗栗、南庄、三灣、月眉（今峨眉）、北埔、樹杞林、九芎林、新埔等地區的小市場，反之亦然，這些地區物產再集中竹塹銷往對岸，形成一市場體系。此所以後來在內天后宮口形成炭市，在北門外長和宮口出現炭市、柴市、茶市等等市集之背景，[19] 因此吾人在討論內天后宮當初興建選址的三項原因時，尚需要注意到官府說不定也有考慮日後交通與市集的因素。其他如風水因素之考慮，一定會有的，只是史料缺乏，無法析論。

第二節　清代變遷與祭典活動

　　內天后宮在乾隆十三年（1748）創建後，如上所引錄，在清領時期有四次的修建紀錄：

一、乾隆四十二年（1777），同知王右弼修。

　　此次修建，陳朝龍在《采訪冊》中提出質疑：「又云王司馬修之，考《淡水廳志》所載淡水廳同知，雍正二年有王汧、乾隆十六年有王鶚，二十年有王錫爵，三十九年有王右弼，既不載其名，亦無從考證。」[20] 其前有四位王姓同知，遂使陳朝龍一時混淆不知那位才是。按清代官場習稱同知爲司馬，「王司馬」者，非姓王名司馬，而是指王姓同知也，王右弼其人其事，惜諸志書

皆無傳，不能深考其人其事。

二、乾隆五十七年（1792），同知袁秉義義捐修，「凡費番鏹三千有奇，襄厥成者，守戎盧植、二尹陳聖增、分司章汝奎，董事邵起彪。」

陳朝龍書又記：「又云：襄厥成者守戎盧植、二尹陳聖增、分司章汝奎。考《廳志》職官表武職所載竹塹官守備，只自嘉慶十一年起，本無可考。惟《彰化縣志》卷七所載北陸路中營都司有盧植，當即是其人。據《廳志》新莊縣丞陳聖增，乾隆五十六年署。竹塹巡檢章汝奎，五十五年任。核與同知袁秉義乾隆五十六年回任相符，其為五十七年重修無疑也。按袁秉義所立碑今亡。」[21]

查鄭喜夫書，記：盧植，字松坡，山西潮州人，乾隆四十九年甲辰武進士，嘉慶八年任台灣北路協標中營都司，嘉慶十年以本協中營都司護理台灣北路副將，同年以蔡牽案陣亡，一作以疾卒於任。[22] 再查袁秉義履歷：袁秉義，字介夫，直隸宣化人，乾隆三十一年丙戌進士，乾隆五十三年十一月以前署淡水同知，五十四年實授，五十六年五月二十四日陞署台灣知府兼攝台防同知，同年八月二十九日回任，五十八年九月又署台灣知府兼攝台防同知。[23] 袁、盧兩人任職時間不符，陳朝龍懷疑有理。不過，「守戎」一名乃清代對地方武職長官的泛稱，且多是對低階暫署高階者稱呼，《淡水廳志》所載竹塹守備，只有嘉慶十一年起，其前失記，說不定乾隆五十七年時竹塹守備正是盧植，反而可以成為一條增補職官志的材料。盧植其人，《淡水廳志》有傳：[24]

盧植，山西人，武進士。嘉慶十年，以北路中營都司護副將。性毅而和，善撫士卒，順體民情，所至得兵民心。素有膽略，臂力過人，尤精擊刺諸法。蔡牽亂，匪船入滬尾港登岸，戕害兵民。署艋舺都司陳廷梅傷斃，告急。植率兵往援，力戰中砲亡。旨贈北路副將。同時死者尚有千總陳必陞，植與廷梅、必陞，俱祀昭忠祠（節《彰化縣志》參《鄭稿》）。謹按《彰化縣志》云：『盧植與賊戰不利，會賊大至，兵眾皆怯，植親放大礮擊賊，身被礮傷，猶以智計退軍，不致潰敗，其膽略有難及者。賊號植為盧飛虎云。後以病卒於官，臨終沐浴衣冠，遺囑後事，坐而逝』。與《鄭稿》所云中礮死互異。今以奏卹定案為準）。

陳培桂志書所提《鄭稿》，指的是鄭用錫的《淡水廳志稿》，志稿卷一〈軍記〉記盧植：北路右營守備，帶兵打仗，奮勇殺賊，被賊砲傷殞命，奉恩旨誥贈北路副將，現祀入昭忠祠。[25] 可確知盧植的確做過北路右營守備，北路右營駐箚廳治，營在竹塹城東門內，以地緣之近，同事之誼，盧植自當樂捐，共襄樂成。

「二尹」即「貳尹」之簡寫，清代對縣丞的稱呼，因縣丞為縣令的佐貳官，貳，副也，故有此稱。新莊縣丞是在乾隆五十五年改陞，《淡水廳志》記陳聖增：浙江會稽人，監生，五十六年署。[26] 陳氏身為佐貳官，長官勸捐，自然不敢不從。

「巡檢」亦為佐貳之官，在有關諸州縣設派出機構，亦稱「分司」。雍正元年增設彰化縣，並增設淡水廳，附彰化治。九年，始以北路大甲溪北專歸廳管，同年添設竹塹巡檢，以協助同知。《廳

志》記章汝奎：直隸大興人，監生，乾隆五十五年任。嘉慶六年回任。[27] 竹塹巡檢署在縣城南門內，乾隆二十一年，與廳署同建。章氏既爲佐貳屬下，又同在塹城，於理於情，自是踴躍樂助。

最重要的當然是主其事的淡水同知袁秉義，陳朝龍《采訪冊》有其小傳：[28]

> 袁秉義：字介夫，直隸宣化人，乾隆丙戌進士。五十三年，任淡水同知。在淡三年，訊斷勤能，以摘奸除暴爲己任，禁賭尤嚴。五十六年，再任。當時畏其神明，久益思之，祀德政祠。

其實袁氏尚有一大功績，當時「番亂」未靖，乃實施淡水屯番之制，撥近山未墾之地，以資贍養，一時地方以靖。[29] 袁氏功績非本文主旨，茲不續論。以一如此勤能精敏的長官登高一呼，倡修官廟，陳、章及盧等人士自然不敢不從，「節俸捐修」，迅速募得資金，此役工事費番銀三千多元，已是大廟規模花費，並勒有碑記記錄始末，惜碑記不存，其形制亦不得而知了。但從「董事邵起彪」一語，綜合上文，可知乾隆末年內天后宮已有「董事」管理，「廟僧」住持了！

三、道光八年（1828），李慎彝重修。

李慎彝是新竹名宦，建設重多，陳朝龍書有傳：[30]

> 李慎彝，字信齋，四川咸遠人，嘉慶戊辰進士。道光六年，署淡水同知，建淡水廳城，披星戴月，三年如一日，任勞任怨，事克有濟，今猶賴之。又創建名宦、鄉

賢、昭忠、節孝四祠，重修明志書院，士民思其德，祀
　　德政祠。

　　此役重修，諸志書文筆簡略，惜墨如金，其詳不得而知。

四、同治九年（1870），官紳復重修。

　　此次重修距上次重修，相隔四十二年，以台灣土木結構之古
建築而言，三十～五十年之重修週期，是亦應該重修了。此次重
修，《廳志》記載了了數字交待而過，幸陳朝龍《采訪冊》有若
干補敘，才得略知始末規制，陳書記：「以上《廳志》。考同治九
年官紳重修，原議添建後殿三間，補祀天后父母，旋以捐項不敷
中輟，迄今未添建，天后父母暫寄祀正殿。」[31] 又記割台前光緒
年之規模形制：「在縣城西門內，正殿三間，祀天后，左右廊各
一間，前殿三間。舊制宮庭外有戲台一座，今廢。」[32]

　　據上引文，可知同治九年之重修，紳商庶民並未熱烈響應
捐助，可能因為是官廟性質，老百姓捐助意願不強，因此謀建第
三進的後殿並未成功，仍然維持三開間兩進兩廊的四合院形制，
廟前原有戲台一座，同光年間已傾圮廢棄。這種規模形制既然未
變，仍維持舊貌，吾人可推論應該仍然維持著道光八年時重修規
模形制，我們也可從鄭用錫《志稿》之城池圖，陳培桂《廳志》
廳治圖得到佐證。而道光八年亦只是「重修」罷了，並未有所增
添擴建，因此若不太意外，此種同治、道光規模形制亦是乾隆
五十七年袁秉義「捐修」的形制規模，甚至有可能一開始乾隆
十三年創建時即是兩進兩廊式建築。

　　光緒二十一年（明治二十八年，1895），日本佔台，時新竹
縣有交接清冊，後刊行成《新竹縣制度考》一書，書中於「官

有建物及諸廟宇」項，內中亦有內天后宮之紀錄：「一、天后宮（即媽祖廟），西門街。門一棟，堂一棟，前後有空地二處，共一百二十坪。」[33]，在「城內媽祖廟出息條款」中記：[34]

一、收虎仔山楊掌租穀二十石。

一、收廁池稅租穀十二石（廁池在廟後邊）。

一、收台北王益興、吳夢蘭、吳夢梅三人共銀二元。

一、收三角湧陳炳焜八元。

一、收北鼓樓內外地基稅錢四千。

以上所收之銀，作為每年廟內油香並和尚費用之資。（看廟和尚妙慧報）

此一看廟和尚妙慧，在前則「武廟出息條款」中記是「武廟和尚妙慧報」，則清末新竹城內之武廟及天后宮看管照顧和尚均是同一人，且似乎是以武廟為主，天后宮為次，所以稱呼不同，一是「武廟和尚」一是「看廟和尚」。至於妙慧之前為「僧清修」，兩人生平俱不詳。[35]再，從上引條文亦發現一條有趣資料，即內天后宮確為兩進兩廊式建築，前後為空地，後邊空地有座廁池，供農人掏糞作有機肥料，年收租穀十二石。

鄭鵬雲《新竹縣志初稿》也有內天后宮相關資料記載，除記載廟宇面積為「廟宇百六十坪，地基百八十坪」，與前引稍有出入外，於「歷年租項」記有：[36]

一、虎仔山楊掌年納租穀二十石。

一、南門外園年納租銀八圓。

一、北鼓樓內外年納地基銅錢四千文。

一、廁地年納租穀十二石。

一、台北吳夢梅、王益興、吳夢蘭年納銀二圓。

一、三角湧陳炳焜年納銀二圓。

鄭鵬雲《初稿》所記租穀收入與前書相同（合計三十二石），租金與前書所記則有出入（一十元一十二元），幸差異不大，而於廟產所有所在均相符合，可知其時內天后宮廟產所在有：虎仔山、南門外園、北鼓樓內外土地或店舖等。所謂北鼓樓內外用地，應即是清代的鼓樓內街一帶，址在今中央路與東門街交點到噴水池，北轉經中山路口到北門街八號前的東門街與北門街街段，今分屬中興與中山二里。北門街八號現址為清代鼓樓舊址，該街段係形成在北鼓樓內側的街肆，故名鼓樓內街。[37]虎仔山廟產所在地，以清代一甲地納穀八石為基準，楊掌所租約有三甲之鉅。南門外園一詞過於空泛，「園」之一字在清代習慣是指旱田或山場，實在很難推估是今何地，但有一點可以確定者：內天后宮因是官廟，因此清代官府會將若干官有地租項撥給廟宇供作香火之資（即香燈銀）。不僅如此，陳培桂《廳志》卷四志三〈賦役志・官莊〉項中記「和尚洲……，又徵天后宮城隍廟耗穀一十四石八斗一升七合三勺」，[38]鄭鵬雲《初稿》卷二〈賦役志〉「經費」一項中明確列出各官廟之編列預算及開銷，其中「天后宮祭品銀一十六兩」[39]，皆足可明確證明內天后宮為官廟性質。

內天后宮既為官廟，天后信仰也為清廷列入國家祀典，因此每逢朔望春秋，官府必派人或親自前往禮拜祈報，或因是例行常事，諸志書皆未有記載，幸胡適之父胡鐵花於光緒十七年（1891），應台灣巡撫邵友濂之邀，抵台差遣委用，先後擔任全

台營務處總巡、台南塩務局提調，兼辦安嘉總館，續調後山（今台東），代理台東州直隸知州，著有《台灣日記與稟啓》，其中詳記地方官的日常生活、應酬，和公事的紀錄，從日記中可以了解清末官員對國家祀典參拜之虔誠與切實執行，並非虛文應付。如光緒十八年「十月初一日，奉梟道憲，派令（台南）火神廟、文昌宮、延平王廟三處行香」（P.77）、「（十月）初六日，詣西門外風神廟，公祭前恆春縣令高鴻池明府。」（P.80）、「（十月）十五日，奉派火神廟、文昌宮、延平王廟三處行香」（P.84）、「（十月）二十二日，偕梟道憲至水仙宮迎萬軍門由楓港凱旋。」（P.87）、「十一月初一日，奉委文昌宮、火神廟、延平郡王廟行香。」（P.89）、「（十一月）十五日，梟道憲派令詣文昌宮、火神廟、延平郡王廟行香。」（P.98）、「十二月初一日，奉委文昌宮、火神廟、延平郡王廟行香。」（P.104）、「（十二月）十五日，奉委文昌宮、火神廟、延平郡王廟行香。」（P.111）、光緒十九年正月「元日乙酉，丑初詣萬壽宮隨班叩賀。奉委龍王廟、延平郡王廟行香。隨班文廟、武廟行禮。」（P.118）、「（正月）十五日，奉委文昌宮、火帝廟、延平郡王廟行香。」（P.121）、「二月初一日，奉委文昌宮、火神廟、延平郡王廟行香。」（P.125）、「（二月）初六日，奉委祭洪公祠。」（P.126）、「（二月）十五日，奉派文昌宮、火神廟、延平郡王廟行香。」（P.129）、「三月初一日，奉委文昌宮、火神廟、延平郡王廟行香。」（P.131）、「（三月）十五日，奉委文昌宮、火神廟、延平郡王廟行香。」（P.135）、「四月初一日，奉委文昌宮、火神廟、延平郡王廟行香。」（P.142）、「（四月）十五日，奉委行香，如朔禮。」（P.144）等等都是明證。

至光緒十九年五月奉委代理台東直隸州知州後,「六月初
一日,卯刻接印,辰,出詣各廟行香並拜客。」(P.150)、「(六
月)初四日,送後海吳總戎靈柩移停(台東)天妃宮之西園。」
(P.153)、「(六月)初六日,黎明而起,詣天后宮,設四海龍王、
風、雲、雷、雨神位,虔誠拜禱求甘霖,及時多降。」(P.156)、
「(六月)初八日,具太牢酬謝四海龍王,風、雲、雷、雨。申
刻雨止。」(P.158)、「(六月)十五日,詣天妃宮、昭忠祠、觀
音祠、土地祠行香。」(P.159)、「七月初一日,詣各廟行香。」
(P.167)、「(七月)十五日,行香。」(P.174)、「八月初一日,
詣各廟行香。」(P.188)、「九月初一日,詣各廟行香。」(P.193)、
「(九月)十五日,詣各廟行香。」(P.194)、「十月初二日,行
香。」(P.199)、「(十月)十五日,詣各廟行香。」(P.203)、「(十一
月)十四日,冬至。黎明率屬官詣天后宮向闕行叩賀禮。十五
日,詣各廟行香。」(P.206)、「十二月初一日,詣各廟行香。」
(P.208)、「(十二月)十五日,詣各廟行香。」(P.210)、光緒
二十一年正月「元朔日己卯,黎明,率領所屬文武於天妃宮設位
向闕叩賀萬壽,詣各廟行香。」(P.211)、「(正月)十五日,詣各
廟行香。」(P.212)、「(二月)初八日,祭昭忠祠。」(P.215)、「(二
月)十五日,行香。」(P.215)、「(二月)三十日,清明,出祭厲
壇。」(P.216)、「五月初一日,詣各廟行香。」(P.219)、「六月
初一日,詣各廟行香。」(P.221)、「(六月)十五日,詣各廟行
香。」(P.222)、「七月初一日,出詣各廟行香。」(P.224)、「(七
月)十五日,出署行香。」(P.229)、「八月初一日……是日詣埤
南各廟行香。」(P.230)、「(八月)十五日,詣埤南各廟行香。」

（P.235）、「九月初一日，大雨，不能詣埤南行香。」（P.236）、「（九月）十五日，詣埤南各廟行香。」（P.237）、「十月初一日，詣埤南各廟行香，午後祭厲。」（P.238）、「（十月）十五日，詣埤南各廟行香。」（P.239）、「十一月初一日，奉昭忠祠各神牌升座。」（P.241）、「（十一月）十五日，詣埤南各廟行香。」（P.242）、「十二月初一日，詣埤南各廟行香。」（P.243）、「（十二月）十五日，詣各廟行香。」（P.244）、光緒二十一年正月「元朔日癸酉，率領所屬文武於本營設位向闕叩賀祝萬壽，詣各神廟壇行香。」（P.345）、「（正月）十五日，詣埤南各廟行香。」（P.246）、「二月初一日，詣埤南各廟行香。」（P.250）、「三月初一日，詣埤南各廟行香。」（P.253）、「（三月）十一日，清明，詣埤南教場祭厲。」（P.254）、「（三月）十五日，赴埤南各廟行香。」（P.255）、「四月初一日，赴埤南各廟行香。」（P.257）、「五月朔日辛未，卯初，詣埤南各廟行香。」（P.260）、「（五月）十五日，詣埤南各廟行香。」（P.262）[40]

　　個人之所以不憚詞煩，一一爬梳詳記，目的正是要突顯強調清末地方官吏之於朔望前往地方官廟行香祈報之詳實情形，如上引除少數幾次因大雨、出巡辦事等原因外，胡傳都能確實執行，行禮如儀，並未偷懶怠惰，台東如此、新竹應是也莫不如此，胡傳如此，他地官員也應是莫不如此，這些記載正可供明瞭清末新竹縣吏之於朔望前往內天后宮祈拜之對照參考與佐證也。

　　除官方之祀典外，民間亦有組成神明會祭祀者，鄭鵬雲《初稿》記：「二十有三日爲天后誕，有積款爲媽祖會者，設值年爐主、頭家，輪流掌理，陳牲牲，演雜劇。」[41]中元普渡，尤爲台

灣最重要的祭典節俗，內天后宮更爲七縣普總壇所在，設有總爐主一人，承辦經理，陳朝龍書載：[42]

> 普度之最盛者，爲縣城南門外之大眾廟，十二日大普，凡城廂及五十三莊之人，皆釀錢具物，……文武官弁，防其滋事，例帶兵役親赴彈壓，謂之押孤。其次爲縣城內天后宮之七縣普，七縣者，泉州之五縣合廣東、永春而爲七也。七屬各有公款，遞年各有爐主、頭家經理之。又有總爐主一人，乃七屬頭人，輪年承辦，週而復始。至期，天后宮爲總壇，總爐主先期預借屏軸、字畫、古玩、桌几、雜器及各式燈具，陳設相耀，餘各屬皆另設一壇，各派其同鄉殷戶，備葷素餚饌、粿糭、果品，畢集壇前，以多爲貴。此外各寺廟衙署皆有普，各郊戶同日會普，謂之眾街普。別有兒童釀錢爲普，始本無心，嬉戲後遂成例者，謂之囝子普。蓋一月之間，自初一至三十日，普度殆無虛日，靡費珍物，莫此爲甚。

所謂「七縣普」之七縣七大柱爲：泉州府之晉江、南安、惠安、同安、安溪、粵東客家、永春州之永春，直到日治時代仍存在，活躍不已，只是可怪者廟會盛典由最熱鬧中元普渡轉變爲端午慶典。（詳見下節）

另，清代廟中文物，因該廟於日治末期拆毀，古物不存，實爲莫大遺憾，今廟中有柱礎一對，觀其材質、圖紋，個人懷疑或即是道光時期遺物，當然也有可能是日治時期遺物，只有期待古物藝術專家再爲勘察詳考。幸陳朝龍書錄有諸官宦匾額，尚可堪

追索覆案：[43]

一、「澤被海隅」匾：在縣城西門內天后宮。同治八年（1869）
仲秋穀旦，淡水同知富樂賀敬書獻。

二、「霖雨蒼生」匾：同治九年（1870）季春吉旦，署淡水
同知陳培桂敬酬。

三、「慈雲普蔭」匾：同治癸酉年（即十二年，1873）正月
穀旦，署淡水同知向燾敬酬。

四、「寰海安瀾」匾：光緒九年（1883）歲次癸末仲冬月穀旦，
五品銜知新竹縣事錢塘周志侃敬立。

五、光緒帝御書「與天同功」匾：在縣城西門內天后宮。上
有御寶，文曰「光緒御筆之寶」，光緒八年元月，太子
少保頭品頂戴兵部尚書福建巡撫部院一等輕車都尉，臣
岑毓英奉旨立。

此一光緒御匾，幾乎全台較大之媽祖廟皆有，其由來乃因
「台灣各屬天后廟，素著靈應。本年（指光緒七年）六月暨閏七
月間，台灣沿海地方疊遭颶風狂雨，勢甚危急，經官紳等詣廟虔
禱，風雨頓止，居民田盧不致大有傷損，實深寅感。著南書房翰
林恭書匾額一方，交何璟等祇領，敬謹懸掛，以答神庥。」[44] 清
光緒朝實錄亦在七年十月十五日條記：「以神靈顯應，頒台灣各
屬天后廟扁額，曰『與天同功』。」[45] 時何璟為閩浙總督，岑毓
英為福建巡撫，職責所在，自會上奏朝廷褒獎，所以才有賜匾舉
動。內天后宮「與天同功」匾之可貴，因彼為官廟才有福建巡撫
岑毓英之落款，其他之民廟、私廟，大多謹有「與天同功」四字，

及玉璽之印文，率皆摹刻仿印，非眞蹟也，今內天后宮此匾不存，實在可惜！

總之，陳朝龍書內所記載，多同光年間文物，其前之乾隆、道光年間修建時留存諸文物早在光緒年間皆已不在，最可惜者，乾隆五十七年重修時袁秉義所勒刻碑記「今亡」，更令人扼腕喟嘆！

第三節　日治時期遞嬗及相關活動

以上二節爲清領時期內天后宮之沿革，時序進入日治時期，內天后宮又有了大變化。

乙未割台，日人攻佔新竹，時新竹諸多廟宇在兵荒馬亂，戰火燎原之下，權充他用，如文廟與文昌宮爲臨時派遣步兵第二十聯隊第三中隊佔用；關帝廟爲第八憲兵隊第十分隊憲兵主力部隊竊用；龍王祠充爲新竹醫院；十標媽祖廟爲新竹辨務署；地藏庵爲新竹守備隊軍官會議所；香山天后宮充作香山警察分署等等，[46] 內天后宮似乎倖逃過一劫，其實不然，最初曾爲憲兵隊屯所，幸不久撤出。（見下文）。根據明治三十一年（1898）年初的調查，六月報告之「社寺、廟宇所屬財產表」紀錄，時內天后宮廟宇建地佔 160 坪、佔地 180 坪、年收入 40 金圓，米 16 石，作爲維持費用，建立年度爲乾隆五十八年。[47] 此項調查紀錄與前引鄭鵬雲書符合，與《新竹縣制度考》所記則不符，大體而言，出入不大，亦可見日治初期內天后宮依然維持原貌原狀。此一狀況直到大正

年間並無太大變化，大正五年（1916）四月發行之杉山靖憲《台灣名勝舊蹟誌》收錄有新竹內天后宮，附照片一幀，雖稍模糊，卻是難能可貴，介紹宮史，仍抄襲志書，無所增益，但有堂宇多用石柱，頗為宏壯，今已荒廢等用語，可了解其時香火之沒落，對於廟中匾聯之介紹，除「與天同功」、「霖雨蒼生」、出現了「澤遍東瀛」匾，此匾不見前引諸匾，惜未錄出其上下落款是何時何人所立？無法進一步稽考是清時文物還是日治時期文物。[48]

　　另外，在明治三十四年（1901）的「新竹廳竹北一堡新竹街西門土地申告書」中也有關內天后宮的若干紀錄，如位在書院街 207 番戶假番 195，申報人為林福森，據彼稱「右此家屋係林福森承亡曾祖父林慈，於乾隆六十年間，向地基主內天后宮管理人相議，將書院街空地內自備資本，建造家屋壹所。當時經地基主言定：每年納地基銀貳錢，只以納地基銀而已，無書寫契付執之事，至今有百年，力（應為「歷」之筆誤）管無異，今蒙憲土地調查，理合造具理由是實。」，另一冊詳記基地面積為四毫二絲，業主為竹北一堡太爺街內天后宮管理人鄒海澄，鄒海澄其時又同時為城隍廟之管理人，鄒氏向內天后宮租借土地為「書院街第 193 番戶，三毫九絲」，其他租借者尚有「書院街第 200 番戶，七毫五絲，莊媽福」、「書院街第 201 番戶，八毫六絲，蔡開基」、「下后車路街 132 番戶，三毫三絲，汪安仁」、「下后車路街 131 番戶，五毫四絲，出氏玉」、「書院街 292 番戶，七毫七絲，林復派、復習、復才，典主曾水成」、「媽祖宮口街 200 番戶之一，九絲，林萬全」、「鼓樓內街 113、114、115 番戶，六厘四毫三絲，王和利」、「鼓樓內街 187 之一番戶，三厘三毫八絲，黃錦三」、

整個祠廟敷地（佔地面積）共一分二厘七毫六絲，而內天后基地為「東西南北至民家及路為界」，但管理者卻又一變為「內天后宮管理者台北縣知事代理新竹辦務署長里見義正」[49]，可能原因是內天后宮為清代官廟，改隸之際自然視同官產，而被日方接收轉成日產，再轉交委託民間人士平日管理照顧。不管怎樣，這份資料讓吾人得知，內天后在塹城內的地基租收入，除前述已知的鼓樓內外土地外，居然在書院街、下後車路街、媽祖宮口街尚有大批可收地租的土地，廟之左右皆為民宅，前為街路，而其中媽祖宮口街（今西大路 408 號附近）還是新竹市研究地名沿革諸書刊從來少提的老街名。

按，書院街因位在明志書院旁而得名，也在西安街五巷附近巷弄，在清代由衙署出南門，有兩條次要道路，其中一條即由衙署前經西門街（今西安街）轉明志書院東側的書院街，接考棚邊街後，再由南門大街出南門，因此此條街道與內天后仍有地緣左近關係，有可能是官府撥給內天后宮之官地地租，作為香資收入之一。下後車路街指的是官道入西門至石坊腳後，再經西門街、北門街直出北門外，另有一條路，自石坊腳經今西大路轉仁化街，再左轉長安街出北門。此一道路因在正式官道之後面，故俗稱後車路，其中長安街段，因位居衙門口的上方，故又名頂後車路，而仁化街到西大路的街段，因位在衙門口的下方，故名下後車路。[50]

除以上可能是清代官方撥給內天后宮之香燈銀地租，另民間也有可能捐獻給寺廟者，據另一份「新竹市社會公益事業協會財產目錄」紀錄（即神明會寄贈財產明細，調查時間不詳，應是昭

和年代），內天后宮有其他數筆土地，如所在地為：新竹市南門町二丁目，土地座落：新竹市南門町二丁目，地目別為「建、祠、道」，總面積有 0.1188 甲，昭和十六年（民國三十年，1941）全部賣與新竹市方面委員事業助成會及民間。另一紀錄為：土地座落在竹北鄉隘口、關西鎮下橫坑、新竹市表町三丁目，地目別為「田、建、畑（即旱園）」等，總面積 5.0999 甲。[51]

日治時期的表町地域，在今中央路以北、建興街向西延伸到北門街一線以南、府後街以西、長安街以東。台灣光復後，於民國三十五年（1946）廢町字改成里，將表町析分為大同、博愛、中山、平和、中和、居仁、仁智、同仁八里。[52] 其中清代鼓樓內街就分佈在今中興里、中山里，表町三丁目位置約在今北門街往西到城隍廟一帶。

南門町在昭和十年（1935）後的地域是：東門大排（城南橋到鐵路段）、鐵路（大排水到四維路陸橋）、中華路二段 708 巷接林森路 229 巷和 210 巷到西門街、內天后（指今日的廟址，西門街 184 號）後側到土地銀行後面（中央路 3 巷 35 弄與西門街 2 巷之交點）的連線，南門街（西門街至文昌街段）、文昌街元亨宮（中南街 7 號）的連線，武昌街（中南街口到武昌街 44 巷）、武昌街 44 巷接勝利路 92 巷，出勝利路接城南橋。日治初期至昭和十年指的是：勝利路（從 228 巷口到大同橋的路段）、大同路 9 巷，出復興路口，斜向林森路中興百貨公司一線，林森路（中興百貨公司到武昌街口）、武昌街（林森路到新竹郵局與建國公園交界處）、建國公園南側斜向西門街 12 巷到西安街，西安街（31 巷口到西門街段）、南門街 111 巷 6 弄（中 2 巷）、南門街 111 巷

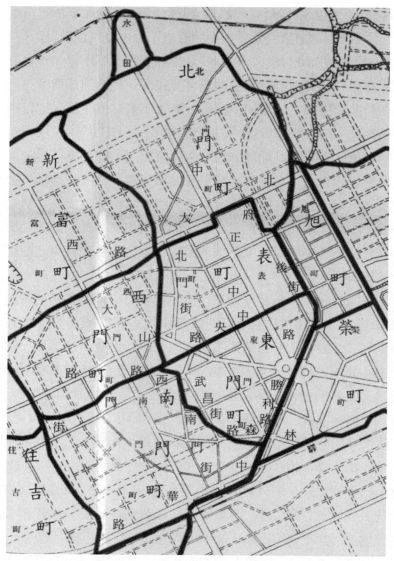

圖 2-2 日治時期行政區圖（摘自新竹都市計畫圖）作者不詳（年代不詳）

6 弄口經文昌街與西大路交叉點，到勝利路 228 巷口的連線。[53]
南門町二丁目位置約在今西大路到勝利路一帶。

以上數筆資料率皆瑣碎零亂，須仔細篩選甄別，彙整詮釋，
即使是大正初年所作的《新竹廳寺廟調查書》亦是如此，如調查
內容記地址爲新竹街土名西門，187 番地之一，祭祀神明有天上
聖母、千里眼、順風耳、觀音佛祖，年收入有租谷十一石、金
十八日元以維持，每年七月八日舉行盂蘭盆會等等[54]，作用不大。

增田福太郎《台灣的宗教》在第五章〈媽祖〉中有介紹台
灣各地媽祖廟，在新竹州中提及了內天后宮、長和宮、香山天后
宮，除於創建原因有所突破外，祭祀神明有媽祖、順風耳、千里
眼、註生娘娘、福德正神等等，參考價值亦是不多，更何況增田
氏在昭和四年（1929）前往新竹街作寺廟調查時，只是前往參觀
調查淨業院、文廟、關帝廟、城隍廟等，並無內天后宮。[55] 此點
增田氏在文章中已自承「以下就各州的寺廟和靈驗，所記者約
五十，以載於台灣總督府所藏的《寺廟台帳》者爲基本，及由筆
者實地調查者（約十五廟），與杉山靖憲氏編《台灣名勝舊蹟誌》、
經世新報社版《台灣全誌》等補充記載之。」[56] 這些書目、資料
本人在本篇論文中均已參考到，實在用處不大。

眞正有所助益者，厥爲日治時期諸家報紙於漢文版對寺廟
活動之報導，其中以《台灣日日新報》厥功最大，日治時期有關
內天后的報導，內容豐富，可大略分成五類，一是往湄州進香謁
祖，二是民間戲曲表演，三爲民俗節日慶典，四爲與他廟交陪互
動，五爲人事變動概況。

一、進香謁祖活動

新竹內天后宮分別於大正六年（1917）七月一日前、大正十年四月二日兩次前往湄州進香，《台灣日日新報》在大正六年七月一日、十年四月六日分別報導出來，對於進香之效益，該報在六年十一月二十六日第四版記道：

> 新竹西門內天后宮，向例祀典官廟，除朔望地方官行香外，入廟參拜者，寥寥者無幾。此回自往湄謁祖歸來，香火之盛，與外天后宮相埒，令人有昔衰今盛，神亦猶人之感。本日起至二十五日三日間，是廟爐下及近街人民，敬爲□桃園女優以爲樂神一助。開演以前，廣庭之間已無立錐餘地，紅男綠女，往來如織，與去年看醮一般云。

此則報導之可貴，不僅確證內天后宮在清代確是官廟，地方官每逢朔望依例前往參拜。更因其官廟身分，人民於碍於官威，有所畏懼，前往參拜者少，香火自不如長和宮旺盛。他如大正五年曾作過醮，及廟組織有「爐主」等等資料，猶是其次。

二、民俗節日慶典

《台南新報》大正十一年（1922）六月十五日第五版報導：

> 新竹內天后宮，例年端午節，恭迎媽祖既登前報。本年是日因風雨來朝，延至初七日未刻煙火三發，出遊街衢。大鼓隊有三十餘個，整列徐行，同樂軒、同文軒、

新樂軒、和樂軒、振樂軒、慶樂軒、禮樂軒、青年子弟團，以及各種音樂隊、小唱等均受贈彩旗。其中活動藝閣，受一等賞者二棚，賣水團裝映雪讀書，及青草團裝取返魂草。次受二等賞者，錦珍香、合和興隆、各商店裝彩蓮，及銀細工團之郭巨埋兒、鐵工團之鐵牛打鞭、苧布團裝金姑牧羊。受三等賞者，為八美圖。龍柵及其他詩意藝閣，各受賞金牌彩旗。其他外稍遜色之詩意，並踏高隊，以及採茶、落地掃車鼓，各受賞銀牌一個。迨至日夕始各欣然而散。當晚沿街紅男綠女，扶老攜幼，絡繹不絕，誠亦一時之大盛況也。

《台南新報》昭和元年（1926）六月十五日第六版報導：

新竹街西門內天后宮係祀天上聖母，例年以古曆端午日恭迎神輿繞境。本年值東之新竹街五、六、七三保及客雅一、二、三保，凡六保之信士，自數日前則努力籌備鼓樂詩意。即分生魚商團、吳服商團、米穀商團、雜貨商團、生果商團，外十餘團，陣頭五十餘陣，行列齊整，蜿蜒如長蛇。自過午以後，由各村到竹觀眾，擁擠于途，頗呈盛況。

《台灣日日新報》昭和四年（1929）六月十一日報導：

新竹街西內天后宮，每年於古曆端午日，由竹邑在住之晉、南、惠、同、安及廣東、桃源七縣，諸善信人等，備出鼓樂、詩意閣，恭迎媽祖繞境。本年更由諸值東備

出繡旗及金牌數面。對于特色陣頭授賞鼓舞。目下決定加入者，有新樂、同樂、和樂、振文、同文、巧聖團及振樂七軒子弟團，以外六陣歌戲團、金獅團、洋樂團、生魚商團、米穀商團、菁商團、金銀紙商團、獸肉商團等。

同報昭和七年（1932）六月八日第四版亦有報導：

> 新竹西門內天后宮媽祖，本年依年例，訂本八日，即古曆端午日，舁出神輿繞境，屆日晉、南、惠、同、安及粵東、桃源七縣份人士。及西門城內外、東西兩市場團、米商、雜貨商、彩帛商、金銀細工店、金銀紙商、藥種商、飲食商、生魚商、獸肉商、菁商、新樂軒、同樂軒、和樂軒、同文軒、集樂軒、振文軒、洋漢樂如知微等，將各備出大鼓陣、詩意閣等燦行。入夜則裝結電火門，倂放煙火演劇以爲餘興，其盛況可卜云。

值得注意者，端午慶典活動盛況，一直持續，直到民國二十六年（1937）七七事變後才未見報導，《台南新報》於昭和十三年（1934）六月十九日第四版載：

> 新竹市民恭迎內天后宮聖母，於十六日午後一時起，由恭迎委員虔誠準備，一時間，放煙火以爲號。於是各關係爐主，及一般團體之音樂鼓陣、市內各梨園音樂團，暨神輿等，定刻出殿，於是列次如長蛇陣。蓋因當日值古曆端午佳節，遠近村落而來之參觀者以萬計，乃照路

關順序繞行。市上家家戶戶懸燈掛彩，陳設香案禮拜者，極呈一時之雜沓。至午後四時，還宮進殿，一般參加鼓樂各團體，至內天后宮前敬禮而散。

此數則報導提供了重要信息，可綜括析論如下：

（一） 前敘清代「縣城天后宮之七縣普，七縣者，泉州之五縣，合廣東、永春而爲七也。……又有總爐主一人，乃七屬頭人輪年承辦，週而復始。」，至此得一確證，即：泉州府晉江，南安、惠安、同安、安溪，永春州之桃源（即永春）、粵東客家人。此七個神明會，成立年代、會員數如下：[57]

　1.晉江天上聖母會，咸豐四年（1854）七月一日，四十一人。

　2.聖母祀，同治五年（1866）七月一日，十人。

　3.廣東聖母會，同治五年一月十五日，四十四人。

　4.惠安天上聖母會，咸豐七年（1857）三月二十日，二十七人。

　5.安邑（安溪）天上聖母會，咸豐三年（1853）三月二十三日，五十五人。

　6.永春天上聖母會，同治五年七月一日，十三人。

　7.同安天上聖母會，咸豐五年二月十五日，十二人。

　8.南安天上聖母會，咸豐元年（1851）七月八日，二十七人。

此一日治時期調查紀錄多了一「聖母祀」，不知是何籍人士組成的神明會，資料不足，暫闕待考。此七個神明會調查紀錄旁列小字謂為同鄉會組織，可知兼具神緣、地緣色彩，說不定同時又具有業緣關係。七個神明會約略分析又可得知：大半成立於咸同年間，其中又以南安籍最早，次安溪、晉江、同安、惠安，粵東及永春最晚成立。會員人數以安溪人最多，次粵東、晉江、南安、惠安、永春，同安人最少。此七個神明會皆成立於同治九年內天后宮重修之前，於情於理，同治九年之重修工程應樂於捐助襄成，但後殿之增建「旋以捐項不敷中輟」，若非財力負擔太大，無法負荷外，恐與內部不和諧或有關連。

（二）　另據一張老照片，標題為「大正七年內天后宮銀同爐主鄭吉利中元祭典紀念」，是可知從清代直到日治時期的大正七年（1918）銀同（即同安）神明會（兼同鄉會）仍然存在，是年爐主為北門鄭家的鄭吉利公號，主事者為鄭寶，其時中元普渡應仍是盛大熱鬧，才會留下此幀紀念照片。據此推論，內天后宮的其他諸神明會，也應該還存在且有活動運作，此時內天后宮之廟務活動仍由閩籍人士主掌。

（三）　較可怪者，原為中元普渡的大慶典，至日治時期轉而為端午慶典，其中原因安在？幸報紙之報導，透漏些許之端倪。《台灣新報》在明治三十年（光緒二十三年，1897）八月七日第一版的一則報導，標題為「公普漸淡」，內文如下：

新竹舊曆七月八日,即有七屬公普之設,晉江、南安、惠安、同安、安溪、漳州、廣東是也。各屬輪流承辦,以內媽祖宮爲大壇,名之曰總爐主,其餘各屬亦皆有壇,然不及大壇之盛。蓋大壇每屬七年輪值一回,無不爭奇競勝,往往一月前即四處搜羅古玩,及有名書畫、新鮮燈燭,將次屆期雇匠鋪,設雕鏤花木禽魚,窮工極巧,博一時大觀也。至初七夜各屬正東副東均應鼓樂全部,以放水燈於西門外之隙仔溪。初八日,家家戶戶皆必虔備牲儀酒醴,异到內媽祖宮口,排列壇前,直至三更,僧道開誦經懺,然後焚化紙錢,方各撤饌挑回。是晚大小壇俱有演唱梨園不下十餘檯,沿途管絃盈耳,城鄉士女,觀者如堵,雖夜靜更闌,人跡往來尚絡繹不絕,洵異常熱鬧也。現在內媽祖宮爲憲兵屯所,本年總爐主聞係安溪輪值,其大壇草草了事,遠不逮前也。

　　此則報導內天后宮在日治初期曾爲憲兵隊屯所,與前之調查紀錄不符,經查該次調查始於明治三十一年三月,於同年七月函覆,此則報導是在明治三十年八月七日,在時間點上並無不符,可能情形是在明治三十一年三月調查時,該憲兵隊已撤走,故調查時無佔用之情形。再則,此年公普之不如往年,是因內天后宮被憲兵隊佔用,是乃情形特殊,不能據此認定新竹市之中元普渡慶典已漸澆薄淡化。《台灣日日新報》在明治三十九年(1906)九月二十七日第五版報導:

台灣舊慣例，每逢陰曆七月舉行祭典，俗云普度，或謂慶讚中元，或謂盂蘭會，名稱不一，要與內地孤魂祭，其實一理也。……然就新竹本年普度論之，內媽祖宮普度，合新竹八縣原籍人民，同為醮壇慶讚，七日燃放水燈，八日盂蘭勝會。雖有珍奇炫耀，大雨淋漓，未免近冷。又大眾廟普度，合新竹五拾參庄原籍人民，同為醮壇慶讚。七月貳拾九日燃放水燈，八月初壹日盂蘭會，是日天朗氣清，惠風和暢，各有戲劇小唱女樂（藝旦唱）拾餘檯，爭奇鬥勝，東西市場中，終宵白晝，皆以炫目為工，若豬羊□飯之多，□夫烹調之美，酒池肉林，固不一而足，真是熙皞太平之景象云。

同報大正四年（1915）八月十九日第六版亦記：

月之十八日，新竹街內媽祖宮，例年陰曆中元，有七縣族民合普之舉。本年值東總爐為安溪縣魏賢溪，經定十七夜燃放水燈，十八日結壇演劇，大祭孤魂，其盛況固可想也。

可見在日治時期新竹市之中元普渡慶讚盛典並未沒落，然則端午節之盛大慶典從何而起，因何而盛，猶是未解？另，八個神明會在前則報導亦可得知確定，至大正年間仍在運作活動，然則此第八個「聖母祀」神明會是否即為「漳州」籍所組成，猶待其他資料進一步佐證也。

（四）　端午慶典參加之陣頭高達三、四十個，場面煞是熱鬧壯觀，從工商團體、機關團體到個人行號皆有，行列內容包

括轎班會、神輿、音樂團、洋樂團、大鼓陣、花亭、香亭、詩意閣、踩高蹺、金獅團、子弟團、華僑團、神將團、梨園團、歌仔戲團……等等，若再加上挑香擔、吹鑾駕執事，其場面陣容真有漪與盛哉之嘆，不知是否能稱新竹第一？

三、與他廟交陪活動

《台灣日日新報》明治四十二年（1909）十二月九日第四版報導：

> 北港媽祖，本月四日來竹，邑之善男女，齊備鼓樂，前赴南門外停車場迎接。……去六日竹邑街庄人民，合同歡迎北港媽祖，及竹蓮寺觀音菩薩。午前八勾鐘，鑼鼓樂隊，已齊集於新竹街后布埔。迨鐘鳴九點，煙火三發，始昇神輿出遊。……入夜則滿街餘興，如城隍廟、外天后宮、內天后宮、竹蓮寺、水田福德祠、東門福竹祠、地藏菴等處，各演劇一、二臺。……到處歌管之聲，嘈雜盈耳。遠方來觀者，不下五千餘人，然惟廣東部落為最多。據古老所云，竹邑迎神，未有若此回之盛。（下略）

《台南新報》於昭和元年（1926）十二月十六日記：

> 新竹城隍廟慶成三朝福醮，以去十四日舉行普施始，自柱音一百七十二名，並村庄各團，裝結醮壇者百餘行，

其中最特色者三十餘處，分爲五等，而公選之中選者如下：一等正主會鄭肇基、正主普新竹市場眾信士、正主醮古雲梯、副主會新樂軒、內天后宮諸醮壇。（下略）

四、人事組織變動

《台灣日日新報》於明治四十四年（1911）六月二十四日報導「重行選舉：新竹城隍廟、內天后宮」一則，內文如下：

住持之席，前擬詩人王福接充，後因王福膝前兒女成行，未便捨身奉佛，且就某富家書記之席，年俸三四百金，未便因此失彼。以致兩廟住持，虛懸兩月，保護乏人，所有物件遺失不少。該管理人鄭如蘭、高廷琛、陳信齋、葉文暉憂之。爰之開臨時會議，以住持一席，欲得品端行篤，萬分爲難，不如採一誠實可靠，以之承乏兩廟宇財產囑託，或者於事較得相宜。查有南城外楊和衷，俗稱楊半仙，此君世態人情，頗深閱歷，兼之略知史事，因囑爲兩處住持，聞將以逐年收利益金，整理一切，不致如曩時盡歸烏有也。

鄭如蘭，志書有傳：[58]

鄭如蘭，名德桂，字香谷，號芝田，新竹人，鄉賢鄭崇和之孫。父用錦淡水廳附生，進士鄭用錫之弟，早歿，如蘭受養育於繼母張氏。事母至孝，母有疾，如蘭必先嘗其藥方予母服用。經禮部奏題孝友，如蘭謙恭未敢

建坊。及母卒，喪葬盡禮；同治五年（1866），奉旨建節孝坊，以旌表之。如蘭家境雖屬巨富，但其個人則生性儉樸，常見其立於大門前，與菜販論價。然凡地方義舉，卻從未後人一步。再者，讀書尤勤，受知於提學道丁曰健；入泮後，旋拔得優等，補增廣生，但屢赴秋闈而未能如願，光緒十五年（1889），以辦團練功，授候選主事，賞戴花翎，後加道銜。台灣改隸後，日本人以其為新竹首富而重視之。嗣子安柱，乃族人德膄之四子承繼；次子神寶，日據時期，頗為日人所器重。安柱之子肇基及大明、孫鴻源，皆為知名之士。如蘭卒於民前一年即明治四十四年（1911），享壽七十七歲。著有偏遠堂吟草一卷。元配陳氏，恩貢生陳緝熙之長女，十八歲嫁于如蘭；襄助家務，克盡婦道，鄉黨中無閒言。陳氏素具慈悲心，對疾苦困窮者，賑卹備至。晚歲信佛，釋號普慈，收養女弟子數名，買舟內渡大陸；遍訪各地名剎：鼓山湧泉寺，普陀山紫竹林，鎮江之金山寺、焦山寺，西湖之天竺寺、昭慶寺等。歸來後，專心參尋妙諦，以修真自樂。建大齋堂於北門外樹林頭，稱淨業院，以為諸女信徒讀經修行之所。孫女慧修，安柱所出，守貞不字，隨陳氏奉齋禮佛，祖母（陳普慈）歿，遂以哀毀卒，年僅二十六歲，稱貞女，各地文人，相與作為詩歌，以詠歎其事。

陳信齋，志書也有傳：[59]

陳信齋（1868～1935），幼名允，字克猷。同治七年
（1868）生於竹塹北門大街。父耀經營染舖，店號恆
吉，為北門地區著名行郊。信齋自幼好學，無意承繼父
志，不喜習商。先後受教於名儒李祖琛、希曾父子，學
業進展迅速。光緒十四年取進新竹縣儒學，當時年僅
二十歲，被稱為「少年秀才」，是年，清廷割據台灣，
六月下旬，日軍雖已攻占竹塹城，抗日新楚軍不時企圖
反攻，因軍餉籌措與城市富室衝突，彼此猜忌；日軍常
有誤虐良民的事件發生。又有部分民眾企圖假藉日人之
手以報舊怨，城內人心惶惶。日軍入城後，認為信齋秉
性溫厚謹直，推舉為保良局員，與馬玉華等，維持兵亂
後的社會秩序。在伸冤、鬪訌、救良、揚善等事項貢獻
出力最大。明治三十一年（1898），受推薦為保良局副
局長，新竹衛生組合長。次年授佩紳章，1901年任新
竹廳參事，新竹廳事無大小，信齋必參與其間，日人亦
多方重用，1905年受命兼任新竹街長，後改為新竹區
長，先後連任五年，竹塹居民皆稱為「陳總理」。1923
年被推舉為新竹州協議會議員。昭和時期寵信漸衰，協
議員及其它種種名譽職漸被取消，其中尤以1931年被
取消「新竹州下阿片仲賣人」的特權，對其打擊最深，
在政治及經濟上影響力，從此失墜。雖如此，信齋對一
般地方公益事務，仍主動參與，其中以資助新竹昭和義
塾最為盡力，幫助貧民子弟向學，造就人才甚多。

葉文暉，鷹取田一郎《台灣列紳傳》有小傳：[60]

> 葉文暉，新竹廳參事也。其先葉高賢，泉州同安縣人。
> 康熙中航海來於本島，始寓於海口尾，火耨草闢，椒載
> 南畝。其子葉圍始營商估，揚帆通販於各海口，貿易屢
> 獲利，遂購邸於今處。其孫瑞陽好學，儒風自成一家，
> 即嘉慶列貢生也。文暉其曾孫，勤儉克守家，流風儒
> 雅，謙讓蓄德，聲望最佳，明治三十二年十二月授佩紳
> 章，年今五十五。

另王福、高廷琛、楊和衷三人志書無傳，暫闕待考。

可知日治時期城隍廟、天后宮之管理人均是同一批人。重
要者，已知諸人皆其時新竹廳參事，而葉文暉住址為「新竹廳竹
北一堡新竹街，土名北門外三百十一番地」，陳信齋住址為「新
竹廳竹北一堡新竹街，土名北門七十七番地」[61]，而鄭如蘭為北
門鄭家之族人，更是眾所周知，是可推知泰為北門之郊商名流，
足可說明清末日治初期，內天后宮、城隍廟，皆掌控在北門商紳
之手，獨無西門林家，林家之衰微可知，而北門鄭家之勢駸然日
昇，林鄭兩家權勢成一顯然強烈對比。另，要注意者，其時廟之
「住持」與「管理人」是分屬不同人，且「住持」並非一定是出
家人，也有俗世在家眾。

五、民間戲曲表演

《台灣日日新報》明治四十四年（1911）八月七日第四版報
導：

竹人高紅龜，近與同志數人，開設樂利茶園在西門天后宮，特聘小正音大榮鳳班，日夜開演。……大博觀客好評，入夜往觀者，座爲之滿焉。

《台南新報》大正十一年（1922）六月五日第五版載：

新竹同樂軒青年子弟團，月之二日，媽祖繞境之當日，是晚假內天后宮前，開檯演唱……觀者如堵，無不高聲喝采。聞客雅振樂軒，亦於近日，要繼續開演云。

同報大正十四年（1925）四月五日第五版記：

前因下南赴北港參詣之第一組同樂軒子弟班，凡其所開演之處，皆受南部各界人士歡迎，酬願今已完畢，一行榮譽歸竹矣。訂于古曆梅月（按，四月）朔日，在西門內天后宮開演。聞該班有鬍生老鼠、苦姐許才兩人，甚然著名。若論甚妙技，不異唐代梨園子弟矣。

同報大正十四年（1925）六月二十九日第五版續報導：

于十七十八兩日，在新竹州曠野之處，因集樂、振文、及和樂、振樂四子弟團，登臺各獻妙技。……茲訂古曆七日適值巧聖先師聖誕，而集樂社子弟團決定在新竹西門天后宮廟前，登臺開演妙技。屆時有菊部之癖者，當有一番眼福也。

同報同年十一月一日第九版亦載：

去二十八日，適逢神社祭日，……終日爲參詣者往來絡繹。至夜間，同樂軒子弟戲，移在內天后宮開演。東門一帶，燈火齊輝，頗呈盛況焉。

《台灣日日新報》昭和二年（1927）四月二十二日第四版報導：

新竹振樂軒子弟班，去日赴北港朝天宮晉香，順途在中南部登臺開演，……去十七日歸竹，十九夜在西門內天后宮開演，更受竹街有志者公賞以繡旗二十餘旒。

《台灣民報》同年七月十日第十四版載：

（上略）而新竹的歌仔戲之流行，現時殆有如雨後春筍之慨，最近始作俑者，可以說是新振興店主劉禮樂君。……以外還有新竹人自組織了一班的歌仔戲，於六月十五、十六兩天，在內媽祖宮前公開試演，……觀眾的人數，也有說三四千，也有說五六千，老實說是無從算起的。（下略）

這類民間戲曲表演，直到七七事變前仍相當頻繁，《台灣日日新報》昭和八年（1933）七月五日第八版報導了一則有趣的社會新聞：

新竹市西門土水匠林成，年六十三，去三十夜在內天后宮，觀覽協興社演納涼劇，突癲癇倒地，陷于人事不省，一時觀眾大嘩，由臨場警官制止，得家眷奔到，急爲施救始見蘇生云。

綜合上引報紙各類活動報導，顯然很容易發現有關民間戲曲表演的數量最多，內容涵蓋最廣，報導也夠深入，包括了宗教、寺廟、民俗、民藝、音樂、戲劇、遊藝等等活動內容，其原因為戲曲仍為當時台灣居民主要休閒娛樂之一，民間戲曲與民眾生活緊密結合，依附在民間宗教慶典的外台演劇及音樂團、子弟班活動，（即民間俗稱的平安戲、子弟戲、歌仔戲等，或是出陣，排場，或是登台演戲），也因為大量屬於當時社會重要活動的廟宇慶典盛況，而常見諸報端的報導，戲曲、廟宇都因而得到連帶的紀錄，保留下可貴的史料文獻。[62]

　　透過這些報導，吾人更有如下觀感：

（一）新竹市所有子弟團幾乎都曾在內天后宮表演過，慶典時也會出動所有子弟團慶讚，而天后宮前一度設有樂利茶園的戲園，而且諸子弟班前往外地進香表演後，回來也一定會在內天后宮表演。新設劇團、樂團也要在內天后表演，一方面獻戲娛神，一方面號召群眾，廣為宣傳。

（二）另外可知在大正昭和年間充斥著密集、大量的演出，可嘆在昭和十三年（民國二十六年，1937）四月後，台灣總督府為加緊推行皇民化運動，下令廢報刊漢文版，有關活動報導從此日漸消失。尤其隨著七七事變的爆發，在「振興民風」、「反應非常時尚」的國民精神總動員的氛圍下，台灣傳統民間戲曲的演出，不斷受到打壓與取締，開始進入民間藝人口述、回憶中常提及的「禁鼓樂」時期，相關活動報導遂告絕跡。

　　慘酷的打擊還不只於此。新竹市在日治時期「市區改正計

畫」前後有三次，第一次五年計畫始於明治三十八年（1905），由新竹廳長里見義正稟申台灣總督府，此計畫經台灣總督諮詢市區計畫委員會認可後，於同年五月九日由新竹廳長里見義正以新竹廳令第八號公告，同年五月十一日開始實施。計畫主要包括三大項：一、街路計畫，二、衛生排水計畫，三、公共設施敷地計畫。其中街路計畫內容除城內少部分街路沿襲原有舊街道外，大部分截彎取直成為直線格狀，原城牆預定拆除後，城址成為近似環狀的道路，其餘城內外街路規劃成長方形街廓的格狀道路系統，走向與南北成四十五度斜角。另有部分街路與原有水路平行，於東門、北門處設圓環道亦成特色。而且南門與西門已在同年度許可拆除。[63]

　　這次市區改正的實況及進度，《台灣日日新報》幸留下珍貴的紀錄，在明治三十八年（1905）九月十二日的「新竹市區改正近況」報導中首先指出「新竹城內因市區改正，期限已迫，近日各處家屋，凡有在改正區內者，皆雇工拆毀。為此改正之原因，遂生出種種之結果，茲特詳細說明於左」，「於拆完之部分」報導中，提道：

1. 東門地區：「東門自迎曦門內，直透馬玉華之家屋、黃炎之保正事務所，各拆去大半。而張謙六茂才所有磚屋一座，在東門堡，頗稱宏敞堅壯，亦全部拆毀，片瓦無存。」

2. 南門地區：「南門則自關帝廟后街，新原泰生堂，直透至新竹醫院邊，穿過吳成之大瓦屋。左畔如關帝廟同列之店屋，各損去其半；右畔從何屠埕左鄰起，與

謝介石同列之家屋，亦各損去其半；但此左右拆完之家屋，皆已修繕完全，整列可觀，先現出新市街之面目焉。偶在郵便局，迎眸而視，則南屏秋色，環翠送青，歷歷在目，不似去年秋景，僅見牆頭數點山耳。」

在「現拆之部分」報導：

3. 西門地區：「西門如江茂松之家屋，直透蘇商岩木材製造所，衙門口如古川辯護事務室，直透陳泉源，外十餘家。太爺街如周清泉、周茶茂同列之家屋，直透錦華齋。此錦華齋左至城隍廟壁，右至北鼓樓。一列店屋，各損其半。又北鼓樓邊，自永昌藥店起，同列之雜貨商店，亦損去其半。」

4. 北門地區：「北門則自北鼓樓外，魏經邦同列之磁器商，至鍾青之街長事務所，或損去丈餘，或損去數尺。而李雪樵保正事務所，亦在其列。獨無損焉，蓋因其屋本有稍凹故也。魏經邦對面，如利源商行，同列有名之振榮、恒吉、集源、陵茂，直至興隆藥局口，雖有拆毀，然不過去其涼庭，尚不至損及屋身。北門外左畔，如葉文暉之住宅；右畔如近北郭園一列之商店，轉至鄭子和，直透鄭老江之新宅，或全毀或半毀，或損傷數尺。若對面之春官第、進士第、鄭氏家廟、水田福德祠，則無甚損焉。然所損者皆屬古屋。惟老江一宅，乃去冬所新建者，殊極華麗，內牆

上概以石灰，堆成花鳥人物，珍奇駭目，所費不些（按，貲之誤植）乃入此室處，不及數月，而一旦更將其局面毀拆無餘，殊為可惜。老江擬將全屋移入丈餘，出壹千貳百五拾圓銀，委人包辦云。」

在「工事進步」一則報導中有進一步的描述：

新竹街市區改正，其工事現已逐漸進步。如東門城直透新廳舍，郵便局前直透南門外貸座敷之一部分，已全完成，交通甚便，近日正從事於西門北門等處。自西門直透城隍廟邊，其下水溝築造，殆將告竣，但道上未敷砂石耳。若太爺街，轉過元米市街，正在開掘兩傍之水溝。若北門外媽祖宮口，直透後車路，亦先就兩傍下水溝開掘，道上安置臨時輕便車，以運搬餘土，棄置於鄭氏家廟外，及林氏祖厝邊、聖廟邊等處。每日工人以百計，驅車者有人，運石者有人，連夜作業，火光如晝，殊覺大形忙碌，沿道之人，幾於擁擠不開云。

如此大事拆除固需工人，拆除後之餘屋也要補修繕建，也需工人，因此在「工人欠乏」一則報導中載道：「近日各處土木大興，所有城內外之木工土工，大有應接不暇之勢。或一人而包辦數處，東作西延。一經雇主迫促，則召集庄民稍知一二者。而鹵莽以從事焉。間亦有從紅毛港、中港等處雇來，故工資遂因之騰貴。如平時大工五角銀，今則升至六、七角銀；小工平時貳角半銀，今則需參角餘云。」

而處處拆除，工事進行中之市容，滿目瘡痍，自難入目，在「道途險惡」一則報導中記云：「拆屋既多，處處皆破瓦殘磚，塞滿道路，而敗牆壞壁，摧倒後堆積盈途，更有如岡如陵之勢。偶然觸目，直與大火後之場所無異。加以近日雨師帨駕，濘泥滑滑，稍一失足難免辱及泥塗，夜行者咸有戒心，故多攜杖點燈，徐徐步履。目下市民，甚望築路之工事，從速著手，以便往來云。」

　　此數則報導可稱精采寫實，如歷歷在目，於此次市區改正有一清楚明晰之報導。然則此乃新竹市街現代化之幸，卻是古蹟古建物之浩劫，在西門地區之報導中可以發現太爺街、衙門口街一帶店屋拆毀過半，北鼓樓內外亦如是，其中有不少是內天后之廟產，自是損失不貲，內天后宮並未被拆除，似乎幸運逃過一劫，其實不然。反之，遺憾地是內天后宮位置所在被規劃為都市計畫道路預定地，也因此日治時期該廟一直未聞有修繕改建之舉，因為這將是徒勞無功，廟終將面臨拆除的命運，更何況以日方之立場與日人信仰自不會為「媽祖神」、「媽祖廟」撥出公帑修繕，民間也不會為屬於日產，且將拆除之廟大力捐輸修建，也因此大正五年（1916），杉山靖憲已有香火寥落，廟貌荒廢之嘆。幸內天后宮地位仍存，民間信仰熱忱仍在，每年的廟會賽事、節日慶典，盛況依然，信眾依舊！除此，也可能因對寺廟建物不便大事興修，轉而從廟中法器、法物新置或修繕著手，今廟中猶存有二大神案，一為大正丁巳初年（6年，1917），民國六十年黃清富重修之神案。另一為大正九年（1920）歲次庚申年孟冬吉立的神案，其後「神桉庚申建，至丙申，參拾柒年同人再修」、「民國丙申季

冬穀旦，民國癸丑年，陳文德重修」，後一神案，從大正庚申九年（1920）初設，至民國三十七年（1948）、丙申四十五年（1956）、癸丑六十二年（1973），前後重修三次，寧願重修而不願丟棄，換一新的神案，此二神案之珍貴可知，也突顯廟中執事的愛惜舊文物，但不免同時也反映日治末期光復初期廟方的財政困頓。

然而這一微末好景只是短暫存在，昭和十三年（1938）十一月十一日，新竹州召開州下國民精神總動員參與會，會中通過寺廟以全廢為原則。新竹州各郡旋即展開作業，中壢郡首遭毒手，將中壢郡的二十九座寺廟合祀為四座，其餘寺廟改為日本佛教的布教所、部落集會所、及國語傳習所，寺廟廟產充作設立教化財團，翌年中壢興建神社，並舉行鎮座祭。[64]

新竹街（今新竹市）亦難逃劫難。早在昭和十三年八月，新竹市役所諭令新竹市內各神明會管理人，廢止各該會組織，並將各所屬土地財產全部捐獻於當時「皇紀二千六百年記念事業新竹市教化財團設立委員會」，於是該委員即籌備設立「至誠會」事宜。至昭和十五年（1940）十一月籌備完竣，正式設立「財團法人新竹至誠會」，辦理教育及慈善事業。適後為適應社會之需要，於昭和十六、十七年間，將所有財產提出部分捐與新興國民學校、新竹慈惠院為地基；部分賣與海軍省有機合成會社等，所剩土地至光復後，於民國三十五年（1946）十一月由新竹市政府接管，將至誠會（內含城隍廟）、新竹厚生財團、慈惠院等三團體合併成「新竹市社會公益事業協會」，同時也接管厚生財團及慈惠院所屬財產，繼續辦理教育及慈善事業。迄民國四十一年七月三十一日重新改組為「財團法人新竹學租財團」，依舊辦理教

育事業。[65] 如前所提及內天后宮市內所有廟地，含括建地、祠地、道路用地，總計 0.1188 甲，於昭和十六年（1941）全部賣與新竹市方面委員事業助成會及民間。[66]

第四節　光復以來的變遷

一、人事變更與廟地問題

　　歷經日治時代的開闢西安街、寺廟整理運動，廟址已被破壞殆盡，內天后宮也大約在日治末期拆除（詳細年代，目前口述及文獻資料均無，尚待追查。另一說為美機轟炸焚毀，也是尚待求證），廟產也早被賣掉或被徵收，內天后宮已無法在在原地重建，幸媽祖諸神像早已安排好，散置香山天后宮、東寧宮、長和宮、竹蓮寺，及若干神明會爐主宅中等處，伏下復興的生機，但因此也在光復初期發生爭奉神像及誰是正統之困擾。

　　先是日治末期，新竹地區諸天后宮，發生爭奉天后像一大事件。由於日治初期仍以清末之廳治為辦公處所，為整治周邊環境及施行都市計劃，先行闢建西安街，此街路之闢建正好碰到內媽祖廟正殿之一隅，原屬官廟之內天后宮無雄厚之民間信徒作為支柱，被接收後之內天后宮任憑日本政府之處置，初期寺廟祭祀活動，不因部分被拆除而有任何影響，終遭致廟神流落失所。但在昭和十三年（1938），日府推行皇民化運動，企圖以國家神道取代台灣傳統民間信仰，於各鄉鎮建造大小各級神社外，並強力

整理台灣民間寺廟，推行所謂「寺廟整理」運動，各地寺廟神像紛紛轉移至民間或遷移，所屬神明會也遭解散。內媽祖廟內的鎮殿媽祖，軟身湄州媽祖，千里眼、順風耳，都移駕北門長和宮保存、合祀。[67]

新竹市區先後在地藏庵前、舊港及香山，將收集的神像包括下寮媽祖宮的媽祖神像及民間的王爺神像，都被集中在海邊焚燒，稱之為送諸神昇天。香山天后宮內古銅鐘也被徵收，一時香山天后宮陷入了「有廟無神」的窘況。所以在光復初由香山地區仕紳，如翁水九、蔡清水、林清山、王三富、陳清波等人，連袂出面向「有神無廟」的內媽祖管理委員會的陳福全、高漢水等人商議，將原寄奉在長和宮的湄州軟身粉面媽祖，移駕安奉在香山媽祖宮，經擲筊獲得媽祖同意，於民國 35 年農曆 3 月 23 日媽祖誕辰，將其移請來恭奉，並另雕塑鎮殿媽祖神像及千里眼、順風耳合祀。光復後內媽祖宮因接收位在西門街的日本西本願寺，改修為天后宮廟，擬迎回媽祖神像安奉，一行人及陣頭浩浩蕩蕩前往香山迎駕，雙方一度爭執，後擲筊請示神意，卻不料內媽祖宮方面得不到聖筊允許，反倒是香山天后宮方面得到三聖筊允許。遵循神意，從此保留一尊於明治四十四年（宣統 3 年，1911）由湄州天后宮迎奉而來的軟身大尊聖母神像永駐香山天后宮，長佑地方，也成了一段傳奇。[68]

另一方面西門聯里也出現兩個媽祖會，與今內天后宮互爭正統。一是由長安街、仁化街的居民在民國 61 年組成，採志願加入，一人一月交 200 元，參加者有 24 人，由其中擲筊選出一正爐、一副爐、四頭家，每年主持收費、演戲等，迄今三十餘年。

有些會員已搬離這二條街，但仍有擲筊權，仍交錢參加，不過年輕一代意願不高，熱忱不再。本會雖有組織，但無廟，無固定會址，只有一尊媽祖神像，隨每年新爐主流轉安奉爐主宅中。[69]

另一是中央里、石坊里兩里之無廟神明會。此兩里位置即昔年清代內天后宮之地址，光復後先是被佔據為攤販位子，日後更建成住家，形成西大路的一條巷弄。由於無地建廟，又無神像可拜，有見於遷移改建後之今日內天后宮又多為客家信徒及執事，二里的閩南籍耆老遂倡組媽祖會，於民國49年成立，並塑媽祖神像，從成立以來迄今，每年於農曆三月二十三日及九月十五日，有兩次遶境活動，每年有二組爐主、頭家，每組成員各十四人，正爐、副爐由石坊、中央兩里各擇一人，頭家則兩里各取六人，任期半年，分別在三月二十三日、九月十五日擲筊選出下任爐主頭家。神像有兩尊，大尊黑臉，小尊白臉，大尊奉置在正爐主家，小尊安奉在副爐主宅。此一神明會具有強烈的地域色彩：一是幾乎石坊、中央兩里居民都參加，二是遶境路線均在兩里巷道重複旋遶，三是不去今內天后謁祖或拜廟，四是兩里里民皆有辦桌請客。[70] 不過根據上述的歷史沿革，神像之正統問題自然不辯自明，何者真？何者假？誰可信？誰不可信？大家心知肚明。

另一問題是在「有廟無神」時期的內天后宮，究竟位在何處何廟？依據廟方向來說法是在竹壽寺（俗稱西本願寺）。按竹壽寺屬日本真宗本願寺派，位在原新竹街新竹字南門237番地，奉祀主神為阿彌陀如來佛，另有聖德太子、七位高僧、見真大師、親鸞上人，廟地有二四二坪二合八勺，建物佔地二十五坪八合五勺，於明治四十三年（1910）六月二十日創立，信徒約有六百人。[71] 但其位

置約在南門一帶,即今址新竹市武昌街 55 之 1 號,與今內天后宮位置不符,可能情形是,光復初期先暫棲媽祖神像於竹壽寺,再遷建今址。至於為何先選擇竹壽寺,據廟方執事口述,謂當年林華新委員曾說過,日治時期內天后宮拆除時,若干建材(尤其是杉木)曾移建竹壽寺,或許因此因緣,才會在光復初期先搶佔竹壽寺作為安置神像所在,其後因廟宇狹隘才再度遷建。(此事乃據廟方口述,真偽如何,有待進一步查證,但至少知道當年是以此作為一個藉口進佔竹壽寺。)

至於遷建後的今址,經比對地籍圖,可確定為日治時期新竹慈惠院位置。慈惠院之創設是在大正十一年(1922),由總督府補助一萬日元創辦,於翌年成立財團法人,從事社會公益事業,主要是救助窮民,醫療救護等等。[72] 既為日產,戰後自然歸政府接收,也因如此才能說明何以廟地地目為「國有土地」,這並非早期廟方執事「忘記」去登記所致。但是何以要進佔此塊土地呢?這又與昔年廟產位置有關。

按清代內天后宮廟地,在日治時期登記為新竹市南門町 2 丁目,地目為「建、祠、道」面積為 0.1188 甲,於昭和十六年(民國 30 年,1941)被迫全部賣與新竹市方面委員事業助成會及民間,再查新竹市厚生財團因財產目錄中有位於南門町 2 丁目,地目為「祠、道」各一筆,面積 0.1185 甲。另,再查慈惠院財產目錄中有位於南門町 4 丁目,地目「建、道」各一筆,面積 0.2337 甲是慈惠院的基地。0.1188 甲與 0.1185 甲相差不遠,地目、位置又相同,我們有理由相信厚生財團此一塊土地即是清代內天后宮之廟產,前述賣與新竹市方面委員會事業助成會,指的即是後

來的「財團法人新竹至誠會」，辦理教育及慈善事業，後在昭和十六、十七年兩年將所有財產提出 1.1662 甲捐與新興國民學校，及慈惠院等爲地基，以後又將若干筆土地賣與海軍省有機合成會社等。至光復後，民國 35 年 11 月由新竹市政府接管，將新竹至誠會（內含城隍廟）、新竹厚生財團、慈惠院等之單位合併，改名爲「新竹市社會公益事業協會」，並將厚生財團、慈惠院所屬財產接管，繼續辦理教育及慈善事業，民國 41 年 7 月 31 日重新改組爲「財團法人新竹學租財團」。[73] 也就是如上述所言，在光復初期，厚生財團、慈惠院、至誠會已統編爲一單位，土地財產自然混在一起，又加上原廟地已歸厚生財團所有，因此地方人士才會進佔此一「國有土地」，理所當然自認爲是收回清代廟地。

民國 51 年，管理人林華新會同地方仕紳陳火順發起重建，經眾信徒慷慨樂捐，歷經十年於民國 61 年完竣，隨即於翌年舉行慶成福醮盛典，成爲新竹地區地方盛事。[74]

期間，在陳火順過世後（民國 57 年），廟務一度陷入低潮，內天后宮所屬神明會之新東聖母會，一度想接管管委會，並未成功。至民國 74 年內天后宮再組管委會，在上級機關督導下成立第一屆管理委員會，廟務遂獲蓬勃發展。時主委爲范雲庚，副主委爲李德湧，常務委員有古蘭桂等人，總幹事爲唐江海，其餘委員兼任各組工作。民國 82 年 9 月因主委范雲庚年邁多病請辭，報准主管機關轉由副主委李德湧代行宮務，至民國 83 年 4 月召開信徒大會改選委員，推選李德湧爲主任委員，古蘭桂、游光男爲副主委，楊家祥爲常務監委，新聘李德紅爲總幹事，從茲健全制度，建立會計稽核制度，並辦理各項冬令慈善救濟工作。[75]

另，由於該廟土地爲國有地，乃於民國 85 年 4 月呈文主管機關申辦請求贈與土地，但依法須先成立財團法人登記後，方可聲請廟地贈與，遂在民國 86 年 6 月 15 日召開信徒大會，訂立章程，選舉第一屆財團法人董事、監察人，李德湧被選爲第一屆法人董事長、古蘭桂爲常務監察人，李德紅爲總幹事，隨即依法向主管機關完成登記，並憑以合法申請廟地贈與，終於在民國 88 年底完成。

二、廟務大事及宗教活動紀要

　　經過光復初期人事改組與變動，五十年來，廟務運作大體順利，也少鬧人事或派系糾葛，其貢獻與成就，可略分下列數端而言：[76]

（一）土地方面：除上述在民國 88 年獲得廟地外，另在民國 87 年 6 月間運用各界善信捐助款項，購買廟右後側計 81 平方公尺土地，作爲董、監事會辦公處所，爲該廟財產再添一筆。

（二）廟貌整修方面：五十年來多次大興土木，整修廟貌內外，雖踵事增華，卻仍能維持古色古香廟貌，但可惜未能依據文資法作一完整及事前審查，致多處過度整修，尤其在民國 86 年起爲迎接奉祀媽祖 250 週年大慶，全力翻修增建，如廟宇屋頂、金亭、廟門、拜亭、左右廂房、太歲殿、牌樓及改築辦公室、會議室等等皆是犖犖大端。

（三）財務收支公開符合稽查，爲使法人一切收支、財產、資產之完整合法，早已敦聘會計師建立完整之會計制度，辦妥

完稅手續，使一切收支財稅均能透明、公開、合法。

（四）輔導社團，提供活動場地及福利：多年來由該廟董監事出面參予籌備，先後成立新東聖母會、新竹市竹塹長青會、新竹市體育會國武術競賽委員會、新竹市傳統整復員職業工會，並提供辦公場所，作爲社團永久性辦公處。如提供二樓會議室，做爲新竹市客家民謠研究班教唱演練及傳統整復員工會勞教訓練場地，樓下會議室做爲竹塹長青會活動場所，也提供電腦、傳眞機、影印機等設備，供共同使用，並指派一名人員作專業性之服務。

（五）參與公益救濟，不落人後：除每年辦理冬令救濟，施捨救濟米糧及貧寒救助外，並定期訪慰新竹地區各慈善團體，如私立仁愛兒童之家、天主教德蘭中心、天主教仁愛啓智中心等，或致贈金錢或捐輸實物。

在宗教活動方面，年例祭典如下表：[77]

表 2-1　年例祭典

財團法人新竹內天后宮奉祀主神暨配祀神聖誕千秋與重要祭典活動表		
時間	活動主題	活動內容
農曆除夕子時起至大年初三	全體董監事及志工，全天二十四小時輪班，加強爲香客服務	提供金香菓燭，與接受安太歲消災解厄，點光明燈祈福等服務外，並提供甜薑湯麻糬招待香客
農曆正月十五元宵節	元宵節前，接受善信認掛平安燈祈福	元宵夜在廟前施放煙火慶祝
農曆正月底擇吉祥假日	舉辦圓燈法會，同時爲配祀神土地公聖誕千秋祝壽	舉行祈福法會，並敬演祝壽梨園

財團法人新竹內天后宮奉祀主神暨配祀神聖誕千秋與重要祭典活動表		
時間	活動主題	活動內容
農曆三月下旬聖母誕辰前擇一假日	恭請天上聖母遶境出巡，護佑黎民，消災添福合境平安	邀請境內友廟組陣贊助護駕遶境一天。
農曆三月二十日	本宮配祀神註生娘娘聖誕千秋	敬備祝壽供品獻壽。
農曆三月二十三日	天上聖母舉辦祝壽盛典	舉辦祝壽三獻禮法會，及敬演梨園慶祝。
農曆七月八日	配合新竹市新東聖母會舉辦中元普渡祭典	辦祭典法會敬演酬神戲外，同時舉辦大雞、大鵝、大火雞三組普渡牲口秤重賽。
農曆七月十八日	配祀神無極瑤池大聖西王母金母大天尊聖誕千秋	敬備祝壽供品獻壽。
農曆七月十九日	配祀神太歲星君聖誕千秋	敬備祝壽供品獻壽。
農曆九九重陽節前擇吉出發	恭請天上聖母及瑤池王母娘娘環島四天或兩天進香活動	由各區善信自動組團護駕主神遶境祈安，暨配祀神瑤池王母娘娘回鑾花連勝安宮朝聖。
農曆九九重陽節	舉辦紀念天上聖母得道昇天祭典法會，暨敬老表揚	接受信眾敬果代辦聯合舉行紀念聖母得道昇天法會外，同時表揚本宮八十足歲以上長壽信徒。
農曆春節前	舉辦寒冬送暖公益慈善濟助活動	春節前，配合各界善信之愛心米施放，低收入戶，及殘障孤老貧民，並發揚聖母大愛精神由本宮執行公益慈善濟助工作。
農曆全年初一、十五	提供麻糬甜點，招待香客	由本宮志工在廟口隨時服務，並接受各界大德自由樂捐。

其中重大者為每年農曆三月二十三日紀念媽祖誕辰祭典、五月五日端午節媽祖出巡遶境祈安、七月八日普渡施眾、九月九日媽祖得道昇天紀念祭典；另分上、下年度舉辦信眾環島迎送媽祖進香活動。關於媽祖出巡遶境祈安更是盛典，將新竹市分成三區：東區、北區、香山區逐年輪流遶境，如民國 96 年是香山區，其路線如下：[78]

　　四維路→右中華路六段→右內湖路 84 巷龍正宮→返內湖路→經誠仁橋→右快速道路→右西濱公路→右香山天后宮→返西濱公路→右大庄路→左進明烈宮→返大莊路→左瑞光街再右彎→左遊樂街→又路左轉浸水南街→南靈宮→右浸水街→左浸水街 406 巷→直行樹下街→南寧宮→靈安宮（二將抬輿走轎）→左浸水街→右牛埔南路→左牛埔東路（領便當用餐）→右牛埔路→左經國路→右中和路→右中山路→左進天公壇→右中山路 393 巷→左西門街→左四維路（小車左轉中山路進北極殿，大車直行至北大路 452 巷西門國小圍牆邊等候）→右民富街（至西大路口時，主神由全體護駕，下車徒步遊行）→主神進入受天宮→右北門街→土地公→長和宮→城隍廟→接東門街→東寧宮→東門圓環→右勝利路→右林森路→主神進入元亨宮→右南門街→主神進入關帝廟→左西門街→返本宮。

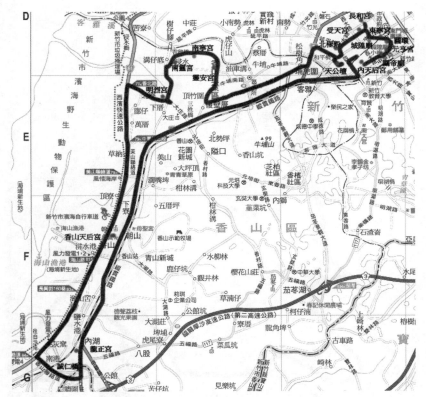

圖 2-3　民國 96 年媽祖出巡遶境路線圖

民國 95 年是北區，其路線表如下：

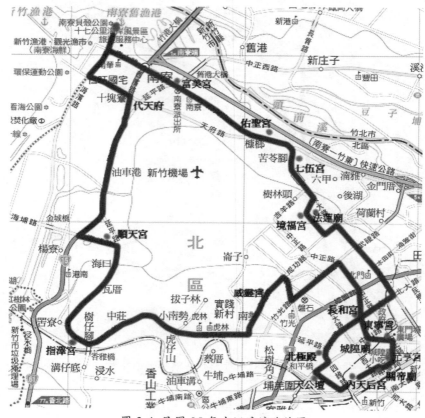

圖 2-4 民國 95 年出巡遶境路線圖

四維路（車頭要朝西門街）→西門街→直下天公壇→右中山
路→主神進入北極殿（自 452 巷出，各陣頭在北大路會齊）→左
東大路→主神遶進法蓮廟→左鐵道路→右境福街→境福宮→左東
大路→主神進七伍宮→全陣進入佑聖宮自 232 巷返東大路→富美

宮→南寮漁港→右海濱路→左天府路→右進代天府→西濱公路→
左進順天宮→右延平路→經指澤宮→左成功路→經威靈宮→右和
平路→左竹光路（午餐休息）→右中正路→右北門街→長和宮→
北門街→城隍廟→東門街→東寧宮→右經東門圓環→右勝利路→
右林森路→經元亨宮→右南門街→主神進關帝廟→左西門街→回
本宮（在往四維路解散）。

　　民國 94 年是東區，其路線表如下：

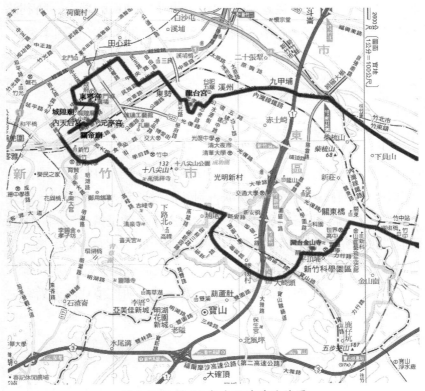

圖 2-5　民國 94 年出巡遶境路線圖

上四維路橋→食品路→右寶山路→右科園三路→金山寺→
關東橋→竹中→中興路→二重埔五穀宮→右中興路→進入竹東→
東寧路→左中山路→左長春路→離開竹東→右往竹林大橋→左上
快速道路→往科學園區→下千甲里（午餐休息）→千甲路→水源
街→公道五路口→右忠孝路→左新光路→右東勝路→右東明街→
龍台宮→左忠孝路→右東光路→左民族路→右民生路→左北大路
（先鋒車停在北大教堂邊，全體車陣開始徒步）→右中正路→左
北門街→長和宮→城隍廟→東門街→東寧宮→東門城→右勝利路
→林森路經元亨宮→右南門街→關帝廟→左西門街→返回本宮。

第五節　結語

　　新竹市內天后宮於清乾隆十三年（1748）創建，歷經乾隆
四十二年（1777）、五十七年（1792）、道光八年（1828）、同治九
年（1870）興修，可惜文獻有缺，對其規模形制，無從得知，僅從
上文考證推論，可略知在清代，自始至終，大體維持著三開間兩進
兩廊的四合院形制，而廟前原有戲臺一座，廟之左右皆為民房。最
可惜者，乾隆五十七年（1792），由袁秉義倡導捐修的一方石碑未
曾保留下來，碑文內容志書也未曾採錄，成為研究清代內天后宮史
的最大遺憾！

內天后宮爲官廟性質，所以每年春秋二季舉行祭典，而費用也由地基租、官民義捐、官方編列預算修護支用，且向來由官方管理。也因是官廟性質，乙未割台，日府也就不客氣地予以接管，而日人接管之後，其後來之處置工作也就少去諸多障礙，因此在日治初期的市區改正計畫中被編入道路用地（今西安街），面臨必須拆除遷移的命運，所以日治時期，此廟少見修繕興建之舉。所幸內天后宮爲新竹城內居民的重要宗教信仰場所，其地位不亞於城隍廟，因此並未立即拆除，祭祀活動仍然持續進行著。但是其最終仍未逃脫被拆除命運，日治末期其廟產被一一接管或變賣，成爲一座孤零零的孤廟，而且竟然不知在何時被拆除消失，甚且有媽祖神像四處流浪、合祀寄祀之事發生。

　　光復後，雖有遷移重建之舉，卻不幸埋下閩客情結之陰影（本文不便詳敘），一座官廟，一路走來，竟是如此坎坷、顛沛，但祂的信仰、祂的地位仍然不變。末了，茲將內天后宮歷年興修大事列表如下，以供參酌：

表 2-2 內天后宮歷年興修大事年表

年代	修建內容	相關人物	備註
乾隆 13 年（1748）	創建	同知陳玉友建	
乾隆 42 年（1777）	修建	同知王右弼修	
乾隆 57 年（1792）	修建	同知袁秉義捐修	番鎰三千有奇。襄厥成者、守戎盧植，二尹陳聖增，分司章汝奎，董事邵起彪。
道光 8 年（1828）	重修	同知李愼彝重修	
同治 9 年（1870）	重修	官紳	正殿三間，祀天后，左右廊各一間，前殿三間。
明治 38 年（1905）			頒布市區改正
大正 6 年與 10 年（1917、1921）			兩次前往湄州進香。
昭和 16 年（1941）			土地建物賣與新竹方面委員事業助成會及民間。
昭和 20 年（1945）五月			傳說毀於美機大肆轟炸新竹之戰火下。
民國 35 年（1946）		林金山、陳金芳、鄭錦加等	移奉媽祖神像至某和尚廟內供奉。
民國 51 ～ 62 年（1962～1973）	重建(事實爲新建)	地方士紳林華新、陳火順等	癸丑年落成舉行慶成福醮。
民國 74 年（1985）	重建金亭	主任委員爲范雲庚，總幹事爲唐江海	成立第一屆管理委員會，耗資新臺幣 1000 萬餘元。增購 26-17 地號 125 平方公尺。
民國 77 年（1988）	重新彩飾廟宇	王妙舜匠師	
民國 83 年 4 月（1994）		李德湧爲主任委員，新聘李德紅爲總幹事	改選第二屆管理及監察委員。

年代	修建內容	相關人物	備註
民國 86 年 9 月 3 日（1997）		李德湧第一屆法人董事長、李德紅爲總幹事	成立「財團法人新竹內天后宮」。
民國 87 年（1998）	重修廟頂雕飾及廟前金亭，並以鋼筋水泥加強重建左側辦公大樓及殿前拜亭、牌樓。	承包者李景隆	全部工程費共耗新臺幣 1200 餘萬元。
民國 88 年（1999）			募資 360 萬元，增購廟址右後方建地 25-04 地號 81 平方公尺。
民國 89 年（2000）	三川殿門神重繪	承包人陳天祥作者孫春福	
民國 92 年 5 月 15 日（2003）			全省首宗計有 778 平方公尺之廟地贈與案完成。
民國 93 年 3 月 3 日（2004）			由新竹市政府登錄公告爲「歷史建築」。

〈註釋〉

1. 陳培桂《淡水廳志》(台銀文叢第172種，民國五十二年八月)，卷六志五〈典禮志‧祠祀〉，頁150。

2. 鄭用錫《淡水廳志稿》(台灣省文獻委員會，民國八十七年三月)，卷一〈祠廟〉，頁53。

3. 鄭喜夫《台灣地理及歷史》(台灣省文獻委員會，民國六十九年八月)，卷九官師志第一冊文職表，頁78。按鄭書記陳玉友號遽園，遽為蘧之誤，逕改之。

4. 陳培桂前引書，頁257~258。

5. 林文龍點校，陳朝龍《合校足本新竹縣采訪冊》(台灣省文獻委員會，民國八十八年一月)，卷四〈祠廟〉，頁203。

6. 鄭喜夫前引書，頁77。

7. 盧錦堂等《台灣歷史人物小傳——明清時期》(國家圖書館，民國九十年十二月增訂再版)，「陸廣霖」條，頁242~243。按許雪姬《台灣歷史辭典》〈附錄〉(台北，遠流出版公司，2006年9月，四版一刷)記陸廣霖於乾隆九年四月到任彰化知縣，後革職去，復於乾隆十一年六月回任(頁A132)，乾隆十三年以彰化知縣護理台灣府淡水撫民同知。陳玉友則在乾隆十三年十月二日由建寧府同知調任淡水同知，乾隆十六年三月陞署台灣知府(頁A104)。此說承襲鄭喜夫前引書(頁77、78)，基本上與本文任職淡水同知年月並無矛盾，本文之所以採用盧錦堂近著，一則此著作為較新之辭典，二則其所依據為〈故廣西恭城縣知縣署百色同知陸君廣霖墓志銘〉及〈恭城知縣陸君祠版文〉之一手史料，可靠性較

高，三則僅是針對陸君生平作一背景簡單介紹，至於陸君之行誼、史實則非本文主旨所在，茲不贅。

8. 余文儀《續修台灣府志》（台銀文叢第121種，民國五十一年四月），卷七〈典禮・祠祀〉，頁334。

9. 詳見范明煥〈新竹內天后宮知多少〉，收於《新竹地區的人與地》（新竹縣文化局，民國九十五年七月），頁199~200。

10. 詳見葉錦爐〈媽祖信仰叢談〉，《竹塹文獻雜誌》第二十一期（新竹市文化局，民國九十年十月），頁97。

11. 陳國川《台灣地名辭書》卷十八〈新竹市〉（台灣省文獻委員會，民國八十五年九月），頁121。

12. 陳國川前引書，頁175~176。

13. 同前註。

14. 黃有興譯，增田福太郎原著《台灣宗教信仰》（東大圖書公司，民國九十四年五月），頁326~327。

15. 同前註。

16. 李亦園《新竹市民宗教行為研究》（台灣省民政廳，民國七十六年），頁39。按此書並未正式出版，現藏新竹市文化局圖書室，乃張德南先生所提供之影本。有關長和宮歷史及組織，另參拙文〈新竹市長和宮—行郊會館的興衰史〉，收於《寺廟與台灣開發史》（揚智文化公司，民國九十五年三月），頁268~345。今也收入本書第一章，可參看。

17. 詳見拙文，頁284~285。

18. 詳見吳學明《金廣福墾隘與新竹東南山區的開發》（國立台師大歷史所專刊，民國七十五年二月），頁263。

19. 詳見陳朝龍前引書，卷二「街市」，頁99~103。

20. 陳朝龍前引書，頁203。

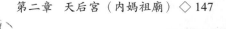

21.同前註。

22.鄭喜夫前引書，第二冊〈武職表〉，頁238、242。

23.鄭喜夫前引書，第一冊〈文職表〉，頁80。

24.陳培桂前引書，頁265~266。

25.鄭用錫前引書，頁66。

26.陳培桂前引書，頁213。

27.陳培桂前引書，頁221。亦見鄭喜夫前引書，第一冊，頁112~113

28.陳朝龍前引書，頁461。

29.詳見註7前引書，「袁秉義條」，頁170。

30.陳朝龍前引書，頁463。

31.同註20。

32.同前註。

33.不著撰人《新竹縣制度考》（台銀文叢第101種，民國五十年三月），頁
　　49。

34.同前註前引書，頁106。

35.詳見王見川〈光復前的一善堂、證善堂與新竹大家族——兼談周維金的
　　《大陸遊記》〉，《竹塹文獻》第38期（新竹市文化局，2007年4月號），
　　頁74~75。文中錄有楊普丹與新竹武廟、內天后宮住持僧侶的酬唱兩
　　首，詩題分別為「塹城武廟僧妙慧讚」、「新竹內天后宮僧清修讚」，可知
　　妙慧之前有名為清修之和尚住持。

36.鄭鵬雲《新竹縣志初稿》（台銀文叢第61種，民國四十八年十一月），頁
　　109~110。

37.陳國川前引書，頁173。

38.陳培桂前引書，頁95。

39.鄭鵬雲前引書，頁78。

40.詳見胡傳《台灣日記與稟啓》（台銀文叢第 71 種，民國四十九年三月），
　　各條出處頁碼，已直接註於引文下。

41.鄭鵬雲前引書，頁 179。

42.陳朝龍前引書，卷七〈風俗〉，頁 377。

43.陳朝龍前引書，卷六〈坊區〉，頁 315、320。

44.中國第一歷史檔案館等編《清代媽祖檔案史料匯編》（中國檔案出版社，
　　2003 年 10 月），頁 391~392。

45.見張本政編《清實錄台灣史資料專輯》（福建人民出版社，1993 年 12 月），
　　〈德宗實錄〉，頁 1069。

46.溫國良編譯《台灣總督府公文類纂宗教史料彙編——明治二十八年十
　　月至明治三十五年四月》（台灣省文獻會，民國八十八年六月），頁
　　244~245。

47.溫國良前引書，頁 437。

48.杉山靖憲《台灣名勝舊蹟誌》（原大正五年四月十八日，台灣總督府發
　　行，後台灣成文出版社景印，民國七十四年三月台一版），頁 468。

49.以上土地申告書資料及影本，爲梁明昌兄影印提供，謹此說明，並申謝
　　忱！

50.陳國川前引書，頁 177、120。

51.詳見《新竹文獻會通訊》第十七號（民國四十三年十二月，後成文出版
　　社影印出版，民國七十二年三月台一版），頁 312。

52.陳國川前引書，頁 171。

53.陳國川前引書，頁 124。

54.見《新竹廳寺廟調查書》「內天后宮」表（手稿），本表亦爲梁明昌兄提
　　供影本，再申謝忱！

55.增田福太郎原著，古亭書屋編譯《台灣漢民族的司法神》（眾文圖書公

司，民國八十八年十月），附錄三〈台灣寺廟採訪記〉，頁 255~259。

56. 同註 14 前引書，頁 323。

57. 參見（1）新竹街役場編，《新竹街要覽》（原大正十五年發行，成文出版社景印，民國七十四年三月台一版），頁 310~311。（2）同註 50 前引文，頁 311~312。

58. 張永堂總纂《新竹市志》（新竹市政府，民國八十六年十二月）卷七〈人物志〉（撰稿人張德南老師）第一篇第四章第二節「鄭如蘭」條，頁 112~113。

59. 同前註前引書，頁 253~254。

60. 鷹田取一郎《台灣列紳傳》（台灣總督府，大正五年四月發行），頁 127。

61. 同前註前引書，頁 121。惟陳信齋，誤植成陳信齋。

62. 詳見徐亞湘《史實與詮釋—日治時期台灣報刊戲曲資料選讀》（國立傳統藝術中心，民國九十五年十二月），〈導讀〉，頁 1。

63. 詳見黃俊銘《新竹市日治時期建築文化資產調查研究》（新竹市立文化中心，民國八十八年六月），頁 24~34。

64. 陳玲蓉《日據時期神道統制下的台灣宗教政策》（自立晚報社文化出版部，民國八十一年四月），頁 262~267。

65. 同註 50 前引文，頁 309。

66. 同註 50。

67. 同註 10。

68. 參見（1）王文桂《香山天后宮湄洲天上聖母簡介》（香山天后宮管理委員會印行，民國 70 年元月出版），頁 30。（2）周錦文口述歷史，《新竹市鄉土史料》（耆老口述歷史叢書第 15 種，台灣省文獻委員會，民國 86 年 6 月）頁 274。（3）謝錦爐〈媽祖信仰叢談〉，《竹塹文獻》第 21 期，2001 年 10 月號，頁 96 ～ 98。

69. 李亦園前引書，頁 30 ～ 33。

70. 同前註。

71. 同前引《新竹街要覽》，頁 46

72. 同前引《新竹街要覽》，頁 245

73. 同註 50 前引文原頁碼 51 ～ 57

74. 按，據吳黃張谷誠《新竹叢誌》所記，曰「原建置在西門內，曰內天后宮後被日人廢之，合祀於北門外外天后宮，光復後邑紳陳福全等將西門外日本佛寺改修爲內天后宮，歸祀之。」（新竹市立文化中心，民國 85 年 6 月再版，頁 365），張氏原書出版於民國 41 年 11 月，則是時內天后宮修建，則又產生了時間點之歧異，究竟是民國 41 年或 51 年？再據《新竹文獻會通訊》第 17 號（民國 43 年 12 月 30 日出刊）所記，「原在縣城西門內……後被日人拆毀，改建西門外」（頁 44），也是產生時間點之歧異，可能情形有二：一是記憶失誤所致，一是 40 年代初曾「修建」，至 50 年「重建」。有關內天后宮在光復初期之修建或重建年代，與確實地點等問題，一直糾葛不清，人言言殊，各執一端，在此只能諸說並存，待他日有更多史料挖掘，才能解決。

75. 參見范明煥前引文，及廟方提供之《財團法人新竹內天后宮 95、96 年度信徒大會手冊》。

76. 詳見廟方提供之《慶祝奉祀天上聖母 250 週年特刊》，民國 88 年 11 月印行。

77. 詳見廟方提供之民國 97 年之農民曆手冊。

78. 新竹市東區、北區、香山區遶境路線表，均爲廟方所提供。

第三章

香山天后宮

第一節　廟的創建年代探討

　　新竹市香山天后宮位於竹市香山區朝山里，該廟創建年代頗為久遠，但一直未有定論，這是研究該廟歷史沿革首先必須解決問題之一。歸納廟之創建年代說法，約有三種，茲分析稽考如下：

一、明鄭年代：根據天后宮所刊行的農民曆、簡介傳單及諸多報章雜誌的報導，大約謂：本宮建於明永曆十五年（1661），距現在已有三百多年，當時經常來往於大陸間的商旅，清康熙二十二年（1683）由福建省莆田縣湄洲島天后宮奉來一尊媽祖神像，於本地建宮奉拜，並隨行購運一大銅鐘，安置本宮。[1]

二、乾隆三十五年（1770）：林衡道諸多著述、口述均謂建於此年；[2] 廟方簡介，則稱此年為重新修建；王文桂《香山天后宮湄洲天上聖母簡介》一書，則無此條記載。

三、道光五年（1825）：日人於明治三十一年六月之調查紀錄，道光五年為建立年度。另，時廟宇建地有 33 坪，擁地 79 坪。[3]

　　創建於明鄭之說，並無史料依據，只憑民間傳說，只要環視對比新竹市諸多古老廟宇之創建年代，便會啟人疑竇，再對比同是奉祀媽祖之「外媽」、「內媽」之北門長和宮、西門天后宮之創建年代（皆是乾隆年間），尤令人持疑。

　　乾隆三十五年之說，雖合乎情理，有其可能性；且光復後初期（民國四十八年五月十一日）所做寺廟調查表，亦記錄「創

建於民前一四二年九月二十日」，民前（1912年）之一四二年，恰為一七七〇年，即乾隆三十五年，乍睹似乎有憑有據；但經查考修於道光年間的鄭用錫《淡水廳志稿》之祠廟、寺觀記載，於廳城內天后宮有二座：「一在西門內，乾隆十三年，廟主許建造。……一在北門外，乾隆七年，廳主莊年捐貲建造。……」，廳治北天后宮有十座：「一在新莊街，乾隆十八年建。………一在艋舺街，一在關渡，原建山頂，康熙五十八年建。……一在滬尾街，嘉慶元年建。一在八里坌街，乾隆二十五年建。一在金包裡街，嘉慶十四年黃天進等捐建。……一在芝蘭街，嘉慶元年，業戶何錦堂獻地捐建。一在錫口街，……一在大雞籠城。一在大雞籠港。」廳治南天后宮有五座：「一在中港街，嘉慶二十一年，甘騰駒等捐題重修。一在後壠街，乾隆三十三年，林進興捐建。……一在貓裡街，嘉慶十六年，林璇璣等捐修。一在苑裡街，乾隆三十七年，陳詔盛等鳩建。……一在大甲街，乾隆三十五年，林對丹等鳩建。……」[4]志書所記不僅均無香山天后宮存在之紀錄，又可得知北台眾多古老天后宮創建年代率在乾嘉年代。

再查考修於光緒年間的陳朝龍《新竹縣采訪冊》，在〈竹塹堡祠廟上〉記錄有西門之內天后宮外，在〈竹塹堡祠廟下〉則錄有天后宮四座，文長，茲整理如下：[5]

一、在縣署內左畔，祀天后，建置年月無考，道光以前已有之。

二、在縣城北門外，名長和宮，又名外天后宮，左為水仙宮，後為觀音殿，又後為四香別墅三間，右為僧舍大小計七間，乾隆七年，同知莊年、守備陳士挺建。

三、在縣東二十九里鹿寮坑莊，名五和宮，道光年間莊民捐建。

四、在縣西十里香山下寮街，名長佑宮。正殿三間，左、右廊各一間，左爲廂房六間，廚房六間。咸豐六年，張自得等倡捐建。

陳志亦無香山天后宮之記載。

日治初期據陳朝龍前引書殘稿重加編輯之鄭鵬雲《新竹縣志初稿》卷三〈典禮志・祠祀〉則明確的寫出：「天后宮，在香山莊，道光五年建。廟宇三十三坪，地基七十九坪。」、「長佑宮，在香山頂寮，距縣治西十里。」[6]

綜合歸納上引諸志書記載，可以得到以下二條結論：

一、北台眾多古老媽祖廟之創建年代在乾、嘉年間居多。

二、據諸志書記載，乾、嘉年代並無香山天后宮存在之紀錄。尤其新竹在地士紳所編修之志書，更無此記載，直到光緒末年日治初鄭鵬雲所修之志書才有記載，並明確指出創建於道光五年。

較可怪者，香山之「長佑宮」至今不見蹤影，或有人誤以爲此（香山）「天后宮」即彼「長佑宮」，一廟分載爲二，殆爲志書誤記，非也。《淡新檔案》收有一「塹郊香山港長佑宮首事，即總理張自得爲懇恩諭飭捐題銀兩，以資告竣事」文件，[7]可供覆案考索，此文件內容大意略謂：咸豐十年（1860）四月初六日總理張自得具稟淡水廳同知張傳敬，懇恩示諭塹、艋各郊商富業戶，按戶鳩資修竣長佑宮，以昭勝舉。時艋郊殷實頭人名單爲「泉郊金晉順、北郊金萬利，頭人總理蔡鵬柱、南北郊爐主、職員黃萬鐘、林正森、林國忠、吳光田、謝廷銓。」稟文詳細內容如下：

具稟墾郊香山港長佑宮首事張自得，即總理張自得為墾
恩諭飭捐題銀兩，以資告竣事。緣香山自開港以來，迄
今多年，為船隻來往，郊商、鄉民雲集買賣之所。得於
咸豐六年六月間，自備工本建造該處天后宮一座，號長
佑宮；踏定地基兩廊併前後殿計共六間，得于是年，先
行自備工本，建造後殿一間，尚有兩廊前後殿，未經造
完，難於告竣慶成。茲得老邁無力，查墾、艋郊商、業
戶，殷富者多，欲再建復是廟，非費千金，實難有濟。
得思維聖母神功深遠，萬民賴庇，興建之事，眾所樂
需，非蒙示諭墾、艋各郊商、富業戶，按戶鳩資修竣，
以昭勝舉，而成神宇，則物阜民康，切賴憲德，功豈
（蓋？）後世。理合瀝情，粘單稟乞　大老爺，誠心敬
神，恩准示諭得等暨墾、艋殷富郊商、業戶，按戶鳩
收，設簿登記，以成神宇，澤垂萬世，沾恩，切叩。

　　據此稟文可知長佑宮原來計畫中的規模形制為兩殿兩廊式，
似乎在咸豐六年已先行自備工本建造後殿一間，但事實上「尚有
兩廊前後殿，未經造完」，可知連後殿尚未完全竣工，極可能因
資金不足而停工，才被迫向淡水廳同知求援，盼望透過官府出面
諭捐，但張傳敬反而批示「自向郊舖殷戶捐題，擇吉興修」，此
後並無下文。觀看今日長佑宮之不存，應該是寺廟並未完全建
成，日久湮滅廢圯，不復存在任何遺蹟。

　　再次，環視香山眾多老廟，其創建年代均在道光年後，而
集中在同光年間。[8] 因此，就直接證據與間接反證而言，香山天

后宮廟宇的創建年代幾乎可斷定在道光五年（1825），但本結論指的是廟宇建物創建年代而言，並非指供奉神像信仰年代而言，因以香山港，開港通航年代之久遠而思，其先暫奉媽祖神像於民宅、草寮之可能性不是沒有的。

然而這裡不免產生一個問題？即以香山港通航開拓之早遠，何以建廟年代如此晚近，其故何在？其因為何？

按，香山區地處新竹市西南部，北界客雅溪和雷公圳下游圳道。東北為牛埔山、印斗山與茄苳湖山；東南以古車路山、南隘山和新竹縣寶山鄉為鄰，南以尖筆山、鹽水港溪中游與苗栗縣竹南鎮毗鄰。本區地勢東南高西北低，區內平原土壤，主要由客雅溪、三姓公溪、鹽水港溪共同沖積而成，土質為砂質壤土，多呈強酸性，成土之地勢低下，以致地下水面高，呈泥濘狀態適合種稻。傳聞早在康熙末年，王世傑等拓墾集團，已在客雅溪下游兩岸，創建十一聚落。乾隆年代，拓墾地區更達鹽水港海墘一帶，甚至沿溪深入丘陵中谷地。換言之，雍乾年間，本區中、南部海岸平原，已盡為漢人所拓殖。嘉慶後，漢人與竹塹社民合作，設隘拓墾，開發保留地；道光十四年（1934），淡水同知李嗣業更諭姜秀鑾、周邦正等粵閩人士集資組「金廣福」大隘，繼續往東南山區深入開闢；至道光末年，本區丘陵地帶已轉為漢人之生活空間，聚落散佈，已不再有「凶番」出入侵擾。至於本區西緣多為受漂砂作用形成之海埔地，因鹽分含量高，不適農業，早期多作為養殖魚業，目前則被闢建為西濱公路用地。乙未割台，政權易幟，明治三十四年（1901，光緒 27 年）新竹設廳，在此設「香山區」，區下有十五庄，此為香山區名出現之始。[9]

香山區相對於新竹市其他地區，可謂地廣人稀，其原因與該區自然環境有關。香山區的丘陵與平原約各佔一半，平原地區雖開拓甚早，但後來發展反趨停滯，原因有三：(1) 本地區平原為客雅溪、三姓公溪沖積而成，屬曲流地形，曲流發達、使本區在洪水季節易遭水患，不利農業發展。(2) 海岸地帶風強沙掩，土壤鹽分量高，不適農業。(3) 客雅溪北岸距海遠，土地佳，但在日治時代被征收闢建為軍用機場，限制發展。(4) 民國六十四年（1975）公佈「香山都市計畫」，將本區二溪流地域，編列為工業用地，故後來吸引不少玻璃製造、化工製造、橡膠製品、化學材料及基本金屬工業來此設廠發展，致本區工廠林立，不適居住。至於丘陵地帶，開發較晚，發展時期短淺，又受崎嶇複雜地形限制，未能形成大型聚落，呈現散村景觀。台灣光復後，又受「山坡地保育法」與「土地使用管制條例」的限制，無法大事擴張，直到民國七十年代後，因新竹科學工業園區的開發成功，產生一批科技新貴，此區因有山林地風光反受青睞，廣建高級住宅及別墅，近年正吸引一批批股戶巨富進住。[10]

綜合上述，本區實不利農業之發展，故少有大地主之墾戶、業戶等出現或形成，在地居民率多小農、佃農之流，財富不饒，社會經濟條件不佳，對於廟宇的興建，顯然不利，此為本區廟宇興建晚起的社會結構原因之一。

另一原因與港口位置有關，本區素以港口通航貿易聞名，有清一代，先後出現過油車港、香山港、汫水港及鹽水港，油車港迅起迅落，姑置不論外，其餘港口範圍大致北起頂、下寮，南至鹽水港溪，諸港始末興衰，文獻貧乏，書間有缺，傳聞不一，難

以完整縷述。茲略述如下：

　　鹽水港址在今鹽水里中部，縱貫鐵路西側，因鹽水港溪而得名。港之起始，首見於雍正年間之台灣輿圖，其情不詳。附近土地於乾隆三十七年（1772）有陳璋琦等人入墾，道光十八年（1838）淡水同知婁雲在此設一官渡，方便往竹南堡中港往來。咸豐七、八年間，港口興盛一時，為香山停靠口岸之一，後因泥沙淤塞，港口機能始廢。另在鹽水里南部，鹽水港溪口東岸有一「草厝仔」地名，據聞原址即是上述清代官渡民人候船之所，候船之時搭有草寮以遮風避雨，故得名。此地東緣建有一廟名長興宮，址在長興街 498 號，主祀邱、吳、溫三府王爺，係道光年間創建，先後分別在光緒元年（1875）、大正三年（1914）、民國五十四年（1965）重修建過。[11] 鹽水港長興宮之創建年代及修建年代，適又可作為香山天后宮之興修創建年代對比之參考及旁證之用。

　　洧水港為閩南語音，即為淡水港之意，故有作洧水、有作淡水兩名，不知閩南語者，易生紛紜困擾。港之得名因洧水港溪，該溪源於海山里之鹿仔坑，西流經李仔坑、李厝、洧水港而出海。溪流河床比降度大，海水漲潮不易自河口湧入，河水常保清淡，故因而得名。洧水港之起，首見道光年間台灣輿圖，此地設有官渡，為往來鹽水港之所。咸豐七、八年間（1857~1858）香山港興起，此地亦為停泊口岸之一，後因港道壅淤而廢。此溪上源之鹿仔坑，原名路仔坑，地當香山港經茄苳湖出入新竹東南山區之要衝，故得名，再因諧音而變成「鹿」仔坑。此地在清代原設有堆棧（即類似今之倉庫、貨棧），東南山區之土產，先運至

此處堆放集結，再以牛車運往港口裝船出海。[12]

　　香山港之名稱，首見於道光年間鄭用錫之《淡水廳志稿》，
但實際上之香山港則泛指客雅溪口至鹽水港等港澳泊地之總稱，
故有時指洀水港，有時指今頂下寮凹狀泥灘海岸，如下寮南側
之網罟寮，為昔年泊地所在，故又名船頭，即一例證。此地有一
廟名靈興宮，主祀刑、王、朱、沈四府王爺，及江、吳等七夫人
媽，係光緒十四年（1888）因沿海地區瘟疫流行，莊民為求祈福
避疫而集資創設，同理此廟之創建年代亦可提供天后宮創建年代
之對照參考。

　　香山港澳之沿革與港口條件，鄭用錫《淡水廳志稿》記：「香
山澳，在廳治西十里，離深水外洋五里，小船遭風或暫寄泊該
處，係南北大路，設有香山塘，安兵十名。」[13]

　　道光二十年（1840）姚瑩〈台灣十七口設防狀〉云：

> 淡水廳轄地勢綿長，次要小口四：曰大安、曰中港、曰
> 香山、曰竹塹；最要大口二：曰滬尾、曰大雞籠。…香
> 山港，中港北二十里為香山港，在廳治南十里。岸去海
> 口甚遠，居民寥寥。……內地商船遭風，每寄泊於此。
> 海灘甚大，不能靠岸。舊設汛兵十名，……兵力既單，
> 又去把總汛地四十五里。……以南嵌外委帶兵三十名移
> 駐香山港，督同本汛兵十名，總理吳從濋領鄉勇一百名
> 防守。[14]

同治年間陳培桂《淡水廳志》續記：

> 香山澳，在隙仔溪南，距城西十里，離深水外洋五里。
> 口門闊二十餘丈，深一丈二尺。潮漲至鹽水港而止，退
> 即旱溪。三、五百石之船，乘潮可入，爲南北大路。設
> 香山塘，廳設口書一、澳甲一。[15]

光緒年間陳朝龍《新竹縣采訪冊》卷一〈山川〉又記：

> 香山，在縣西十里。……山下有香山塘莊、民居五十餘
> 戶。又有頂寮街、民居六十餘戶；下寮街，民居八十餘
> 戶；皆爲南北往來官路之街。[16]

可見直到清末此地區民居仍有近兩百戶之多，以一戶五人
計，約有千人住居，仍是熱鬧街肆，其重要原因蓋爲南北往來官
路之交通要地。

至日治初期鄭鵬雲《新竹縣志初稿》卷一〈封域志・沙汕
港汊〉，僅記「香山港沙汕」五字，可見一片泥灘淤積，不復成
港。〈建置志・街市〉略記「香山街，在縣西南十里」。同時期
之《新竹縣制度考》記〈新竹縣治下街莊路站〉的海邊官站，其
中「新竹到香山街十里，街莊民居約有數百家。」[17]

綜上所引諸書，可知香山港主要泊地正是今頂、下寮一帶海
岸，此港口條件雖較竹塹港（又名船頭港、舊港）爲佳，但卻一
直是其替代港、輔助港，只有在舊港淤積不便出入時，才將部分
航運機能轉到香山港來，因此香山港之貿易、街肆繁榮深受舊港
之影響與牽制。但總的說來，道光以後爲香山港的興盛期，不僅

設有軍隊駐守管理（香山塘），復設有口書、澳甲管理船隻進出登記，更是郊商、鄉民雲集買賣之所。但是道光年間初興之時，「居民寥寥」，其前民居之少更可以想見，直到同光年間才達到鼎盛，也達到一飽和期，居民近二百戶，以一戶五人估計，約有近千人所居，可謂舟車輻輳，人煙茂密。此所以天后宮晚建原因之二。

可見香山天后宮創建於道光五年之說，不僅符合香山港初興之歷史背景；更重要地，反過來說，香山天后宮創建於道光五年，見證了香山港初興年代，此為天后宮深具歷史意義之一。

香山天后宮創建晚起的第三個原因，是深受新竹郊商金長和與會館長和宮之興修影響所及。

香山港既是商港之一，自是帆檣林立，郊商雲集之處，陳朝龍前引書記：「商船輳集，以竹塹堡之舊港為最盛，香山港次，竹南堡之中港、竹北堡之紅毛港、蚵殼港則惟按邊船時泊三、兩，海船少至也。……香山港所泊之船，多自惠安縣北路之莆厝、沙格等鄉而來，其餘亦有一二福州、廈門、晉江、興化、澎湖等處之船，以時至止，然不常有也。」[18] 而道光年後，新竹丘陵地區日漸開拓，金廣福拓墾地區朝向如芎林、關西等內山大隘地區，山林特產具經濟價值者如樟腦、木材、苧麻、茶葉，遂成為竹塹新興出口商品，香山港正因臨近東南山林，物產日增，地理又近，其港口重要性更為增加。

陳書續記其輸出商貿情形：「出口之貨，以米、糖、苧為大宗，木料次之，靛、通草、薯榔、藤又次之。近時土產，如樟腦、茶葉較前為盛，然皆運往淡水轉販，不由本港出口。其由本

港出口各貨，銷售各埠者，米者福州……，糖則溫州……苧則福州……木料則廣東，凡港路可通，爭相貿易，所售之值，或易他貨而還。入口之貨，以棉花、白布、紫花布、苧布、麵粉、麵線、杉木、紙料爲大宗；呢、嗶吱、豆油、煤油、菸絲、瓷器及各色食物次之；綢緞、紗羅、牛油、黃臘、白臘及各色雜貨又次之。藥材雖兼資南北，然多自艋舺、大稻埕轉販而來，其自運者少矣。」[19]

媽祖爲海神之一，職司安瀾，不僅爲郊商海客所崇奉，尤爲閩南大眾所尊奉，因此「各船中艙，皆供奉天后神位，每進口裝貨將滿，必用牲酒、香楮祭之，祭畢闔船聚飲，餚饌頗豐，謂之做滿儀。」陳書並記「郊戶所祀之天后香火，則自興化府屬之湄洲分來，每三年則專雇一船，奉安天后神像駛往湄洲進香一次，祭以少牢，回時各郊戶具鼓樂、旗幟往海口迎接回宮，輪日演劇。」[20]可見媽祖信仰在竹塹郊商舟夫之虔祀情狀與夫信仰之早起，因此不能以建廟時間而斷定信仰早遲，同理亦不能以信仰之早晚而推斷建廟時間，蓋此爲兩回事也，建廟成否端視在地居民之財富能力與外部因緣時機。

香山港既然是道光年間興起，眾多郊戶在此設立行棧、店舖，並且應該會帶動其他相關服務業之出現與人口之遷入，因此在咸豐年間便已出現頂寮、下寮兩街肆。其中頂寮多爲行棧，下寮則多店舖，直到清末光緒年間亦不過百多戶，約五六百人居民而已，而且在地居民農戶不多，應該多屬低階層從事勞動搬運之苦力，與漁撈養殖之漁民爲主，而眞正有財有勢之郊商股戶反而集中竹塹城之北門一帶。而且眞正談生意作大買賣地點並不在頂

下寮的行棧店舖，此地只是囤貨取貨及進出口的轉運港口所在，道光之前，頂下寮既然尚未形成熱鬧街肆，居民寥寥，又多屬中下階層苦力漁戶，財富有限，自不易形成建廟之有利條件，更何況塹郊會所長和宮本身即主祀天后，北門口離此又近，更無迫切建廟之需要。然而道光年初竹塹建城，廳城形制至此完備，帶動整體竹塹奮進形勢，北門一帶郊商遂組成「金長和」公會組織，因此長和宮在道光年間有一次的擴建大修，日治初塹郊中抽分社規約，內容有「竊維我塹於道光間，建造聖母廟宇及聖母靈像，恭奉有年，即名曰長和宮。」[21] 兩相比照，香山天后宮之創建於道光五年，更符時代背景，蓋理有必然，勢有必至。

另外，我們從上引建造長佑宮不成之案例，也可作一旁證。長佑宮之建造不成，固可解釋為其前已建有長和宮、香山天后宮，郊商、殷戶不願重覆建同質性高的媽祖廟，但因「非費千金實難有濟」，郊商吝嗇不願慷慨樂捐建廟之事實俱在，由此可見他們的心態，對於重覆建廟之意興疏懶了，對長佑宮是如此，對香山天后宮也何嘗不是如此。

要之，本節透過志書記載之有無詳略，週遭老廟的創建年代，與香山港之初興年代，加上香山的地域社會結構、郊戶與長和宮成立及擴建年代等多方面參照對比研究，抉覆發微，初步結論得出：香山天后宮廟宇創建於道光五年（1825），可能性是頗大的，而且遠比其他諸說可信。

第二節　廟名的由來及相關問題

　　香山天后宮廟宇建物經考據得知：大體創建於道光五年，本節則進一步對其廟名做一番研究。按一般言，清代台灣的媽祖廟，只有官方建立或祭祀者，才稱為「天后宮」，民間者多稱為「×天宮」、「慈×宮」、「×興宮」、「×佑宮」，俗稱則一概泛稱「媽祖宮」，因何香山媽祖廟自稱「天后宮」？必須做一探討，兼以明瞭廟神之體制與地位。

　　香山媽祖廟之自稱「天后宮」，林衡道曾提出解釋：「原來，有一年新竹市的天后宮改建，將媽祖神像送到此廟暫奉了一段時日，官府的天后曾經駕臨，此廟自然身分大增，自此以『天后』為名了。」[22]

　　關於香山天后宮媽祖神像之由來，傳說紛紜且歧出，如地方耆老周錦文敘述：「康熙二十二年，有商人由福建湄洲天后宮迎來聖母神像。光緒二年又有秀才林秀春及地方人士商議重建；至於宮內的聖母神像，原是吳來福等五人自湄州天后宮迎來的大尊天后像，先暫置於新竹石坊街的內天后宮，民國三十四年再由翁水九等人迎至香山天后宮內。」[23]

　　柯漢津言道：「內媽祖天后宮奉祀鎮殿媽祖神像，及可以乘輿出巡之神像，約於民國五或六年間（按大正五、六年，1916~1917年）由本市人吳爐、吳福來等數人渡海迎請湄州媽祖於媽祖宮奉祀。據稱湄州媽祖是醫神，於某年間被香山區信徒迎去，奉祀於香山媽祖宮供奉，連神輿亦被逗留不還。此尊媽祖神

像，構造特殊，肩臂肘腕因裝有彈簧故能屈伸，因雙臂呈腐蛀，乃聘請新竹市東門前街高漢文先生修復，原來白皙臉容，經改粧粉彩成紅粉色膚，栩栩如生，較前艷麗異常。經詢其男孫（指高漢文先生之男孫），何時重修？答以大約在民國五十年間。……西門天后宮，後被日人廢之，合祀於北門外之天后宮，光復後由鄉紳陳福全等將西門外日本佛寺改修為內天后宮歸祀之。」[24]

王文桂亦提及：「天后宮裡的聖母神像是鄭成功來台時帶來的五尊之一。日本據台時期被燒毀。民國三十四年農曆三月二十三日香山翁水九、蔡清水、林清山、王三富、陳清波等先生及眾信士，往新竹北門街長和宮恭迎湄洲天上聖母神像，安置香山天后宮。這尊神像是民國前一年（按明治44年，宣統3年，1911年）新竹吳福來先生等五名由湄洲天后宮奉來的大尊聖母神像（軟身），暫駐駕新竹石坊街的內天后宮中，而內天后宮廟宇，日據時代被拆除，暫寄駐駕北門街長和宮。因第二次世界大戰，經多年戰亂，地方人士推請翁水九、蔡清水、林清山與新竹市陳福全、高漢水等先生商議，獲同意擇日移，安置香山。」[25]

而王文桂於其編撰之《香山天后宮湄洲天上聖母簡介》一書中，更言之著著，於以合理化補充，謂為「經聖母指示」才移駕香山天后宮，避開美機空襲，果然「聖駕香山天后宮三天，並無空襲。」[26]

綜觀上引諸人說法，細節雖有出入，但基本上新竹市西門官廟內天后宮之媽祖神像曾移置香山天后宮供奉，為眾人之共同說法並無歧見，但是即使因此安奉神像事而廟名遂稱天后宮的看法，則是錯誤的。此事之發生是在日治末期，二次大戰期間，但

據鄭鵬雲《新竹縣志初稿》之紀錄，及日治初期日人之調查，早在清末日治初期，此廟即已稱爲「天后宮」，遠比移祀神像之事早了近五十年，顯然時間點不對。易言之，我們相信香山天后宮一開始便稱爲「天后宮」，而非後來因爲移祀內天后宮媽祖神像才改名。

　　然而問題又回到原點，香山天后宮何以逾越體制，稱私廟爲「天后宮」呢？此問題只要稍稍檢視全台灣稱爲「天后宮」的私廟仍有不少，便可明白大半，其原因不外乎是：(1) 早期或有官方之參與或興建，因而有官廟之淵源因素；(2) 或很單純的只是私自取名，無懼禮制或不明體制。類似的例子，在新竹市便有。眾所周知，新竹市城隍廟在清代只是屬於縣、廳級的，封號應該是「顯祐伯」，而居然廟方自稱爲中央級的「都城隍」，封號則爲府級的「威靈公」，而偏偏本廟位於廳治所在且是官廟，眾目睽睽之下，斗膽逾越體制，不明其故？不得其解？於是便有廟方、在地人士及學者試圖尋求一合理解釋，過去最常見之說法有三種：一是類似「嘉慶君遊台灣」之台灣民間故事，略謂有某太子外出搭船私遊，後發生海難，船隻漂流到香山漁港，太子便暫棲宿在港口的媽祖廟。結果新竹城隍爺在夢中指示知縣前往接駕救駕，最後保護太子安返京城，此知縣不僅有功升官，而新竹城隍廟也晉封爲「威靈公」，廟爲「都城隍」。[27]此故事一看便知乃齊東野語，不可相信，但在杜撰編說之背後用意極爲明顯，企圖給予新竹都城隍廟此一逾越體制的廟名作一合理化的解釋——不管故事是真是假，是否符合史實。對於此段故事，個人想進一步指出故事發生的港口地點，既不是新竹紅毛港，也不是舊港，而是香山港，

這背後反映了當年香山港的繁華遠超過舊港、紅毛港，才會被設定太子船隻飄到香山港，此其一。其二，既然漂流到香山港，何以不棲宿在其他廟宇，而是媽祖廟（即今香山天后宮），這又反映了天后宮昔年在香山地區諸廟的地位，用民間說法，即香山天后宮才是香山地區的「大廟」、「總廟門」。再則天后宮位在下寮，頂下寮為清代香山港所在地，街肆繁華，店鋪遍設、帆檣林立、郊商雲集，增加故事的可信性與合理性。總之，此故事背後的史實，不僅反映了香山港昔年的社會經濟地位，更是尋索解答「天后宮」此一廟名的契機（即太子住過）。

第二種說法是：光緒元年（1874），日軍侵犯廈門及台灣，因此將城隍廟升格為都城隍廟，俾能使竹塹城免去災禍，故呈請清廷頒布升格旨意。林汝梅奏請朝廷加封新竹縣城隍為府城隍，作為保障北台灣的保護神。[28] 此說之不通，一看便知。一則，林汝梅為地方士紳，雖有官銜，層級不高，不能直接上奏朝廷。二則，按清制，必因神明顯靈保佑地方，由地方層層上奏，由省級督、撫上奏朝廷加獎，或敕封或賜匾或晉封，焉有尚未發生神蹟，反由朝廷晉封提高神級以保障地方，此皆不諳明清法制，才有此種錯誤說法。

第三種說法為：「因台灣割讓日本當年台灣民主國原設於台北府，但日軍入台時，原巡撫唐景崧已棄城逃亡，抗日軍節節敗退退守到新竹，以為新竹城便是掌控全台灣首善，故『都城隍』便如此自封了。有人說什麼是清代嘉慶君遊台灣時冊封，這根本無此事，而這些是林港岸醫師親口特向我提及的，我才會知道其中的緣由。」[29] 此說乍看似乎合於當年情境，但近人張德南在《淡

新檔案》中找到資料，知道從光緒十五年（1889）起，城隍廟公局便以「晉封威靈公，新竹縣都城隍」名義行文，印用「新竹縣城隍印」，且以「威靈公」名義判行。到光緒十七年後，以「新竹縣都城隍」名義行文，印仍用「新竹縣城隍印」，判行則由威靈公改爲都城隍。[30] 因此在時間點上第三種說法也不對。張德南針對此事在爬梳收集諸史料後，也提出解釋，惜不夠完整周密。此事實涉及昔年林占梅平戴潮春亂事，及府治暫設竹塹之因緣，此處不便細述，個人將改日另行撰文探討解釋，在此僅簡單點出一個眾人忽略的要點，即不管新竹城隍如何私封私號，但對外行文的正式印鑑仍是「新竹縣城隍印」，顯然沒有逾越「公領域」的正式國家體制，至於「私領域」的民間信仰，只要不過分，也無人檢舉抗議，官府多一事不如少一事的也不予過問了。

關於香山天后宮的廟名，近年新竹在地鄉耆葉錦爐也提出了一個說法：

「香山天后宮原稱爲下寮媽祖宮，它是康熙 22 年（1683年），由香山居民集資興建在番仔山的港口。當時因官道（清朝時期縱貫路）經過的下寮街仔，故委請往來於唐山的商人，迎請湄洲媽祖的神像來奉祀，並購一大銅鐘放置廟內。光緒 2 年（1871年），募捐重建；到日據時期（1922 年），再重修擴建爲現貌。」「其後，內媽祖宮方面，因接受了日本寺廟裝修爲天后宮，所以內媽祖管理委員會帶著陣頭，浩浩蕩蕩到香山，要請湄洲粉面媽祖回鑾，卻因得不到媽祖的允筶，反而留在香山（因獲三允筶）奉祀變成了定案。不過，從此將『下寮媽祖宮』的廟名正式改稱爲『香山天后宮』。」[31]

「下寮媽祖宮」的稱呼的確是符合台灣民間的俗稱習慣，但這不是廟的正式名稱，而且正式改為天后宮的廟名時間點也不對。

總的說來，香山天后宮何以取名「天后宮」，近人諸種說法解釋皆無法成立，但相關史料也書缺有間，只有等待他日有更多資料出現，才可以做進一步的探討解釋。不過，從太子落難漂流此一民間故事中，反映了香山港昔年熱鬧繁華，遠勝他港的背後史實與社會環境，而太子棲宿在天后宮內，也反映了天后宮在香山地區諸廟的突出地位。

第三節　歷史沿革與廟中文物

一、清領時期

香山天后宮之媽祖神像或香火之供奉，或可追溯至明鄭末、康熙初，但建廟安置，可考者約始於道光五年。其時新竹地區之媽祖信仰，陳朝龍《新竹縣采訪冊》記：[32]

> 二十有三日，為天后誕，鳩資演劇。有積款為媽祖會者，設值年爐主、頭家輪掌之。本縣各處天后香火，各自嘉義縣北港分來，是月各莊士民百十為群，各制小旗（旗上有小鈴），燈籠一，上寫「北港進香」字樣，競往北港焚香敬禮，謂之「隨香」，道途往來，無分畫夜，鈴聲不絕者，皆隨香客也。郊戶所祀之天后香火，則自興化府屬之湄洲分來。每三年則專雇一船，奉

安天后神像駛往湄洲進香一次，祭以少牢。回時各郊戶具鼓樂旗幟，往海口迎接回宮，輪日演劇。

鄭鵬雲《新竹縣志初稿》亦重複簡要記之：「二十有三日為天后誕，有積款為媽祖會者，設值年爐主、頭家，輪流掌理；陳犧牲、演雜劇。」[33] 不過，塹郊郊戶每三年回祖廟進香，出入之港口似在舊港，而不是香山港，《百年見聞肚皮集》記載。[34]

> 時外媽祖宮廟宇多少舊象，諸水郊擬再重新修整，煥然一新，媽祖神像再塑鋪金，議訂要往湄洲媽祖進香，出發有日，即使和尚金奉媽祖神像，隨駕至湄洲乞火掛香。及期，和尚金同諸善信及水郊頭人，相將由舊港啟帆，向湄洲進發。不幾日，到湄洲，入祖廟進香乞火，依例行事畢。和尚金乃對諸頭人道及欲往興化探訪故舊相厚僧侶，並要往南海普陀山講求佛道，訂明年春三月歸廟，諸檀越請奉媽祖回竹塹，貧僧不在廟內，諸香火請檀越祈代為照料為幸。水郊等眾許諾，和尚金自去，水郊等眾集奉媽祖歸竹矣。

此為塹城內水郊戶謁祖進香、出入舊港概況。至於香山港天后宮之媽祖神像回湄洲謁祖進香，以地緣之近，似乎不必再繞道前往舊港出發，應即在香山港。再，據上引諸資料內容，可以得知香山天后宮簡介稱「清康熙二十二年，往來於大陸和台灣之間的商旅，由湄洲天后宮奉來一聖母神像，置於本宮，同時亦運載一大銅鐘隨行。」之說法，除時間有待商榷外，餘大體可信，不致虛語杜撰，惜此一銅鐘古物日治末期被徵收，下落不明。

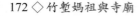

天后宮於道光五年創建，嗣後歷經咸豐、同治年代，未聞有所修葺，直到光緒二年（1876），距創建之年近五十二年，或則因歲久傾頹殘壞，遂有鹿仔坑武秀才林秀春及蔡福二人倡修，與地方善信商量，鳩資重建。林秀春為清末武科秀才，原籍泉洲惠安縣帆尾鄉人，初居鹿仔坑，再移海山罟（今海山里，日治時期住香山庄海山罟五十四番地），生子有林傳、林永通，侄子林江俊。[35] 林秀春《新竹市志》卷七〈人物志〉中有傳：[36]

> 林秀春，字清原，道光四年（1824）出生於香山庄海山罟鹿仔坑。其祖圓光於嘉慶年間，由惠安帆尾鄉樺厝（今外厝）渡台，定居於香山下寮，經營船頭行，富甲一方，置產約百甲。晚年慘遇祝融之禍，蓄積俱盡，產業皆失。其伯父文笑及其父文榮，慘澹經營，重建家業，再置產於鹿仔坑一帶。秀春少時除研讀詩書外，對於武術研究最有會心。咸豐三年（1853）取進武秀才為香山地區最早取得科舉功名者。由於家境富裕，又承襲好義家風，熱誠慷慨，對地方公益如造橋、鋪路等，不遺餘力，深受地方人士推重。香山早期行郊林立，舟車輻輳，境內活動以崇拜媽祖最具規模，每有慶典，地方均以秀春馬首是瞻，光緒二年重修香山天后宮，光緒十三年修建靈興宮等，均在其倡導下完成，同時被推舉為管理人，其受地方信賴推重，可見一般。一九一〇年去世。

重建竣工，時塹郊金長和敬獻一匾誌慶，上書「靈昭海國」，
上下落款爲「光緒丙子孟多穀旦／郊戶金長和敬立」，今猶存，
現懸掛正殿中，爲天后宮最珍貴之古文物，此匾並可作爲進一步
探討塹郊興衰之旁證。個人昔年曾撰文探討塹郊，文中指出：
《新竹縣采訪冊》中所收碑碣以同光年間最多，光緒年間有關塹
郊者反而最少，甚至有簡稱「郊舖、郊戶」者，至後來根本以郊
商之私人姓名或行號題銜，不見公號之稱呼，不似咸同年間最興
旺時，襄贊地方公益，落款率題爲「塹郊金長和」、「塹城金長
和」等，可想見塹郊在光緒年間之衰微。[37] 今此匾落款爲「郊戶
金長和」，也是一旁證。不僅此，其附近頂寮有一土地公廟，入
門懸有一古匾「香山福地」，上下落款爲「光緒丁亥年（十三年，
1887 年）戛月置／塹郊金長和眾弟子敬立」，「戛」月顯爲「夏」
月之誤或變體字。此匾額諒不是僞製，此匾在民國五十年代修補
過，但是據原匾重漆修補，非另做一匾仿製原匾。若是原物，筆
誤明顯如此，似乎凸顯當年塹郊之輕忽衰頹景象。据此兩匾，皆
足以證明同光年間頂、下寮確爲竹塹郊行雲集之處，行棧店鋪林
立，見證了此地塹郊、港口之興衰，其史料價值彌足珍貴，廟方
應妥善保存之。

　　塹郊之在光緒年間衰微，亦可從民間另一傳說印證得知。天
后宮左近有一王爺廟靈興宮，廟前爲一窪口，爲昔年之「假溝」
（正溝指的是鹽水港口，據此則傳說，亦可想像光緒年間，香山
港淤積得很嚴重。）光緒四年（1878）六月漂來一艘王爺船，
在地居民原應迎進奉祀，「奈當時適值二年天后宮重建之後，眾
善信貧窮，一時無法籌措迎神建宮費用。」[38] 而眾王爺、夫人媽

神明等的來到，經乩童請示是「受香山天后宮湄洲天上聖母之敦聘，到台灣協助安撫群黎，庇佑眾生」，當地居民原欲推船出海，循南由正溝而入，不料在海上巡遊一番，再度漂回，於是眾人決議，將之迎上岸，諸神像暫寄香山天后宮，並演戲三天表示恭迎，嗣後直到光緒十二年才由林秀春出面倡導，募款修建，於十一月動工，翌年十一月竣工，由天后宮恭迎四府王爺及七夫人媽諸神像在新廟安座，十四年十一月做醮，舉行落成慶典。[39]

　　個人之所以採錄此則傳說，原因有四：一、與香山天后宮有關；二、正因有此淵源，所以清末日治時期 今靈興宮的管理人，率由天后宮管理人兼任，重要事項提報香山天后宮管理委員會公決後辦理。三、反映清末光緒年間香山港淤積嚴重；四、最重要的是從天后宮重建後，眾善信貧窮，無力興建新廟的說法，一則反映此地居民之貧苦，正呼應印證個人在前節考證天后宮晚建原因之一外，二則也反映天后宮之重建，香山地區居民傾囊以赴之熱忱，三則，也證明了前述長佑宮無能興建完成之居民結構原因，更說明了塹郊的確未曾大力捐助興建香山天后宮與長佑宮，其原因分析起來不外乎二點：其一、塹郊已衰頹，無法大力捐助；或則其二、塹郊不重視香山天后宮廟與長佑宮，重視者為北門會館長和宮，而此二個原因若是屬實，更印證個人前節析論天后宮晚建原因之一。不管事實上是哪一種原因（或則兼而有之），皆證實個人之研討論述觀點站得住腳。

　　光緒二年的重建，迄今只留下一方珍貴的古匾外，並未留下紀事碑碣，對於重建的因由、形制、經過、花費，皆不詳，無法做進一步的解讀討論。不過其時的規模，據日治初鄭鵬雲

《新竹縣志初稿》記「廟宇三十三坪，地基七十九坪」及日人的調查「建地三十三坪、地基七十九坪」（見前文），與今貌差異不大，應該不外乎三開間兩進的規模形制。嗣後，直到乙未割台，並未留下任何修葺的紀錄，可能因重建不久或地方財力困頓，沒有必要做進一步修繕。

乙未割台，日治初期，新竹諸多寺廟被日人竊佔，或作為駐軍營舍，或醫療場所，或警務辦公之用，如文廟與文昌宮為臨時派遣步兵第二十隊第三中隊佔用；關帝廟，為第八憲兵隊第十分隊憲兵主力部隊竊用；龍王祠充為新竹醫院；十標媽祖廟充為新竹辨務所；地藏庵為新竹守備隊軍官會議所；香山天后宮未獲幸運，淪為香山警察分署之用。[40] 其中，其他諸廟因是官廟或屬公廟，被佔用尚屬情理意料之中，但香山天后宮則是私廟，如此被強橫徵用或徵收，皆凸顯改朝換代，政權更替之下的無奈命運。

二、日治時期

日治時期的香山天后宮並無特別的傳聞軼事或神蹟威靈流傳下來，即使是大正初年的《寺廟調查書》，也僅是簡單的記載天后宮，位於香山庄三七五番號。奉祀天上聖母，為居民所信仰。光緒二年集資建廟，其他同日前所報。[41]，直到大正壬戌十一年（1922）才有一次大重修。先是由王媽成、王騫、蔡清水、朱明秀、鄭肇基、翁林、蔡坤、朱德、王心匏、王炮、王吾、林長流、陳态九、蔡烟等人出面倡議捐款重修，另由香山一善堂主持人鄭氏偕同林蔡草、王陳窕、柯連金等女士到新竹募捐石柱，並承新竹士紳鄭肇基、鄭拱辰、黃合發號等先生、行號，與鄭林

嬉、鄭陳香等女士敬獻大石柱。是次工役於冬月興工，翌年冬月完工，歷時一年。今貌猶存，並留下眾多石柱對，如：(1)「挽既倒之狂瀾，功不在禹下；作中流之砥柱，后可與天齊。」，上下落款「壬戌仲冬月／竹塹鄭拱辰敬獻」。(2)「海闊天高，開無窮眼界；風恬浪靜，顯不盡靈機。」，落款「癸亥冬鄭虛一書／新竹北門外二五四番地鄭氏香字永慧敬獻」。(3)「海不揚波共仰聲靈赫濯；母也天只自堪俎豆馨香。」落款「壬戌仲冬月／鄭肇基敬獻」。(4)「香火結善緣靈揚溟海，山川鍾間氣聖啓湄洲。」落款「壬戌仲冬月／鄭拱辰敬獻」。(5)「隨處盡成湄島地，其神別具濟州材。」落款「壬戌仲冬月／鄭拱辰敬獻／李逸樵謹書」。(6)「挹彼注茲，片念可昭明信；流行坎止，等閒不作波瀾。」落款「癸亥年仲冬月立李逸樵書／新竹北門外信女鄭林氏嬉敬獻」。另外在正殿前點金柱也有一對柱聯，惜為神龕封板所遮，無法抄錄，依稀只剩下落款可辨讀：「壬戌年仲冬月／新竹街黃合發號敬獻吳祿書」、「壬戌年仲冬月／新竹街鄭肇基恭獻」。以上諸捐獻善信，志書有傳，茲引錄於後：

(一) 李逸樵（1883~1945）：名祖堂，字逸樵，以字行，又字翊業，別號雪香居士，台灣新竹人，乃清代旌表孝子李錫金之孫。光緒九年（1833）生。性恬靜，愛書法，自幼把筆臨池，出入晉唐名帖，復參考宋米芾、明張瑞圖、董其昌諸大家作品、勤習三十餘年，卓然書家巨擘。尤好收藏，每遇名家字畫，不惜巨資以求。與張純甫並稱，為日治時期新竹兩大書法家與鑑藏家。昭和元年（1926）精選所藏名人墨蹟，輯成《大東書畫集》行世。作品曾入選昭和三

年日本全國書道展覽會，及戊辰（1928）書道會第一回展覽會；台島各地書法展，也一再得獎。有《李逸樵眞行書格言帖》傳世。書法外，復長於音律，擅揮七弦，能奏漢唐古樂。平居雅好吟詠，與諸同好倡組奇峰吟社，其後併入竹社，更經常參加全島諸人聯吟大會。具慈悲心，熱心公益，曾將揮毫所得，悉數寄賑大正十二年（1923）東京震災。民國三十四年（1945）去世，享年六十有三。[42] 再，李氏題此柱聯時四十歲。

（二）鄭秋涵（1880~1930）：又名齋光，字虛一，號錦帆，台灣竹塹人，爲鄭用鑑曾孫。少承庭訓，受業於周少廉門下，博覽群籍，尤好酒、工詩，善擘畫大字。乙未割台，日軍入侵，祖業冷泉別墅爲兵火殃及，遂避難西渡泉洲。其間歷覽江南風光，多所創作，藉詩詞別抒懷抱。明治四十二年（宣統元年，1909 年）台灣粗安，乃賦歸來，設帳於竹塹成趣園守默窩。性喜吟詠，常邀宴雅士名人，族人以庠、以徵、邦紀，舉人鄭家珍均爲冷泉品茗常客。與王松隔鄰而居，相互傾慕，得其介紹認識藏書家劉承幹、詩家邱菽園爲文字忘年交。大正十四年（1925）出版詩集《成趣園詩鈔》，邱氏親自爲其校定，而在其身後劉氏亦撰〈新竹鄭虛一先生傳〉，誌其生平。先是大正十三年曾隨其子建中行醫清水，並設書塾教課，惟不久返故居，直迄昭和五年（1930）仙逝。鄭氏身遭割台之痛，故國之思甚切，眼見民國初年軍閥混戰，外亂窺伺，傷痛之餘，慨發於詩歌，結集成冊者，除《成趣園詩鈔》，尚有昭和二年刊行之

《山色夕陽吟草》，另有《行齋剩稿》，惜未見傳本。盧江陳子言於《松濱野乘》曾選錄其文，譽為台疆碩果。[43]

（三）鄭拱辰：（1860~1923）譜名安柱，字擎甫，又名樹南，晚號水田逸叟。咸豐十年（1850）出生，竹塹北門人，為鄭如蘭長子。自少讀書求實學，不屑為章句，久試未售，依例捐道員銜。乙未之役，挺身而出欲與日人周旋，又為新楚軍疑忌，處境艱危，仍不忘建言。迨日軍進佔新竹，搜捕抗日大軍，欲加暴刑，拱辰不懼危險，參加保良局，力保得以化解。

　　日治初期，於地方事務頗為積極，明治三十三年（1900），新竹辨務署長里見義正在關帝廟舉行尚武會，先生參加為會員，推動從軍及撫卹工作，並定期捐款支持，與諸士紳擇定後布埔為市場預定地，協調新竹樟腦支局收購樟腦局土地。三十四年發起組織台灣第一個農會——新竹農會，推動農業改良。翌年隆恩圳整建完成，擔任總會會長，負起協調維護大任。明治後期更積極投入新事業之經營，三十六年先在大稻埕六館街經營茶行；四十年在南隘、內湖私有林地廣植荔枝。續投資創辦新竹製腦株式會社，擔任監事，也分別擔任新竹製糖株式會社社長、台灣殖產株式會社監事，又投資台灣建築株式會社、新竹電燈會社。後因製糖會社發生弊端，先生眾望所歸，被推舉為「專務取締役」大力整頓。大正年間投資新竹製酒會社、台灣化學工業株式會社。大正七年（1918）創設台灣拓殖株式會社，擔任取締役；續創苗栗礦業公司，任公司長；

他如展南拓殖株式會社、東興物產株式會社、東洋木材株式會社也有入股，集諸會社重役於一身，儼然新竹地區最大資本家。

　　先生於地方公益尤為關注，清領時期之大甲溪工事、新竹文武廟修繕、道路鋪設、橋樑架設，多所參與，出錢出力。割台之後，不忘故國，明治四十二年（宣統元年，1909）廣東水災，大力賑濟，得候補道銜加二品封典。日治時期參與更多，於「五年討番計劃」，樂捐義助提供撫卹；設林投帽講習所，聘技師傳授女工技藝。於教育方面，曾任新竹區公學校建校委員會委員長，並助台中中學創校。在慈善公益方面，新竹避病院之建築，澎、嘉、台東、日本九州之災害亦慷慨賑助。於祖國福建瘟疫、廣東水災、東北飢饉，更捐鉅款襄助。由是見重當世，先後擔任州協議會會員、總督府評議員、敘勳六等；及病危，賜恤從六位。

　　先生家學淵源，頗涉詩文，明治三十年加入新竹吟社，又先後參加北郭園詩會、新竹赤十字會、崇文雅會，或挦管或吟詠，佳文美詞多次刊載於《台灣新報》、《台灣日日新報》，曾輯錄於鄭鵬雲《東遊吟草》，亦贊助鄭氏《詩友風義錄》刊行。先生平日喜讀書，嘗稱「得閑且讀古人書」，大正年間曾聘名儒鄭家珍來北郭園教讀，並委鄭鵬雲編修《浯江鄭氏家乘》。大正十二年（1923）因病去世，享年六十四，遺稿有《水田逸叟詩文稿》，未刊行。[44]

（四）鄭肇基（1885~1937）：字伯端，光緒十一年（1885）生，竹塹人北門新竹鄉賢鄭崇和三世孫，父鄭拱辰。幼承祖

澤，早年受教於吳逢清，聰穎好學。乙未割台之後，捐貲為監生。宣統元年（1909）急賑廣東水災，授「欽加同知銜」，並「議敘奉直大夫」，仍以中國士紳為榮。自明治三十二年（1899）起，在北郭園夜學會「嚶嚶學會」始習日語及近代新知。日治初期其父拱辰挾祖業所積，跨足近代工商事業，明治四十三年，新竹製糖會社因弊端經營不善，公舉拱辰兼攝專務取締役（今董事一職），進行整頓。肇基從旁襄助，六月與其他取締役黃鼎三、李文橋等人，於新竹驛前珍香樓，宴請紳商，說明接辦情形，初試啼聲，普獲商界好評。嗣後參與苗栗礦業公司、東洋木材株式會社、大成火災海上保險株式會社、新竹帽席業購販組合，一展長才，斬獲良多。大正十二年，肇基以其資金組成擎記興業會社，且在華南銀行、台灣商工銀行、新竹信用組合擁有股份，深具影響力。先後在新竹電燈會社、東洋拓殖產業會社、華南銀行、新竹煉瓦會社、瑞德商業會社、李金燦蔘藥會社、大成火災海上保險會社、台灣通草會社、台灣米庫利用販賣組合等十數公司行業擔任要職，舉措有方，眾人咸譽，為工商界重量人士。

　　肇基於地方事務也不落人後，大正十三年（1924）配授勳章，任新竹街首任助役，嗣後十餘年，連任八屆州協議會會員、州勢振興調查委員。昭和五年（1930）任「舊港築港期成同盟會」代表，晉見日督石塚，請願爭取舊港重新運作經營。

　　肇基尤樂心公益，長期擔任新竹第一公學校及女子

公學校保護者會長，大力捐助教育事務，台中、新竹兩地學校，受惠尤多。他如扶弱濟困，時有所舉，或賑汕頭巨災、或助台東風災，每年歲暮必捐米三萬台斤，施濟貧困；並成立「新竹街救濟會」，善行義舉屢獲褒揚，總督府總務長官賀來氏曾在《台灣日日新報》公開撰文頌揚，而捐輸東京震災更得褒狀木杯。

先生藝文亦有雅賞，對詩社活動頗有參與，詩人施士洁譽之為「雖不能詩，其人傳矣，況更能詩乎哉！」。大正三年將其祖鄭香谷（如蘭）詩稿編輯成《偏遠堂吟草》刊行。大正十三年倡導修建新竹城隍廟，重金禮聘名匠營繕，至今猶為台灣寺廟建築經典。雅好京戲，促成乾坤大京班在新竹演出，並長期贊助在城隍廟彌勒殿之票友活動。此外，亦熱衷新潮電影欣賞，遇有壽宴慶典，則雇人拍攝錄影，有助新竹電影之發展。

昭和十二年（1937）病逝，享年五十有二。[45]

（五）吳祿（1879~1937）：字壽堂，又字夢蕉，號賈客，別號夔叟。光緒五年（1879），出生於竹塹石坊腳。九歲入私塾，先後授業於高漢墀、楊學周。十二歲應童子試，列上圈四十二名，十四歲時逢家變，兄弟相繼過逝，奉父命廢學經商，以助家計，惟閒時仍努力進修。年三十猶孜孜矻矻，喜好書法，深得顏、柳之妙，寺廟、行商慕名求者日多，以得其墨寶為殊榮。其作品在「全島書畫賽會」、「善化書畫展覽」屢屢入選獲賞，昭和二年（1927）加入竹社，六年加入書畫益精會，為竹塹文士雅集常客，咸認為竹

邑中擅詩、書、畫三絕者。昭和十二年（1937）卒，得壽五十九。[46]

　　大正十一年的重修，除留下眾多石柱聯對外，尚有一捐題碑猶存，在今廟天井右壁，材質砂岩，四石合刻，原碑無題。捐獻金額較多者，前十五名依次為：蔡清水、朱明秀、王媽成、鄭肇基、翁林、蔡埤、朱德、王心匏、王仕炮、王仕吾、陳态九、周九定、林長流、蔡烟、鄭貢搥。其中與建築有關者，尚有「鄭子瑛寄附中門；鄭子璉寄附中門，鄭建堂寄附大門；鄭建鈴寄附大門；鄭建紋寄附大門」等。屬於商舖、行號者有：「黃合發、金義利、莊銀記、周茶茂、福春米店、三美商會、成記、錦源商行、錦珍香、新復珍、新福春、金賽玉、恆源」等等。

不僅如此，而且工程陸續進行，直到大正十三年（1824）才完竣，並舉行建醮以慶賀，大正十三年十二月十五日《台南新報》第五版〈新竹通信‧逢場作戲〉有報導：「香山庄天后宮，近為重修落成，卜本十三日建醮，由當事者主催，勸請新竹音樂團。第一組同樂軒素人藝劇部，到是處壇前開演。是夜天氣和暖，藝員各料理精神，歌舞吭唱，競獻妙計。台下紅男綠女，白叟黃童，莫不喝彩。公局及醮主，各贈以金牌、旗旄以紀優勝。」

綜觀此次修建留存至今的資料，可以解讀析論如下：

（一）捐款較多者即此次出面倡首者諸人，其餘善信率多小額捐款，不外乎十日元至五日元之間，金額總數合計約有 2714

日元,(不含建物、建材),總人數有 252 人。

(二) 捐獻者女性人數眾多,約佔三分之一強,在台灣諸多寺廟捐獻者性別中顯得突出,形成一大特色,殆與其時在天后宮後之「一善堂」組織,眾多女信徒有莫大關聯。

(三) 此次修建與鄭家有絕大關係,表面上僅有鄭肇基捐出八十日元,若包括建材、建物,則實際金額不止此數,而其中中門、大門皆是鄭家族人寄附捐建,誇張的說,今天后宮前殿全是鄭家一手包辦,出錢、出力建成亦不為過。

(四) 諸多柱聯出自書法名家,字跡猶存,典雅雄深,藝文與廟宇結合亦成天后宮一大特色。

如上所述,此次修建與鄭家在廟後的「一善堂」有相當關聯,鄭鵬雲《新竹縣志初稿》記「一善堂」:「在香山莊。光緒十一年建,廟宇八十九坪,地基百九十二坪。」[47],按一善堂屬齋教龍華派一是堂系,位於香山莊海濱,或云是在光緒十三年(1887)六月十五日,由鄭如蘭(1835~1911)夫人陳氏潤(法名根傳)為求子所建,原奉祀三寶佛、阿彌陀佛、觀音佛祖、三官大帝、地藏、目蓮、韋陀、伽藍等護法。另一種說法是原為新竹士紳鄭如蘭、林汝梅、周其華等人倡建,以後林家日趨沒落,轉由鄭家主控。其後鄭家嫌由北門口往來香山海邊的一善堂不方便,在日治初期(明治 35 年,1920),仿造一善堂形制,另建淨業院(今境福街 141 巷 10 號)。也因如此,一善堂得以住進多位外來齋姑,成了日治時期新竹重要的新佛教女性培訓基地。[48] 也因有此一段地緣之便利,倒促成了大正年間天后宮修建時鄭家與眾多女信大力捐助的一大善因緣,善哉!善哉!

修建完竣，翌年農曆十一月，再由王媽成、蔡清水、翁林、林長流、蔡烟等人與各村委員眾信士，舉辦慶成圓醮祭典，爲當時地方一大盛事。

此期間媽祖顯靈事蹟所在各多有，平日祈福消災、如意平安固不待言，而昭和十年（1935）四月二十一日上午，新竹、台中兩州發生大地震，死傷達三、四千人，唯有香山鄉民蒙神庇祐，幸獲平安。而二次大戰末期，幾次大空襲，新竹市區慘遭轟炸，賴聖母保佑，香山地區亦得安然渡過。

而日治末期，新竹地區諸天后宮，發生爭奉天后神像一大事件。先是昭和十二年（1937）市區改正，開闢西大路，將位在西門之內媽祖宮一併拆除，將原廟內的鎮殿媽祖，軟身湄州媽祖，千里眼、順風耳，都移駕北門長和宮安奉合祀。但在昭和十三年（1938），日府推行皇民化運動，企圖以國家神道取代台灣傳統民間信仰，於各鄉鎮建造大小各級神社外，並強力整理台灣民間寺廟，推行所謂「寺廟整理」運動，下寮媽祖宮的媽祖神像及民間的王爺神像，都被集中在海邊焚毀，稱之爲送諸神昇天，連古銅鐘也被徵收，一時香山天后宮陷入了「有廟無神」的窘境。所以在光復初由香山地區仕紳，如翁水九、蔡清水、林清山、王三富、陳清波等人，連袂出面向「有神無廟」的內媽祖管理委員會的高福全、高漢水等人商議，將原寄奉在長和宮的湄州軟身粉面媽祖，移駕安奉在香山媽祖宮，經擲筊獲得媽祖同意，於民國三十五年農曆三月二十三日媽祖誕辰，將其移駕請來恭奉，並另雕塑鎮殿媽祖神像及千里眼、順風耳合祀。而移駕奉後三天之

內，新竹地區並無空襲，雖云巧合，亦是神蹟。日後內媽祖宮因接收位在西門街的日本西本願寺（一說是竹壽寺），改修爲天后宮廟，擬迎回媽祖神像安奉，一行人及陣頭浩浩蕩蕩前往香山，雙方一度爭執，後擲筊請示神意，卻不料內媽祖宮方面得不到聖筊允許，反倒是香山天后宮方面得到三聖筊允許。遵循神意，從此保留一尊於明治四十四年（宣統三年，1911）由湄州天后宮迎奉而來的軟身大尊聖母神像永駐香山天后宮，長佑地方，也成了一段傳奇故事。[49] 而另一尊鎮殿媽祖神像也有一段傳奇，據云光復不久，香山地區有一雕刻師傅高漢文，當時病重，某晚媽祖顯靈詔示，若能照祂原樣雕刻一尊，立刻可以康復。於是高漢文尊照神旨，雕刻一尊和夢中媽祖長相一樣神像，加以供俸，果眞不久恢復健康。[50]

三、光復以來

經過日治時期長期壓抑民間信仰，光復初期百廢俱興，宗教活動大行，或重新修建廟宇，或回祖廟謁祖，在這一波浪潮中，香山天后宮也在民國三十七年（1948）農曆四月一日，由信徒王清奇、周全、林九等人組成進香團，回福建省興化府莆田縣湄州天上聖母廟謁祖，同年四月十三日回鸞香山。四月二十三日起二天，由朱啓雲、蔡清水等人與各村委員、眾善信等，恭迎聖駕出巡遶境，賜福地方，並連日演戲慶賀。以後該宮曾在民國四十四年舉行祈雨答謝神恩福醮，四十七年爲配合竹蓮寺落成典禮，東寧宮慶成福醮，香山天后宮也舉行福醮，於農曆十一月十四日進

行三獻古禮及演戲慶賀。嗣後在民國四十七、四十八、四十九累年由北港朝天宮、新港奉天宮、彰化南瑤宮聖駕移會該宮，並偕同該宮媽祖雙雙聖駕出巡遶境，以祈平安。遂形成慣例，每年聖駕出巡遶境，通常為二天行程，日期為農曆十月，其路線（路關表）如下：

第一日：香山天后宮→母聖宮→頂寮福德宮→（東鋒電業）→美山海口福寧宮→香山塘大橋山宮→保安宮→（東方萬曆）→大庄明烈宮→三姓橋北（三姓公宮）→香山坑北溪→香山坑南溪福德祠→茄苳福德祠→大湖倪大人宮（延壽宮）→八股→鹿仔坑福德祠→靈興宮→回本宮（神像安座演戲）。

第二日：香山天后宮→善齋堂→火車站前福靈宮→洴水宮→水連宮→海山保海宮→鹽水港長興宮→灰窯永興府李大人宮→內湖龍正宮→昔仔坑土地公宮→南隘境福宮→南隘國小→中隘福德祠→公義里康寧宮→大坪福德祠→口墻圍天文宮→鹿仔坑福德祠→南港南華宮→回駕本宮。

另外，根據民國 48 年 5 月 11 日的〈寺廟調查表〉[51]，可得知此時廟貌已有若干改變，地址方面為：新竹縣香山鄉朝山村 8 鄰 8 號，廟名正稱：天后宮，俗稱媽祖宮，境域面積：220 平方公尺，基地面積：288.60 平方公尺，建築式樣：土埆式，附屬建築：金亭，在平面圖上，左側已有一排護室五間房，沿革方面紀錄有三：(1) 創建於民前 142 年 9 月 12 日，(2) 倡建者：不明，因無記載可資查閱，(3) 民國 35 年重行修建，由本村蔡清水提倡修建。據此可知面前金亭、左側護室皆是民國 35 年所修建，建築材料為土角，可謂相當簡陋。廟之祭祀團體、代表者、廟祝或

道士對外關係、附設事業皆記載「無」。祭典爲：每年訂於農曆3月23日舉行拜拜一次，演戲不一定，視捕魚情形而定之。維持財源：自由樂捐。可知此時居民財力仍是困窘，因此是否演戲慶祝聖誕，一方面受限捕魚之豐歉而決定，同理建築材料之簡陋亦透露相同信息。信徒方面，總數：1600人，分布範圍：本村各鄰，性別：女性較多，年齡：老年人較多，教育程度：少識字較多，職業：農漁業較多。此爲光復初期之現象，在在反映出此一港口區居民結構、財力與總人口數，歷經清代、日治百年而無甚變化。

在人事組織方面：本宮管理人先後有武秀才林秀春（光緒二年二月至明治四十三年一月三日，1876~1910），王媽成（明治四十三年一月四日至昭和九年四月十日，1910~1934），蔡清水（昭和九年一月二十五日至民國五十六年一月二十四日1934~1967），王木榮（民國五十六年一月二十五日至六十二年五月八日，1967~1973）。後因王木榮先生堅辭管理人職務，經於民國六十二年五月五日，選出楊德賢先生爲管理人，並於五月九日辦理交接，再次爲陳萬先生。再於民國七十九年改組成財團法人管理委員會，管理委員爲三年一任，於該年陽曆十一月召開信徒大會選舉並迅即交接，以利於舊曆春節祭典活動之運作。除管理委員外，另設監察委員，下設宮務工作人員，分別有總幹事、總務組、會計組、祭典組、公關組、營繕組、神轎組、三將組、大鼓組等等，歷任主委有陳萬、陳坤、陳生吉（連二任）、陳錦秀等人，現今則爲鄭成光先生（任期爲民國95年～97年）。

在修繕方面，先後有：民國64年9月動工，改建左側護室，

翌年 2 月完工。先是媽祖曾向蔡沛生委員託夢，囑其開闢一條新道路，以利交通，於是民國 64 年 1 月 5 日召開會議商討，由陳萬、陳來春、陳炎、楊火土、陳金旺、陳金水、陳清波、陳塗等八名地主，熱心捐地，助成義舉，並發動義務勞動，於一月十二日完成路基，即今該廟左側通往縱貫公路之新道路。此事雖託言神明指示，亦突顯眾信徒、地主與村民之淳樸，與夫熱心公益。以後在民國 68 年農曆四月興工，在保持原貌原則下，予以重修，工程項目有換角仔、瓦片、剪黏、地面改成磨石子，並重新油漆，於翌年農曆三月中旬完竣，面目雖新，古樸依舊。此次修繕紀錄除在山川殿廟側，以大理石銘誌昭信外，時新竹政界名人，多有獻匾祝賀，如縣長林保仁之「護國庇民」、台灣省議員藍榮祥之「后德配天」、省議員陳天賜之「寶相莊嚴」、縣議會議長邱泉華、議員柯文斌同獻之「聖慈母德」、縣議員吳漢奇之「福佑群生」，及香山鄉鄉長蔡燈益、代表會主席吳明輝同獻之「慈航普渡」等等，不僅是此次修繕之見證，更是後世之重要史料。民國 81 年農曆 6 月，再度予以重新彩繪，承包人為新竹林彭傳，彩繪部分不詳。[52]

　　在年度祭典方面，奉祀有正殿之主神天上聖母（誕辰農曆三月二十三日，得道飛昇日九月初九）殿前中壇元帥（即哪吒三太子，四月初八），右偏殿註生娘娘（三月二十日）、左偏殿福德正神（二月初二）、左外殿（即護室）九天玄女（八月十八日）等諸位神明，另置有天公、媽祖、註生、福德、虎爺、九天玄女、太歲等九個香爐，供善信膜拜插香。除諸神聖誕千秋祭典外，其年度行事尚有：

（一）正月期間接受安太歲、點光明燈服務。

（二）正月初九天公生，安奉太歲神君，敬獻三獻道場。

（三）正月十五日上元節，安點九層元辰光明燈，敬獻三獻道場。

（四）三月十日始，起禮斗法會，接受報名，至三月二十日起斗。

（五）三月二十日至二十六日舉行禮斗法會，敬獻三獻道場。

（六）三月二十二日新竹市媽祖功德會年會祝壽。

（七）三月二十三日天上聖母聖誕千秋，擴大祝壽敬典。

（八）三月二十六日禮斗法會完斗。

（九）八月十八日九天玄女仙師聖誕千秋。

（十）九月九日媽祖得道飛昇，敬獻三獻道場。

（十一）十二月十六日敬謝太歲神君，敬獻三獻道場。

　　總之，該宮最重要祭典原係春秋二祭，乃農曆三月二十三日天上聖母聖誕日，及農曆九月九日聖母得道昇天紀念日。後爲響應政府政策，改善民間祭典節約辦法之規定，自民國六十年起，集中一起，改爲三月二十三日擴大祭典，並將節約經費有效運用於公益慈善、文化事業。近年爲適應世俗需要，增加諸多服務項目及若干慶典，此乃舉台皆然，不必爲賢者諱，亦不足爲賢者苛！

第四節　結語

　　香山天后宮位在香山港口區，自明末清初以來，閩粵移民陸陸續續渡海來台，配香火、攜神像，祈求渡海平安，開墾有成，很自然的帶來鄉土信仰。直到乾隆年代，大量漢人來到竹塹，信仰更加蔚勝。香山地區開拓雖早，但地形地質不利於農業發展，住居於此，拓墾於此者率多小農、佃農階層，財力有限，再加上一直扮演竹塹港（船頭港、舊港）的替代港、輔助港角色，只有在舊港淤積不便出入時，才將部分運輸機能轉到香山港來，因而發展有限，其貿易、運輸、街肆之興衰，深受舊港之影響與牽制，這些都不利於建廟奉神。尤其北門口一帶新竹郊商早已建有長和宮虔祀天上聖母，北門口距香山不遠，因此在同質性高、地緣接近的不利因素下，郊商股戶也沒有建廟奉祀的急切性。

　　直到道光年後，新竹東南丘陵山區日漸開拓，墾戶金廣福朝向芎林、關西等內山大隘地區開發，具經濟價值的山林特產（如樟腦、木材、茶葉等等），成為竹塹新興出口商品，香山港因臨近東南山林，在物產輸出日增，地理又近，其港口重要性大增。因此道光以後成為香山港的興盛期，不僅設有香山塘軍隊駐守，復有口書、澳甲管理船隻進出登記，更是郊商、鄉民蜂擁而聚，雲集買賣之所，迨及同光年間，達到鼎盛，居民近二百家，約有千人居住。咸豐年間出現頂寮、下寮兩街肆，而下寮一帶更是郊行薈萃之處，帆檣林立，行棧處處，頂寮則是店鋪叢聚。在此有利的經濟社會條件下，郊商及在地居民為答謝神明庇佑，終於在道光五年（1825）創建了香山天后宮，不過其時在地居民及新竹

人士習慣稱祂爲「下寮媽祖宮」。

　　香山天后宮爲當地民眾信仰中心，雖然離新竹市區有些距離但是廟會活動仍與新竹市息息相關，如與其較近之觀音亭，均有互往之紀錄。而民國九十三年新竹市政府指定「香山天后宮」爲歷史建築，也等於爲香山天后宮之建築，作爲最佳背書。該建築仍具傳統建築之樣式及工法，雖沒有華麗之雕刻及外在之剪黏泥塑，但在地方性之建築色彩和地方性之建材及工法的使用，香山天后宮的存在，保存了當年時代潮流及使用之工法技術，係文化發展過程中重要之見證。在今日日漸消失的傳統建築中，無疑的香山天后宮保存了日治時期台灣傳統廟宇建築，在地方上、傳承上仍有其地方性色彩，對香山地區歷史發展過程，此歷史建築正是驗證了時代轉輪的眞實紀錄。現今香山天后宮沒有過去繁華時期的熱鬧及興盛之香火，但天后宮仍爲現今附近居民最重要之生活活動場所，經常都有附近居民老人家偕伴攜孫出現，或一早在廟前榕樹下，五湖四海談天說地之情景，此景象正是台灣地方性之信仰及人口聚落變遷最佳寫照。在傳統建築的逐漸凋零沒落，甚或拆除重建之今日，香山天后宮作爲傳統建築見證之實例，顯得更加重要。而爲配合近年來古蹟歷史建築之活化再利用之計畫，香山天后宮隨西濱快速道路之通行及附近海濱觀光之開發，正逐漸展露其地方特有文化之價值，相信在文化資產之規劃及其未來開發之潛力，結合地方性之產業及相關文化活動，勢必帶來另一觀光資源，以香山天后宮爲中心之文化觀光產業，將指日可待。

　　香山天后宮創建至今已有一百八十年歷史，其間重要大事及修建紀錄不多，茲以大事年表方式列於下，以便閱讀，兼作結尾。

中、日年代	西元年代	大事紀要
道光5年	1825	創廟諸說中，經排除後，較爲可信者。
道光~光緒	1825~1895	每三年回湄洲祖廟進香，回時演劇祝賀。
光緒2年	1876	武秀才林秀春倡首修建，形制規模不詳。塹郊金長和獻匾「靈昭海國」誌慶。
明治年間（日治初期）	1895~1911	爲日人竊佔，作爲香山警察分署之用。
大正11年至12年間	1922~1923	王媽成、蔡清水、鄭肇基等人出面倡捐款重修，其中鄭家及一善堂女信徒貢獻良多，留下大量柱聯，深具書法價值。翌年完工，11月舉行圓醮慶典。
昭和10年	1935	新竹、台中發生大地震，各地災情慘重。香山地區安然，鄉民咸信媽祖保佑。
昭和13年	1938	日府推行寺廟整理運動，下寮媽祖宮神像及他廟王爺神像俱被集中海邊焚毀，古銅鐘亦被徵收，形成有廟無神的現象。
民國35年（昭和21年）	1946	將原寄奉在長和宮的湄州軟身粉面媽祖，移駕安奉在香山媽祖宮，並另雕塑鎮殿媽祖神像及千里眼、順風耳合祀。
民國37年	1948	昭和12年西門內媽祖廟拆除，神像暫安奉長和宮。經擲筊同意，再移駕轉奉香山天后宮。後內媽祖管理委員會欲索回，經再度擲筊請示，神願長駐香山，遂成定局。同時有鄉民高蘇文，得媽祖託夢指示，雕像安祀，重病得痊。
民國47年	1958	光復後首度回祖廟進香謁祖，配合竹蓮寺落成典禮，及東寧宮慶成，也一併舉行福醮。
民國47年代末期	1958~1960	因北港朝天宮、新港奉天宮、彰化南瑤宮來訪，雙方出巡遶境，祈求平安，以後形成慣例至今。
民國64年	1975	改建左側護室，今安祀九天玄女，工程日期爲64年9月65年2月。
民國68年	1979	大整修工程項目有屋頂、地坪、油漆，時間爲農曆68年4月至69年3月。
民國81年	1992	委由林彭傳承包彩繪工程。

〈註釋〉

1. 創建於明永曆年間說法，坊間眾多刊物均持如此論述，在此可以以王文桂編撰《香山天后宮湄洲天上聖母簡介》（香山天后宮管理委員會印行，民國70年元月出版）一書為代表，見該書〈香山天后宮沿革〉，頁28。

2. 如林衡道《鯤島探源》第一冊（青年戰士報社，民國74年元月再版），頁165，即是持此說。

3. 見溫國良編譯《台灣總督府公文類纂宗教史料彙編——明治二十八年十月至明治三十五年四月》（台灣省文獻委員會，民國88年6月），頁444。

4. 散見鄭用錫《淡水廳志稿》卷一〈祠廟〉（台灣省文獻委員會，民國87年3月），頁53~55。

5. 詳見陳朝龍著，林文龍點校之《合校足本新竹縣采訪冊》（台灣省文獻委員會，民國88年1月），卷四〈竹塹堡祠廟下〉，頁205。

6. 鄭鵬雲等《新竹縣志初稿》，（台銀文叢第61種，民國48年11月），頁114。

7. 詳見《淡新檔案》（國立台灣大學校註出版編輯委員會，國立台灣大學出版，民國84年9月）第一編〈行政.總務類.禮儀〉，檔案編號：11101.1~2頁1。

8. 可詳見鄭鵬雲前引書，頁114。如花橋公宮同治年間建、大眾廟道光年間建、福德廟同治年間建、夫人媽廟光緒十五年建、一善堂光緒十一年建、靈興宮道光十三年建等等均是例證。

9. 詳見陳國川等《台灣地名辭書·卷十八新竹市》（台灣省文獻委員會，民國85年9月），頁192~198。

10.同上註。

11. 陳國川前引書，頁 204。

12. 陳國川前引書，頁 214。

13. 鄭用錫前引書，頁 13。

14. 陳培桂《淡水廳志》（台銀文叢第 172 種，民國 52 年 8 月），卷十五〈附錄一文徵上〉，頁 403~404。

15. 陳培桂前引書，卷七志六〈武備志・海防〉，頁 183。

16. 陳朝龍前引書，頁 25。

17. 不著撰人《新竹縣制度考》（台銀文叢第 101 種，民國 50 年 3 月），頁 10。

18. 陳朝龍前引書，卷七風俗〈土著風俗〉「商賈」條，頁 363~365。

19. 同前註。

20. 同前註。

21. 見《台灣私法物權編》（台銀文叢第 150 種，民國 50 年 1 月），第八冊第四章〈宗教〉，頁 1448。另有關新竹塹郊金長和與會所長和宮之研究，可參考拙著（1）〈新竹行郊初探〉，《台北文獻》直字第 63、64 期合刊，民國 72 年 6 月。(2)〈塹郊金長和與長和宮〉，《新竹市三級古蹟長和宮修復計畫》，中華大學建築與都市計畫學系，民國 86 年 3 月。

22. 林衡道《鯤島探源》第一冊，（青年戰士報社，民國 74 年元月再版），頁 165。

23. 詳見《新竹市鄉土史料》（耆老口述歷史叢書第 15 種，台灣省文獻委員會，民國 86 年 6 月），頁 274。

24. 同前註前引書，頁 232。

25. 張德南等採訪《新竹市耆老訪談專輯》（新竹市民政局，民國 82 年 6 月），頁 78~79。

26. 王文桂前引書，頁 30。

27. 此故事詳細內容可參見王文桂前引書，頁 23~34。亦見（1）施翠峰《思古幽情集》第二冊（時報文化出版公司，民國 66 年 5 月五版），〈太子與城隍爺〉，頁 81~86。（2）林藜《寶島搜古錄》第三集（台灣新生報，民國 67 年 3 月）〈新竹城隍威赫赫〉，頁 107~115

28. 張德南〈新竹都城隍廟的歷史沿革與信仰研究〉，收於《第三級古蹟新竹都城隍廟調查研究暨修護計畫》（李乾朗主持，社稷工程顧問有限公司，民國 94 年 6 月），頁 21~22。

29. 同註 22 前引書，頁 232~233。

30. 同註 28。

31. 詳見葉錦爐〈媽祖信仰叢談〉，《竹塹文獻》第 21 期，2001 年 10 月號，頁 96~98。

32. 陳朝龍前引書，頁 375。

33. 鄭鵬雲《新竹縣志初稿》（台銀文叢第 61 種，民國 48 年 11 月），頁 179。

34. 惄我氏《百年見聞肚皮集》（新竹市立文化中心，民國 85 年 2 月），頁 100~101。

35. 王文桂前引書，頁 65。

36. 張德南《新竹市志》卷七〈人物志〉（新竹市政府，民國 86 年 12 月）第九章，鄉紳「林秀春」條，頁 249~250。

37. 同註 21。

38. 王文桂前引書，頁 64~65。

39. 同前註。

40. 溫國良前引書，頁 244~245。

41. 此寺廟調查書影本，爲梁明昌兄影印提供，謹此說明，並申請忱！

42. 張德南前引書，第五章學藝「李逸樵」條，頁 145。

43. 張德南前引書，「鄭秋涵」條，頁 143。

44. 張德南《續修新竹市志》下冊（新竹市政府，民國 94 年 11 月初版），卷八〈人物志‧工商〉「鄭拱辰」條，頁 2013~2014。

45. 同上註前引書，「鄭肇基」條，頁 2014~2017。

46. 參見（1）施翠峰《新竹市志》卷八（藝文志）（新竹市政府，民國 94 年 11 月初版），第三篇藝術第五章「書法」，頁 242。（2）同註 42 張德南前引書，「吳祿」條，頁 142。

47. 鄭鵬雲前引書，頁 114。

48. 參見（1）江燦騰〈新竹市佛教發展史導論〉，《竹塹文獻雜誌》第 21 期，2001 年 10 月號，頁 24~25。（2）闞正宗〈新竹市淨業院〉，《台灣佛寺導遊》，第三冊（菩提長青出版社，1992 年 7 月三版），頁 89~92。

49. 參見（1）王文桂前引書，頁 30。（2）周錦文口述歷史，《新竹市鄉土資料》，頁 274。（3）同註 31，葉錦爐前引文。

50. 林衡道《台灣古蹟全集》，第一冊（台北，戶外生活雜誌社，民國 69 年 5 月），頁 395。

51. 此寺廟調查表，亦為梁明昌兄影印提供，再申謝忱！

52. 以上除現場測繪採訪外，另見王文桂前引書，頁 43。

第四章
竹蓮寺

第一節　竹蓮寺遷建因緣及周遭環境

　　竹蓮寺位在新竹市竹蓮街 100 號，興建年代久遠，惜光復後因改建爲鋼筋混凝土建築，失去傳統風貌，遂未被評列爲古蹟，只列爲歷史建築，雖是如此，並不因此失去其歷史意涵，仍具探討研究之價值，本章之主旨亦在此。

　　竹蓮寺之創建由來，今廟埕右側涼亭內置有一紀沿革史實之石碑（以下簡稱新碑），乃民國七十五年（1986）春月所立，詳述竹蓮寺始末，惜未落款，不知撰寫者是何人？茲先將碑文敘述此廟創建由來抄錄如下：

> 竹蓮寺者，竹塹東南之寶刹也，金山有面、冷水無心、虎巒聳峙、蜈窩俯臨、隙溪紆迴、荊橋幽深，地高三浙，脊峯與越水交輝，名號六合。鐸韻共梵音互答，愛江山之佳麗，白叟勾留；俯城郭之逶迤，蘇公嘯咏，翠竹金蓮，靈有以自也。據昔貞珉所載，自我塹城開創之始，農人築庵於南門外御史崎之平埔，供奉觀音佛祖。相傳靈驗殊著，地基及香火租谷由王世傑所捐獻，至乾隆四十六年有信徒莊仕德遷建於巡司埔今之地址，始稱竹蓮寺，其寺坐向艮坤丑未。

圖 4-1 廟埕右側涼亭內置「竹蓮寺沿革」碑石

　　另，清代陳朝龍《新竹縣采訪冊》(足校本)卷五〈碑碣(上)〉，收有同治十二年（癸酉年，1873）之「重修竹蓮寺碑」[1]，下有注文解釋：「在縣城南門外竹蓮寺。計碑十四塊，高一尺五、六寸，寬窄不一，中列捐戶姓名銀數及開用款項，條目太繁，茲不具載。錄其碑文及年月，以存修建緣起。」茲引錄於下（以下簡稱舊碑），與上引碑文作一比較：

　　　　竹蓮寺者，竹塹東南之寶刹也。金山有面，冷水無心；
　　　　虎巒聳峙，蜈窩俯臨；隙溪紆迴，荊橋幽深。地高三

浙，胥峰與越水交輝；名號六合，鐸韻共梵音互答。愛
江山之佳麗，白叟句留；俯城郭之逶迤，蘇公嘯咏，翠
竹金蓮，靈有以自也。自我塹開創之始，農人築一小菴
於御史崎之平埔，朝夕供奉世尊，甚有靈感。時有土番
擾境，出沒無常；世尊慈航普濟，預先指點近處居民，
出入無虞，得保於其間，至今遺跡著爲觀音埔焉。迨嘉
慶年間，新興莊居民雜處，朝廷設立巡檢蒞治。本城有
莊仕德者，倡首捐資，遂移建於此地，今俗傳爲巡司
埔。其寺坐向艮坤丑未，即立莊公爲檀樾主矣。

　　兩相對照，顯然前碑抄自後碑，予以省文刪句而已，但某些
增刪字句是頗關鍵字句，造成一些錯誤（如創建人名及年代）。
碑文中所提及之舊地名頗多，需先作一注解說明，明瞭其地理環
境，才能進一步知曉彼創建之緣起。

一、御史崎：原名「牛屎崎」，爲其諧音雅化，位在新竹市青草
　　湖北北西方，約是今新光里大眾廟到中興橋間的明湖路一
　　帶，往青草湖派出所前的陡坡。該地爲客雅溪曲流的凸岸，
　　爲昔年竹塹城南廓至青草湖、石屑崙必經之路徑，也即是今
　　明湖路往青草湖，過御史橋，有一段陡坡，因坡度陡峻，載
　　貨牛車行經此處，牛隻必使盡「吃奶」、「拉屎」之力方得爬
　　上，以致路上常布滿牛糞，因而得名。[2] 按此說合理，固然
　　可因此形容該地坡度陡峭，牛隻必須使盡「拉屎」之力才得
　　登上；從另一面向言，不妨也可說形容此地爲交通要道，行
　　人牛車往來眾多雜遝，牛隻隨地拉屎之景象處處可見。另，
　　宜注意者，清代台灣近山平埔本係荒蕪之地，民人開墾後才

名為埔地，可見此地區乾隆年間已有漢人入墾。再，此地因有「觀音亭」，因廟宇得名，後又名「觀音埔」（見碑文），為眾多撰述新竹市舊地名者所忽略。

二、巡司埔：地在新竹火車站調車場往南到南壇一帶，包括今竹蓮、寺前、南大、頂竹四里。清雍正九年（1731）竹塹設巡檢一員、民壯二十名，民壯按例不支工食，仿屯田，給就近草埔，任其開墾租贌，以資生活，故因此名之。[3]

三、新興莊：指清代之巡司埔莊及園中央莊（約今南大路以西一帶，地勢高亢，故昔日水田少，旱園多）合稱為新興莊。明治三十四年（1910），日府變更地名，將清代的南門外、園

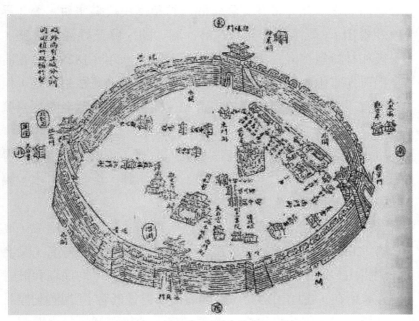

圖 4-2　淡水廳治圖（同治 10 年）

中央、巡司埔、爾雅家等莊，併爲「南門外」，但本地人仍習慣稱爲新興莊。至昭和十年（1935 年），日府再變更地名及行政區域，將此區之東部，劃爲黑金町，西邊另設新興町（約今西大路以西地區）。嗣後「新興町」地名流行，而原「新興莊」名稱漸不流行乃至消失。[4]

四、金山有面：約今新竹市金山、仙水兩里，爲新竹市東緣山地，稱「五步吼山」，此山向西逶迤成水仙崙，坪埔頂、風吹輦崎、十八尖山、枕頭山；向北延伸爲柴梳山、黃金洞山，形成「人」或「金」字型一帶山地，中間則是坡度平緩地面。自竹塹城眺望，猶如「形開金面」，取其風水吉祥之意而名之。此一帶在乾隆年間爲竹塹漢民設隘墾耕，屬「界外番山」，乾隆五十年（1785）郭、陳、蘇三姓漢民來墾，後和林特魁等人爲爭地纏訟經年，道光八年（1828）由官府捐買作官山義冢；遂成爲冢牧之地，漢民仍舊私墾不絕，但因有「生番」不斷出沒殺害官民，開墾不利，至金廣福墾號成立，才漸予開拓成功。[5]

五、冷水無心：金山面西北有冷水坑，冷水之名以其水溫低而得名，泉自阬中流出，清泉漾碧，涼可沁脾，後設圳引水，屬頭前溪水系的支流之一。[6]

六、「虎巒」：位在清代巡司埔尾地方，即十八尖山的最南端，高約 120 公尺，山頭圓渾而肥厚，高踞像個虎頭而得名，又名倒旗山。此一帶山地在清代多爲官地或公山，均係埋葬骸骨義冢所在，虎頭山形勝，陳朝龍前引書曾形容：「端圓肥厚，高聳壯麗，以象形得名。龍脈融貫，地氣獨鍾；斂之既歸，

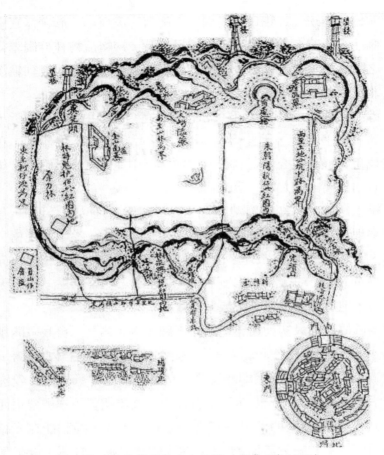

圖 4-3 竹塹城外金山面圖（咸豐 9 年 1859）

發之愈廣，蓋至此而眾山皆盡，真氣凝焉。山下漸化平原，
縱橫廣垣，迢十餘里，悉為秀靈奧區。」[7]

七、隙溪：隙子溪之簡稱，即今之客雅溪。該溪源於新竹縣寶山
鄉山湖村，西流至雙溪後，折向西北流經高峯里、柴橋里，

並經烏崩崁、客雅、埔姜園、大南勢、虎仔山，於罟仔寮南側注入台灣海峽。此溪經柴橋里境時，蜿蜒流轉在群崗翠嶺之間，山水交映，風景秀麗，昔年即以「隙溪吐墨」列為淡北八景之一。[8]

餘如「蜈窩」即「蜈蜞窩」之省稱，在今高峰里古奇峯附近，此一帶昔日多水蛭，因此得名。「荊橋」為「柴橋」之雅稱，在今柴橋里，據說從今市區到青草湖或雙溪中途的派出所附近昔年有一條木板橋，邑人稱「柴橋」。

綜上所述，可知嘉慶年間竹蓮寺遷建至新址（即今址），其四周地理環境，諸山環繞，二水曲流，有「金山、冷水、虎巒、蜈窩、隙溪、荊橋」，故「名號六合」，不僅為風水寶地，且座向為「艮坤丑未」，顯然有經過高人或地理師之堪察指點，正是天生勝境，地擅名區，不愧為方輿勝攬。

至於竹蓮寺最初創建年代為何？碑文空泛寫著「自我堇開創之始」，無法據實稽考，幸陳培桂《淡水廳志》卷十三〈古蹟考‧寺觀〉有載：「竹蓮寺：即觀音亭，在廳治南門外巡司埔。乾隆四十六年莊德建，道光五年林紹賢改修，九年紹賢子祥雲建東西廊。」[9]此則記載對照前引兩碑文顯然有所出入，陳朝龍在光緒年間纂修《新竹縣采訪冊》，在卷四〈竹堑寺廟〉竹蓮寺條下用夾注小字提出疑問：「按同治十二年重修寺碑云……，與廳志所稱年分互有同異，未詳孰是，姑並存以俟考。」[10]事實上《廳志》的創建年代指的是在御史崎埔的小庵「觀音亭」的創建年代，今址所在的竹蓮寺確實是嘉慶年間所倡建，問題是創建倡導之人名，究竟是「莊仕德」還是「莊德」？是二人？還是同一人而名

字漏寫一字？此問題經請教北市耆宿高賢治先生，承告知應是同一人。蓋清代台灣習俗刻在碑文名字習慣用三字，男姓若是兩字之人在姓名中間添加一字，「仕」即「是」之意也，「莊仕德」者「是莊德也」。女性則在名字後加一「娘」字，湊成三字。經翻檢台北市士林區早期開拓文獻史料及諸碑文查核比對，果然常出現「何士蘭」與「何蘭」之姓名混淆不清，經仔細翻檢比對，凡碑文柱聯所寫者皆「何士蘭」、志書及契書都是「何蘭」，實際上皆是同一人，蓋「何士蘭」者「是何蘭」也。亟錄此新解，以饗同道。

　　竹蓮寺遷建人是莊（仕）德既已解決，另一人「王世傑」問題也應一併探討解決。坊間眾多書籍均說王世傑是竹蓮寺之創建人，地基及香火租谷也是他所捐獻，經多筆資料驗證（詳見下文），確定王世傑其人及其五世孫王春塘，分別在不同年代，大量捐獻土地、租谷、義山給於竹蓮寺名下。今竹蓮寺右側廂房仍供奉王氏長生祿位，也可以爲證。該牌位爲雙落款全銜，內容如下：「皇清／檀越主北庄業主監生王世傑／欽加知州銜候選州同王春塘／仝立長生祿位」不過，既因感恩與紀念，將王世傑、王春塘兩人列入長生祿位，何以不將莊德也列入？或則當年遷建時，王氏（尤其是王春塘，因其時王世傑已往生，春塘爲其五世裔孫）也曾出力出資不少，鄉民寺眾念及昔年初創與如今遷建，王氏家族貢獻良多，特單獨供奉祿位以表感恩。另一種可能性是：此長生祿位原就供奉在觀音亭，今茲移建竹蓮寺遂也一併移置今廟供祀。有學者認爲王世傑生前並未有捐獻，而是其裔孫春塘假藉其名捐輸，以祈冥福。但卻忽略了「長生祿位」是其人在

世時所敬立，以祈其人長壽。不管是如何情形，王家捐獻地基及香火租穀，應當是確切可信的。

而竹蓮寺之更確切遷建年代，幸陳朝龍前引書中有一則記載，可資考信。陳朝龍《新竹縣采訪冊》卷八〈職官守備〉「范濟川」條下有夾注小字記：[11]

> 《廳志》（指陳培桂《淡水廳志》）闕佚。按，今縣署南門外竹蓮寺有木聯云：「竹報平安，甘雨和風聞法語；蓮成正果，祥雲瑞日現慈身」。上款署云：「嘉慶二年丁巳夏六月上浣之吉」，下款署云：「署竹塹營守備范濟川敬立」。下有圖章篆文「楫甫」二字，即其別號也。今木刻楹聯尚存可考，附載於此，以補《廳志》之闕。

竹塹巡檢原是雍正九年添設，雍正十二年（1734），添守備駐竹塹（道光十年移駐大甲，光緒五年裁缺），益可見竹塹地區日愈繁榮，治安愈紊，需提高職官層級以駐防治理，至道光十年（1830），更提昇層級，移鎮標右營遊擊駐竹塹。相傳舊竹塹巡檢署在巡司埔，而遊擊署設在塹城東門內，創建年代不知，陳書於此註記：「按《廳志》不載創建年月，意遊擊未移駐竹塹時，原有守備衙署或就守備署改建歟？案卷無稽，姑闕疑焉！」[12] 據此，可知守備署若不是在東門內，即是在南門外之巡司埔，竹蓮寺之會遷建於巡司埔，自有其深遠的考慮。而木刻楹聯上款中之「上浣」即「上旬」之意，則顯然可知嘉慶二年（1797）六月上旬前竹蓮寺已經遷建完成，此木刻楹聯說不定即是慶祝落成之楹聯。

其時竹蓮寺之建築形制，據後來碑文記道光九年林祥雲建造東西兩廊，則嘉慶初年之竹蓮寺建築顯然是一進單開間的廟宇，若是一進單開間的小型廟宇，則建造工期應不會太久，不出半年左右，考慮其時竹塹氣候，「大約新竹尋常天氣，以十二月，正月爲極寒之候，二月猶大寒，三月四月，乍寒乍熱，不離薄裘。春多陰雨，偶有晴霽，頃刻復雨。淡水之雨，春間視新竹爲多。四月間，淫雨淋漓，連旬不止，謂之黃梅雨。五、六月間之西北雨及烏腳西南，則年年有之。六、七月兩月多颱多雨。至七月八月，乃爲極熱之候，諺所謂秋後熱也。九月重陽，多狂風，其勢猛烈，常一發經旬不止，諺謂之九降風。每過後，十月天氣和緩，彷彿如暮春時。十一月天氣漸寒，至十二月大寒，然雖寒，尚不透體。」[13] 可知施工最佳氣候爲九月之後，據此，竹蓮寺之動工時間似可推論應在嘉慶元年十月左右，翌年春季左右完成。總之，較保守穩當之說法竹塹寺應是創建於嘉慶初年，確切年代則不出嘉慶元年或二年，今坊間諸志書謂竹蓮寺創建於乾隆四十六年，均不妥未洽，應修正爲：竹蓮寺前身觀音亭，創建於乾隆四十六年（位置應在今明湖路往青草湖之派出所附近），嘉慶元年遷建今址，改名爲竹蓮寺。

竹蓮寺前身觀音亭創建年代爲乾隆四十六年（1781），碑文所記應是可信的，此一年代有兩層意義可以析論探討。其一：康熙二十二年（1683）台灣歸清，翌年改天興縣爲諸羅縣，今新竹地區屬之。相傳康熙五十年（1711）左右，泉州人王世傑率眾入墾竹市頭前溪和客雅溪之間，並在康熙末年建立南庄 24 個村落，和北庄 13 個村落。嗣後北台偷渡入墾者日眾，清廷在康

熙五十年增設竹塹塘，分軍從事稽察糾核。雍正元年（1723）分
諸羅縣虎尾溪以北，另置彰化縣，增設淡水廳，皆駐半線。九年
（1731）進一步將大甲溪以北地方事務畫歸淡水同知管轄，並移
駐竹塹，竹塹成為廳治所在，但廳署事實上仍駐在彰化。直到雍
正十一年（1733）淡水同知在竹塹士林莊植莿竹建立竹塹城，此
為竹塹城最早出現之始。同一時期，清廷也放寬渡台禁令，同意
各「番」租地予漢人開墾。到乾隆二十一年（1756），同知王錫
縉才將廳署移駐竹塹城。這一連串的建置與措施，為竹塹地區漢
民移墾開創了有利條件，以致雍乾之際，竹塹地區墾務大振，在
乾隆末年竹塹也大體拓墾完成，增加了許多漢人村莊。因此觀音
亭（竹蓮寺）創建在此年代是符合史實背景的，同理，反過來說
觀音亭的創建年代，證實了新竹市的開拓年代，見證了此一時代
開拓史實。

　　其二：觀音亭建置在御史崎埔，此一帶在清代為竹市南門至
青草湖、石屑崙必經路途，坡度又陡，御史崎（牛屎崎）一名又
可說明當時此地地形環境背景，正因此地人車往來必眾，農人在
較低平之埔地建置小庵的目的，顯然是肩挑載運的農人、挑夫、
牛車在上坡之前、下坡之後在此歇腳休息，因此小庵之建置除拜
佛求菩薩保佑外，不可忽略的功能是休憩之用，在當時或許也有
供茶水之義舉；甚至有可能一開始只是一簡單的涼亭，供人車上
下坡時休息；後往來人眾，遂增設觀音亭佛像，以供膜拜，日久
形成「觀音亭」。因此觀音亭之設置地點及地名，也見證了清代
新竹市交通史、村莊發展史之意義。

　　此外竹蓮寺在嘉慶年間遷建到巡司埔之背景，也反映了諸

多史實。前述雍正九年（1731）竹塹添設巡檢一職，至光緒五年（1879）裁缺。巡檢駐札所在據說就在巡司埔，巡司埔因此得名，此說應大體可信，陳朝龍看法為：「按巡司埔在今縣城南門外一里餘，新設竹塹巡檢時即駐此。第無案可據，姑存其說以俟考。」後乾隆二十一年，與廳署同時建置，巡檢署在縣城南門內，道光九年（1829）巡檢易金杓重修；同治十二年傾圮，巡檢借寓公所。光緒十二年（1886）知縣方祖蔭准即其地改建考棚，從此消失人間。[14] 據此可推想當年巡檢會駐札在巡司埔一帶，應可見此地民居已然不少，何況此地又是竹塹南門外出入要道，才有設治之必需。歷經七十年（雍乾年代）之發展，到嘉慶年間形成新興莊，而且「居民雜處」。道光年間「由外教場西下而屋宇參差，煙火相望者，為巡司埔莊，在城東南隅」，[15] 碑文雖有「朝廷設立巡檢蒞治」一句，固然巡檢的設置年代有過晚之錯誤，但「蒞治」一詞正可反映此地居民雜遝，糾紛衝突頗多，常須勞駕巡檢蒞治駐防。

另一方面在御史崎埔的觀音亭小庵從乾隆四十六年創建，到嘉慶初年已近十來年，可能其間沒有任何的修葺增建，隨著人眾信徒日多，原有廟宇空間已不敷使用，必須考慮重建或擴建，但原址是否有空地提供觀音亭擴建已不可曉也不可考，巡司埔一帶民居既多，且彼此都是往來塹城南門必經路途，聲氣相通，加上御史崎地近山區，坡度陡竣，實不利廟宇發展，因此遷建一事，應該不會有人反對。而且另外一個原因可能是御史崎地近山區，遷至城門近處，有軍隊駐紮，較為安全，可以預防「土蕃」埋伏出沒殺人，碑文中提及「時有土蕃擾境，出沒無常」實已提供一

背景線索，至於說觀音菩薩「預先指點近處居民，出入無虞，得保於其間」，或眞有其事，雖是神話（神蹟）不可過於執著以爲迷信，而不予採信。

總的說來，竹蓮寺遷建的可能因素可歸納爲八：一、竹蓮寺前身觀音亭爲一小庵或涼亭形式，且已創建近十年，不免稍嫌簡陋老舊，不敷使用。二、可能廟地附近空間不大，不利擴增。三、爲避免「番」害。四、巡司埔地區地近南門，有官兵駐紮，有利安全考量。五、巡司埔一帶已是人口民居眾多的新興莊，有助香火旺盛。六、新址與原址一樣，都是南門口往青草湖、石屑崙必經的路徑，都是在同一條交通動線上，不會失去原有的香火信徒。七、新址風水極佳，爲「六合」勝地。八、加上居住城門的「莊德」其人願意大力捐助，便促成其事。

歸納以上諸說，遷建乙事，一、反映了乾嘉年間竹塹地區「漢番」關係仍然緊張，二、說明巡司埔之熱鬧，新興莊居民之人眾。因此從「番害」、地利、人口、風水、治安、香火、空間、財富諸條件考慮，觀音亭之移建已成不可免之趨勢。加上城內有莊德其人（應該是業戶或郊戶之流人物）願意倡首捐資，因緣湊泊，這是竹蓮寺創建的緣由，不但反映了時代發展及史實，更可以說見證了新竹市在雍、乾、嘉年間的繁榮，此時期正是漢民振奮向上，闢土建莊的有爲年代。

第二節　竹蓮寺的遞嬗與沿革

一、清代時期

　　如上節所考述：竹蓮寺前身爲觀音亭小庵，創建於乾隆四十六年（1781），位在御史崎埔地（可能之位置應在今明湖路往青草湖之派出所附近），或爲附近農人所建築，形式爲一小庵，供奉觀世音菩薩，但主要出資者爲北庄（約今北門外一帶）業主王世傑，王世傑並因此被推爲「檀越主」（約近似今之主任管理委員），並奉有長生祿位。

　　創建十餘年後，因考慮「番害」、地利、人口、風水、香火、空間、治安、財力等等因素，遂在嘉慶元年（1796）移建今址，形式爲單開間一進建築，並改名竹蓮寺，這次遷建主要出資者爲

圖 4-4　王世傑、王春塘長生祿位牌，今存廟內

住在城內富戶莊德其人，因此新奉爲「檀越主」。此次遷建並獲得當時駐防竹塹地區之武職最高領導人守備范濟川獻木刻楹聯敬賀，也突顯了竹蓮寺尊崇地位。

　　嗣後在清代時期的變遷，前引「新碑」續述：

> 迨道光五年，竹塹仕紳林紹賢改修於前，道光九年林祥雲續修於後。同治五年至十二年間主持人許德麟目睹寺宇歷時數載，已有破損之處，即提倡重修。於是邀請地方人士陳長水、莊榮陞、湯奇才等，與十八股之重建會，協力改築，擴大規模，終成本塹之大佛寺。本尊奉祀觀世音菩薩，俗稱觀音媽。寺內配祀文殊、普賢菩薩、韋馱、伽藍、護法尊者、十八羅漢及註生娘娘、七娘夫人、十二婆者、境主、福德等諸神。於是有水旱疾病，虔誠求禱，莫不靈應昭彰，清光緒帝御賜「大海慈雲」匾額增光，香火日盛。

　　「新碑」雖煞有其事如此敘述，但「舊碑」卻與之出入頗大：

> 越道光年間，建立城池。諸董事等悵禪堂之穿漏，思舊物之維新，虞獨力難支，卜同人之是叶，改立坐向而重修焉。余於三春祭掃之辰、九日登高之節，即禮世尊，知其經營造久，剝落荒多；柱礎雖存，輝煌非舊。際時會之昇平，備梓材而鳩庀。爰是邀同諸君同心協力，冒風踏雨，不辭跋涉辛苦；自癸酉年四月起，倡首捐緣。賴諸大宰官身善信男女咸沾法雨均施，靡不樂事勸功，推誠報德；集腋成裘，奉新修造。憑籤立筶，再改舊向

艮坤丑未，至十月間而完竣焉。庶幾法鼓將沈而更震，經樓已墮而重新。噫嘻！始基具美，何難指日□更新；眾力易擎，自可崇朝而造極。將見坤維奠位，廿四莊頓消回祿之虞；震澤朝宗，千百年永獲慈航之慶。

謹記。

同治癸酉年十月□□日，董事陳長水等立石。

　　對照新舊二碑，明顯可發現新碑中對同治年間的修建刻意突出「許德麟」其人之主倡地位，而舊碑中則是董事陳長水刻意淡化道光年間林家重修之貢獻，兩碑均有所偏有所失，蓋皆私心所致。陳長水其人，方志有傳，茲引錄如下：[16]

> 陳清淮，原名長水，字汝泗，竹塹城內北門街人，原籍南安，監生。父程任，母林氏，兄弟二人，清淮居長。六歲喪父，善承母志，家貧，菽水承歡，孝養備至，母嗜鯽魚，市無可買，常自往溪中取之。母病，侍湯藥維謹，母歿，哀毀逾恆。妻早亡，或勸其續娶，清淮以弟尚未娶，急先為弟謀而後於己；家庭雍睦，人無間言。泊家漸饒，樂善好施，同治十二年重修巡司埔竹蓮寺，倡首捐資，經營課督，清淮之力居多；其他廟宇、橋樑、道路，亦多所修建。性和厚，喜為人排難解紛，鄉黨稱之。光緒十六年四月初十日卒，年七十三，墓在縣北五十里大溪滑溪尾莊。子三：長澄波，廣東試用縣丞。次澄沅，業儒。孫三，曾孫二。光緒十七年十二月初八日，入祀忠義孝悌祠，弟清光亦同案表孝友。

傳文中很清楚的寫出同治十二年的重修，陳長水「倡首捐資，經營課督，清淮之力居多」，而且碑文落款，亦以陳長水一人單衙落款題刻，皆可明證其主導居首之地位與功績，則斯役與「許德麟」其人關係不大矣！

　　道光年間竹蓮寺修建之役，幸陳培桂《淡水廳志》略有提及，可與舊碑互補，陳書卷十三考三〈古蹟〉記「竹蓮寺」：「即觀音亭，在廳治南門外巡司埔。乾隆四十六年莊德建。道光五年林紹賢改修，九年紹賢子祥雲建東西廊。」《淡水廳志》於同治六年（1867）始修、九年重修，十年（1871）五月後刊行，故不及將同治十二年竹蓮寺改建乙事，採訪刊入。志中林紹賢、祥雲父子即新竹有名之內外公館的鄭、林兩家族中之林家。竹塹內公館林家之所以成為大姓豪族，關鍵人物為其八世祖林紹賢，習稱「萬生翁」。林紹賢幼名萬生，字大有，號志達，譜名臣萬，諡裕昆，生於乾隆二十六年（1761），卒於道光九年（1829），享壽六十有九。他為竹塹大郊商之一，商號有「恆茂」、「恆發」，不僅經營全台鹽務，往來兩岸、呂宋營商，獲鉅利，並廣求田地，建築宅第於西門城邊，可謂善治生計，經商致富。[17]

　　根據上引諸資料，可獲知道、同年間竹蓮寺諸般相關史事，茲整理分析如下：

（一）前述嘉慶初年之遷建，竹蓮寺之建築型式為一進單開間，應大體無誤。嗣後有可能在其後面或左右，另建「禪堂」供靜修、打坐、講經之用。在道光五年（1825），廟宇歷時近三十年，（也符合台灣古建築的 30 至 50 年重修週期），建物有些破損穿漏而重修。此次重修因有「改立坐向」，可

見不是小型的修繕工程，而是重建的大規模工程。問題是竹蓮寺當初的遷建按常理論，應有請地理師尋龍找穴過，才有「六合」勝境之說，既然是吉穴寶地，分金坐向已定，爲何此次又要改坐向，難不成在此期間竹蓮寺或地方上曾發生若干凶煞不祥之事，才決定再度改向重建。經檢索嘉慶至道光五年台灣大事記，並無任何一內憂外患事件波及竹塹，竹塹地區亦無任何地方大事發生，有之，爲道光六年（1826）五月後，彰化發生閩粵分類械鬥，蔓延至鹽水港、南庄、客雅溪流域等地一事而已，事件年代已在改建之後，顯然無關。幾經思索，較有可能者，或與竹塹建磚城有關。

按，先是雍正十一年（1733），淡水同知徐治民首在竹塹三台山下環植莿竹爲城，嗣後屢有整修。同年設北路協標右營於竹塹，並派兵分防後龍、中港、南崁、淡水。及至乾隆年間，竹塹人口戶數不斷增加，乃有街市之形成、寺廟之興建。乾隆二十一年，淡水同知歸治竹塹，並建淡水廳治於太爺街，同時將巡檢署移至南門內廳署之西南。從此竹塹步入積極建設，城廂腹地不斷拓展，寺廟、書院等公共建設陸續建立，形制日益完備，商業、文教活動日益興盛，此亦觀音亭興建之時代背景。嘉慶十一年（1806），由於海盜蔡牽亂，居民乃在竹城外加築土圍；十八年再將土圍加高鑲寬，城外復植莿竹，莿竹之外又挖掘壕溝，形成三道防禦工事。

道光六年（1826），經地方仕紳鄭用錫、林國華、林紹賢等人聯合向淡水同知籲請建城，且自願捐派築城經費。奏入獲准，於道光七年動工，九年竣工。磚石城池之建設，不僅保護城內居民，同時也展現竹塹為當時北台行政中心之地位與氣勢。同時將築城餘款用以興修社稷壇、山川壇、龍神廟、五穀廟、名宦祠、鄉賢祠、昭忠祠、節孝祠及明志書院，竹塹廳城形制至此完備，始有整齊規肅之氣象。[18]

　　建城之事為道光六年籲請，七年動工、九年竣工，而竹蓮寺之改建為道光五年，其事一前一後，似無相干，為何個人懷疑與此有關呢？蓋建城為地方大事，斷無臨時起意，率爾提出籲請之道理，其前應請有堪輿師度定基址，規劃規模形制之準備，可能在當時已發覺竹蓮寺位置過於逼近預定南門口城濠，或是坐向與南門口方位有所對沖，林紹賢既是籲請、籌捐、經理建城之重要人物，對於「寺、城」之地理位置必了然於胸，故舊碑文中「越道光間，建立城池」一句，已點出改建之時代背景線索，因此此次重建不管背後是何原因或動機，似可說幾乎是出自林紹賢之主意與主導，鄙說之似否有當，尚請高明指教！再，此次重建或因倉促，仍是一進單開間（或三開間）形式，至道光九年，才由紹賢子祥雲增建東西兩廊，成三合院形式，完成父親之遺願。（按，紹賢亦卒於是年。）

（二）其時竹蓮寺之組織有董事，林家為董事之一，後之陳長水亦有可能其時已是董事之一。其他尚有「顧廟」人許德麟

其人，新碑中稱彼爲「主持人」恐有待商榷，因台灣民俗習慣，稱僧侶之流管理者爲「住持」，俗家之人爲「顧廟」，是有所分別的，且「顧廟」者職權不大，無足道哉！

（三）舊碑中記「余於三春祭掃之辰、九日登高之節，即禮世尊」，舊稱三春指夏曆正月爲孟春、二月爲仲春、三月爲季春，有時專指春季第三月，即夏曆三月，此處觀上下文意，應是泛指春季三個月分。台灣民間習俗，觀音菩薩例祭日有三：(1) 二月十九日是誕辰祭日，(2) 六月十九日是得道升天日。(3) 九月十九日爲掛纓絡日。據此碑文，其時竹蓮寺觀音菩薩例祭日，除習知的三個日子外，尚有新正、及春季三月，再加上九月九日的重陽節；有可能其時城內住民利用重陽節日前往南門外青草湖踏青登高之時，路上順道前往竹蓮寺膜拜祭祀一番。

在此，可舉北門鄭家爲例，據《浯江鄭氏家乘》記載，鄭氏族人有不少人埋葬在金山面一帶，如鄭如蘭一房之鄭朝南「嫡妣張廖孺人葬在縣東南十里金山面蛇仔崙、繼妣呂孺人葬在縣東南十里金山面」（頁 128）、鄭步南「考葬在新竹南城外風吹輦山」（頁 136）、鄭安樹「葬在縣東南十里金山面山」（頁 136）、鄭瞻南「夫妻合葬金山面山」（頁 104），又如鄭安壬「妣葬縣東南十里金山面竹蓮寺後」（頁 87）、鄭幼坡「府君葬在金山面竹蓮寺後」（頁 143）等等，俱是顯例，亦可概見其餘。正可印證，城內居民前往掃墓，順道前往竹蓮寺禮拜一番，祈求賜福生者，冥佑亡者，是自然不過之事。[19]

（四）道光九年（1829）之擴建至同治癸酉十二年（1873）之重建，
也有四十四年之久，「經營造久，剝落荒多，柱礎雖存，輝
煌非舊」，因此很早就有準備「梓材而鳩庀」，從同治十二
年四月起，陳長水倡首捐款，至十月間竣工，雖是「奉新
修造」，但施工期不過半年左右，規模形制想必不大，碑文
才沒有出現諸如「美輪美奐」、「壯麗碩大」等等形容詞，
只是較消極地形容「庶幾法鼓將沈而更震、經樓已墮而重
新」、「始基具美，何難指日而更新」，換言之，僅是恢復舊
觀而已。較可怪者，此次修建又三度更改分金坐向，只是
又改回「再改舊向艮坤丑未」，表面上說是「憑籤立筶」，
意指是神明的旨意，而且「將見坤維奠位，廿四莊頓消回
祿之虞」，可知道光年間竹蓮寺改向重建後，竹塹地區南
門一帶村庄經常發生火災，眾人將之歸罪林家主導改向重
建之緣故，但其時林家族大勢強，眾人不便明言，遂假託
神意，「憑籤立筶」，才又改回舊向，因為若只是單純的修
繕工程，也不必如此慎重的憑籤立筶，藉口由神明指示裁
決。但是個人相信不應該是如此單純、如此表象的原因，
林、陳兩人俱為郊商，這背後恐尚有郊商之間的商業競
爭、衝突與矛盾，故陳長水刻意在碑文中不提林紹賢、林
祥雲之名字，對道光年間之改建擴建均有意無意地予以淡
化，輕描淡寫處理，愈是如此，愈見彼此間的矛盾心結。
當然，另一種可能，是陳長水與林家私交很好，刻意不提
林家名字，予以淡化保護，但果真如此，反而愈益突顯眾
人對道光年林家主導竹蓮寺改向重建的不平與不滿。

同治十二年之改建，留下十四塊捐題碑以昭信感恩，此十四塊碑在清光緒年間陳朝龍采訪時曾記錄「計碑十四塊，高一尺五、六寸，寬窄不一。中列捐戶姓名、銀數及開用款項，條目太繁，茲不具載。」[20]，當年已覺繁瑣，何況今日諸碑塊與日治時期捐題碑高低錯落亂拼，嵌置在今竹蓮寺右邊過水廊牆壁上，不僅風化漫漶難以辨讀，且只剩下十一塊，已有佚失數塊，幸今人何培夫摹拓下來，且收錄在《台灣地區現存碑碣圖誌‧新竹縣市篇》。吾人細觀此碑文，可以整理析論如下：

（一）現存十一塊石碑，其中有一塊是日治時期，可知同治十二年之十四塊石碑僅剩下十塊，佚失四塊。且殘存十塊石碑全是捐題碑，陳書所記碑首之陳長水紀事碑文已不見。可推知佚失四塊中有一塊是紀事碑。

（二）現存捐題碑之捐獻人不見陳長水之名，陳長水是有錢郊商又是此次改建倡首發起人，於情於理應該會有大手筆之捐獻，今不見其名，則應該在其他佚失的三塊石碑之中，有一碑為捐題碑。而陳朝龍書中記碑文中有「開用款項」之碑（姑且稱賬目碑），今存殘碑也不見，則佚失碑文中有一塊是帳目碑。據此可知佚失四塊石碑中，一為紀事碑，一為捐題碑，一為賬目碑，另一碑若不是捐題即是賬目碑。

（三）現存石碑，目測長約 50 公分，寬約 70 公分，符合陳書所記「高一尺五、六寸，寬窄不一」，可見正是原來形制，且陳書又記石碑計量單位為「塊」，非「方」，也可見原來石碑不大，在此不免產生一個疑問？一般台灣所見石碑率多為一長

方形之大石碑，約莫高五尺許，寬二尺許，且有座，甚少見到一小塊一小塊零碎石碑，此石碑材料又為價廉之砂岩，頗有可能是建築施工的剩餘石材所裁製而成，省儉至如此，正反映當年募款之不易及經費之拮据，再參看現存捐題碑所捐者全是小額捐款，諸如：一員、二員、三員、四員、五員、六員、八員，最多者也不過十員，不像一般廟宇興建，捐戶一出手便是數十員、百員，除非佚失之捐題碑中剛好都是殷實富戶大額捐款，否則基本上，這次修建可以認知是集基層大眾之力，「集腋成裘，奉新修造」，可能因經費不鉅，規模有限，才會出現碑文中「始基具美，何難指日□更新」之字句，勉勵期待來日再次擴增新建。

（四）碑文中捐戶有頗多是商號、店舖與船戶，茲略整裡抄錄於下，以供治新竹商貿史者參考，兼作為下面進一步之析論用：「源順號、美興號、義合號、益升號、□益號、和盛號、合義號、勝發號、泉馨號、榮順號、順成號、恒順號、榮發號、鎰和號」（以上各捐銀二大員正）；「金福□、義益號、金和號、豐裕號、泉成號、晉利號、協春號、林修記、茶源號」（以上各捐緣銀三大員）；「合和盛、捷順號、□安號、合勝號」（以上各捐銀二大員）；「源□□、和成號、協興號、金源泉、金恆勝、同發號、金興順、金發號，美勝號」（以上每名各捐題佛銀一大員）；「金合發、和發號、德泉號、益春號、合美號、金隆發、林忠記、合成號、泉發號」（以上各捐緣佛銀一大員）；「金福成、恆馨號、慶祥號、東興號、協順號、金順利、振泰號、李春記、金吉順、金萬

吉、正寶舟、隆盛號、金協順、金利源」（以上各捐緣銀一
大員）；「協興號、金春號、金利號、瑞發號、金茂號、益成
號、德興號、德香號、金合順、碧雲珍、金陞玉、恆源號、
振成號」（以上各捐題佛銀一大員）；「協利號」（以上各捐一
大員）；「味珍齋、張成記、曾春記」（以上各捐緣金五大員）；
「鄭承記、陳榮記」（以上各捐緣銀四大員），「楊源記、和
昌號、黃利記、黃錦記、陳庆記、金振興、吳領記、鄭隆
記、張裕記、成利號、□利號、利發號、黃珍香、陳瑞記、
新東茂」（以上各緣銀一大員）；「泉山號、金永順、金進順、
金源泉、活利號、協利號、金源吉」（以上各捐緣銀二大員
正）；「金再勝」（各捐緣銀陸大員）。

圖 4-5 右門廊牆上碑石

以上名號，不見當時位在北門街的船頭行（即郊行）「蔡順發、怡和號、江協興號」等，但是蔡家後裔，已故新竹市耆宿蔡金華先生曾回憶：「蔡家和竹蓮寺是有淵源的，同治年間整修時，『蔡順發』出錢出力，在刻石上仍有紀錄可查的。」[21] 可見前述佚失的四塊石碑中，一碑必是捐題碑，有蔡順發郊行之捐輸紀錄，並且在日治時期仍然存在，蔡金華先生見過，才會有口述以上一段話來。（蔡氏生於民國前四年，即光緒 34 年，明治 41 年）據此更印證了個人前文考據，佚失四塊碑中，一為紀事、一為賬目、一為捐題，至於餘一有可能也是捐題碑。

總之，以上名單，少見知名郊商與郊鋪，尤其是北門街的郊戶，而且捐款數目銘刻勒題寫法不同且不一，可見不是修建完工之後一次刻石勒紀完成，而是分數次一一刻成。也即是說不僅捐款是小額捐獻，而且是陸陸續續不斷進行中，配合工程進度及募款情形才逐次勒石昭信。之所以會有如此現象，個人推論可能原因有二：一與竹蓮寺所在位置有關，一則為前述郊商不合有關。

竹蓮寺位在清代由南門街出城必經之交通動線上，當年南門交通動線大致有四：(1) 由縣署南下循南門街出南門口外，此為最主要道路，也發展出市集來，有草市（南門外，俗名草埕。）、菜市、瓜市、苧市、腦市等。[22] (2) 另一由縣署前經西門街（約今西安街），轉明志書院東側的書院街，接考棚邊後，再經由南門街出南門。(3) 從縣署左側谷倉口（今中央里），經中巷（約今南門街 111 巷）再接考

棚街轉南門街出南門。(4) 出南門外，經解阜門（昔日土城的南門名）至今香山地區，直接走店仔街（今福德街，而小販在此聚集，形成街肆，故得名）。因此，昔年竹蓮寺一帶，吾人可以想像有鄰近地區村庄民人，每日挑運農林山產到此擺設攤位批發叫賣，熱鬧繽紛，交易活絡。廟前、左右都是基層人民熙熙攘攘的販賣市集，加上人來人往的眾多善男信女，因此隨緣捐獻，形成了捐戶多、金額少、數目眾的現象，此其一。再者，過去南門居民多在城外，多為中低收入居民住所，生活相當更困苦。而且過去的車埕里（今林森路三王爺廟前）有一塊空地，早年也是牛墟，為牛隻買賣交易場地，亦屬市集人眾地點。總之南門地區一帶，早期作苦力、搓麻繩維生的人相當多 [23]，收入有限，捐輸自亦難多，此亦原因之二。

其三，陳長水本人為北門的布郊商，按情理應會向同是左右鄰居的殷戶、鉅賈、郊商同業募捐，或是直接向塹郊金長和遊說公捐才對，若果真有這批郊戶出手樂捐，所捐金額必定不少，不致於經費如此拮据，所立石碑也不致於是如此零碎狹小。若有人質疑，大筆捐款名單正好是佚失的四塊石碑之一，當然是有可能，然而既是大額捐款，更會立大型石碑昭信感謝，焉有大塊石碑佚失，反而零零碎碎的小塊石碑存留至今，更何況陳書記載也很明確的指出這十四塊石碑皆是小塊石碑，「計碑十四塊，高一尺五、六寸，寬窄不一」。若以上析論無誤，此次捐輸者皆是基層升斗小民的小額捐款，居然不見郊商巨富的大力支持，再

反思陳長水當時的身分地位與郊行職業，這其中透露著諸多不合情理的蹊蹺，可能情形是郊商之間的不和、矛盾與衝突，才在此次竹蓮寺改建之役中，不願出手相助。

按，塹郊金長和成立於道光八、九年左右，盛於咸、同年間，期間對新竹地方的社會建設與地方公益事業，莫不熱烈參與支持，所涉及層面廣達教育（文廟、試院、書院、學田等）、公益（義渡、橋樑等）、慈善（助葬、救荒，義塚等）、平亂（械鬥、戴潮春之亂等）、宗教（文廟、龍王廟、長和宮、水仙宮、香山天后宮、大眾廟、香山土地廟等）諸方面，無不踴躍捐輸，共襄盛舉，實亦可觀，論新竹地方於咸同年間，政務、墾務、建設之蒸蒸日上，成為北台灣一重要政經中心，其發展之速，固得官民協力合作，而塹郊居中襄贊之功，亦不可沒也。余早年曾撰文探討塹郊金長和與會所長和宮，於其成立年代、組織、參與活動、市場分佈、行銷通路、知名郊鋪與郊商、對地方貢獻、與金廣福墾務關係、衰微原因等等有全面性的探討，[24] 拙文中曾指出塹郊中又區分「老抽分」、「中抽分」、「新抽分」三個次團體，及不加入之「散郊戶」，為全台諸行郊同業行會中所僅見，顯然派中有派，系中有系，說明了其內部之不克和諧，而塹郊之公號取名「金長和」，正寓有長保和諧和氣之期勉，尤具深意。不料，於此次竹蓮寺改建過移中之探討析論，又意外得一旁證，加強本人之論點，實令人驚喜。總之，簡單地說，此次竹蓮寺之改建，理應有塹郊郊戶之樂捐才是，之所以不見其事其碑，反映了同治

年間郊商間之不和，而其種因固然在於道光年間新竹大郊
商林家主導竹蓮寺改向重建，導致南門附近諸村庄經常發
生火災回祿，引起爭議，而根本原因還是應在於商務之競
爭激烈，導致內部不和分裂所致。

　　同治十二年十月，竹蓮寺歷經艱辛募款，才恢復原
向，新建落成。翌年三月，又有陳維經、曾呈勅等董事，
捐出田園埔地，供充竹蓮寺香資，事後立有「捐充竹蓮寺
祀業碑」，碑文不長，引錄如下：[25]

> 陳維經、曾呈勅、曾瑞德、林振財（即陳金鈿）、曾天
> 慶、曾長水、林輝壬同四合興等商議，愿將此田園埔地等
> 業喜充竹蓮寺佛祖聖誕之資。其田址在渡船頭溪洲仔莊樹
> 林邊，其東西四至界址在大印契內明白。現今被洪水沖壞
> 爲荒埔，日後如有浮成田業，聽從諸董事開闢成田業，與
> 四合興人等無干。此乃誠心喜獻，並無抑勒。合應批照。
> 同治十三年歲次甲戌三月□□日，諸董事立。

　　讀此碑文，不禁又令人添一疑惑？諸董事爲何以一被
洪水沖壞爲荒埔之土地，捐充爲竹蓮寺佛祖香資，眞不知
彼等居心何在？若謂等待日後可以浮成田土，開闢成田，
廣收租佃，更是荒唐不通，不知所云之感。同治年間的竹
蓮寺史，其中種種矛盾，不可解之事多矣，隱隱約約透露
其中諸多人事不和的複雜信息。不過，據此碑文，至少可
知同治年間，竹蓮寺諸董事名單：陳長水、陳維經、曾呈
勅、曾瑞德、林振財（即陳金鈿）、曾天慶、曾長水、林輝
壬等八人。

再，此碑下亦有夾注兩小字「同上」，即同同治十二年之「重修竹蓮寺碑」下之夾注小字，因此此碑亦屬前述十四塊小碑之一。若然，佚失四碑中之一，即是此碑，稽考至此佚失四碑內容俱知，即內容分別為紀事、獻土、賑目各一，餘下一碑應即是捐題碑。復次，前面考證諸碑非同治十二年十月落成後一氣呵成刻銘立石，此碑文立於翌年，透過此一夾注小字又得一佐證，證實個人之考證。

（五）捐輸名單中值得注意者，出現了諸多神壇，如「法興坛」（以上各捐緣銀貳大員）、「萬眞坛」（以上各捐緣銀壹大員）、「靈應坛」（以上各緣銀一大員），坛即壇之俗字，光從壇名無能考知奉祀何神，但頗能反映同光年間新竹地區風俗尚巫之社會現象，陳書卷七〈土著風俗〉「祈禳」有敘述寫眞，可供參考：[26]

> 村社祀神，有所謂王爺者，其神來歷茫然無考，大率託名為歷代殉難忠臣者居多，每以一人為尸，謂之乩童，其在旁聽受指畫者謂之聽佛話（俗謂神佛皆謂之佛）；病者邀請至家，或使人詣廟叩之，焚香祝畢，乩童端坐神前，俯伏案上，聽佛話者書符焚金楮，誦咒召神，頃之，乩童騰躍作嘔吐狀，赤身披髮，仗劍喃喃作王爺語，妄示方藥，怒則以劍或刀斧剖額砍背，或割舌出血、書符鎮宅，以示神靈。或封閉密室，七日不食，託言將詣陰府見閻羅王查檢病者壽算，謂之坐禁，其實聽佛話者早暗藏糕餅食物而入，詭秘搖惑世俗，紛紛信以

為神，牢不可破，雖搢紳之家，未能免俗，往往誤服其藥，至於戕命而不悔，而彼為乩童者，貪利惑人，不惜毀傷膚體，可笑亦可哀已！

又記：

凡遇賽神之會，乩童立神輦上，以鐵鍼長一二尺，或長五六尺，刺貫口輔，謂之禁口鍼。又或燒炭置庭，俟火熱炭紅，散鹽其上，乩童躍過，眾人隨而過之，謂之過火。或煮花生油滿鑊而以手浴之，謂之落油鼎。甚或架刀劍為梯，高二三丈，貼符其上而登之，謂之上刀梯。以木板攢列鐵釘百十而銳其末，置神輦上坐之，謂之坐釘床，蓋其伎倆百出，無非惑人炫俗之觀。或言為此術者，臨時預先念咒，畫符和藥，服之則遍身發癢，剖使出血乃無恙，否則癢不可耐，毒血凝滯，且有後患，理或然歟？

陳朝龍另有〈竹塹竹枝詞〉，詞中記：「里社殘冬競賽神，王爺骨相儼如真；刀輿油鑊甘心試，堪笑乩童不惜身。」句下有注：「台俗，里社迎神賽會，乩童以刀劍、油鑊徧試身體，以示神靈顯赫。此等頹風，不知何年得挽？」，竹枝詞續記：「梵刹風光數竹蓮，觀音生日集嬋娟；瓣香爭向慈雲乞，一滴楊枝灑大千。」下注：「九月十九日，觀世音誕辰。是日竹蓮寺拈香，婦女最盛。」[27] 透過此竹枝詞，不僅可明白諸神壇願意捐獻興建竹蓮寺之時代背景，亦即同、光年間，竹蓮寺女性信徒之多與夫香火鼎盛之紀實。

另外，新竹市曾流行一首童謠，內容涉及竹蓮寺，茲一併採輯收入，以見昔年兒童對新竹市諸神明、諸寺廟，及可能是遊戲路線、遊戲空間的印象：[28]

　　　　琉璃燈，迎去媽祖，媽祖無閒。迎去觀音亭，觀音媽臉笑笑。迎去大眾廟，大眾爺面烏烏。迎去坟場埔，坟場埔沒發草。迎去西門口，西門口沒石頭。迎去北鼓樓，北鼓樓沒米倉，迎去田中央。

（六）捐獻名單中有「林士外戲檯全座」，所捐「戲檯全座」語意不明，不知是指臨時搭棚演出外台戲乙座，還是指興建「戲台」此一建築物供廟方演戲用？又有「呂三妹喜助松柏捌支」，此松柏不知是指盆栽之松柏，或是植土長成喬木之松柏？再有「……謝烏番，以上共計伍車工資」，清代台俗，台穀每石為一車，[29] 則謝烏番等人捐獻稻穀五石充作工資，出手不算淡薄，一則反映信仰虔誠，一則反應其地人車往來之熱鬧之景象；收入頗豐，出手才會如此大方。總之，若不過分仔細苛考求信，同治十二年竹蓮寺之興建，其規模形制，似可下一論述：寺周圍植有松柏，廟前有戲台乙座。另，寺之周圍尚有一古井，井水號為通縣第一，陳書卷一〈竹塹堡紀勝〉記此井：[30]

　　　　巡司埔井，在縣城南門外一里，竹蓮寺邊。開闢之初，即有此井。泉清而甘，試以秤量，常重於他井之水。故品茶香者。以為新竹通縣井水第一。雖遠在數里之外，不憚往汲焉。

圖 4-6　廟後巷中古井　　　　　　圖 4-7　廟埕右前鹽水亭

　　今察寺之前後俱有古井，一在廟埕右側涼亭前，已砌蓋封
死；一在廟後巷路正中，建材石塊與砌法均古樸，仍在使用，不
知二井何者爲是？抑或皆是。古井有增添名勝之作用，古井梵
宇，寶寺名井，雙美互彰，廟方不僅要妥善保存，更要廣事文
宣，憑添勝蹟。

　　另前述新碑中提及莊榮陞、湯奇才等人組成十八股重建會亦
非無據，只是恐怕將重蓮會誤成重建會了。根據光復初期新竹文
獻會通訊的一篇文章，(按，文章本身即根據日據時期所調查，但
未注出處)，記其時新竹縣市之神明會有重蓮社觀音佛祖會，位在
西門，尊祀觀音佛祖、註生娘娘，創立年代爲「同治十一年 2 月
19 日」，會員有十八人。竹蓮寺之沿革紀錄爲：「康熙末年，流寓
漢民初建草庵小祠，嗣後北莊業戶王世傑捐獻地基及香火租穀。
嘉慶年間莊仕德創建寺宇，道光六年林紹賢改修，同九年林祥雲
又改修；同治五年至十二年間陳長水、莊榮陞、湯奇才重蓮會會
員十八股等擴大重建，有碑。民國四十二年重新建。」[31] 此文應

即是「新碑」撰文之由來，惟文中並未提及許德麟其人其事。

再次，竹蓮寺同治十二年的遷向改建，其規模形制，《新竹縣志初稿》〈典禮志〉「祠祀」記載：「竹蓮寺（即觀音亭），在南門外巡司埔，距縣治里許。乾隆四十六年，莊德建。同治十二年，紳民由故址重新改建，一座二進，左右建兩廊；計費銀六千五百六十二圓二角。廟宇一百坪，地基二百坪。」[32] 可見此次改建，除座向改變外，大體只是恢復道光年間林家所建的規模形制而已，至於費銀六千餘元云云，對照今存捐題碑的金額，出入太大，個人持保留態度，不予輕信，除非這六千餘元是指包括其後陸陸續續的修建費用，直到割台前，或是有人貪墨侵吞，又或是佚失捐題碑中有大筆之捐款才能證實。

其時竹蓮寺廟產收入，同書記載：

> 歷年租項：
>
> 一、蜈蚣窩坑年納大、小租穀七十六石一斗九升五合。
>
> 一、土地公坑年納大、小租穀四十六石二斗。
>
> 一、南勢坑年納大、小租穀十九石二斗五升。
>
> 一、出粟湖年納大、小租穀二十石二斗二升。
>
> 一、陳和興年給油四砠。
>
> 一、大眾廟年納租穀十石。

《新竹縣制度考》亦記有竹蓮寺之形制規模：「竹蓮寺，南門外。門一棟，堂三棟。廟門內空地大凡十二坪半，轅門內空地大凡一百零五坪。[33] 同書續記廟產租息收入：

竹蓮寺租穀：

蜈蚣窩坑

一、鄭清（即合生）小租四石、大租六斗。

一、王烏番小租二石、大租三斗。

一、江珠小租四石、大租六斗。

一、蔡景東小租一十石、大租一石五斗。

一、林來錦小租四石、大租六斗。

一、陳水成（即陳乞）小租四石、大租六斗。

一、蔡貫農小租二石、大租三斗。

一、林春（即榮華）小租五石、大租七斗八升。

一、林連水小租一十七石、大租二石五斗。

一、劉尾小租四石、大租六斗。

一、高九（即鄭要）小租四石五斗、大租六斗七升五
　　合。

一、麥飯（即麥谷）小租四石、大租三斗。

一、蔡文淵小租二石、大租三斗。

土地公坑

一、林興小租二石五斗、大租四斗。

一、黃海小租二石、大租三斗。

一、吳永小租二石、大租三斗。

一、莊欽小租二石、大租二斗。

一、洪加和小租五石、大租七斗五升。

一、黃望小租六石、大租七斗。

一、鄭使小租三石、大租四斗五升。

一、李大目小租三石、大租四斗五升。

一、林貯小租五石、大租七斗五升

一、蔡英也小租一十石、大租一石五斗。

南勢莊

一、莊金水小租二石、大租二斗。

一、鄭日嫂小租六石、大租九斗。

一、鄭番江小租五石、大租七斗五升。

一、施天水小租二石、大租二斗。

一、林貯小租二石，大租三斗。

出粟湖

一、陳乞小租一十石、大租一石五斗

一、郭哀記小租一十石、大租七斗。

以上陳列姓名，乃是個人。其租業皆王義記所獻與佛祖
點油香者，以作福食。

每年共現收六石六斗半，其餘皆欠不納。又現收董事
（陳）和興號油四矼、大眾廟租一車，現收以作福食。

《新竹縣志初稿》乃據陳朝龍《新竹縣志》原修殘稿資料
重加編輯而成，《新竹縣制度考》約成於明治二十八年（光緒
二十一年，1895），兩書所記，率皆清末日治初期之事實。參酌
兩書所記竹蓮寺相關史實，可知自同治十二年改建以來，直迄日
治初期，建築形制變化不大，亦可推知應該在清末時期，竹蓮寺

並未有任何較大之增建擴建，只是廟埕比現在所見要大而已。至於廟產對照兩書，幾乎並無出入，土地集中在蜈蚣窩坑、土地公坑、南勢坑、出粟湖，多在今新竹市東區青草湖一帶，又皆是王義記業戶所獻。其時董事之一為業戶陳和興，而每年租谷收入約有一百五十石，却只能收到六石多，諸佃農之拖欠要賴，與負約抗納，亦可想見清末新竹之風習。

　　然而此事並非如此單純，其背後實牽扯土地產權、私佔侵墾、換佃退耕等等複雜情事。按此一地區土地，因和竹塹城南郭相鄰，早在乾隆四十二年（1777）即被設為豕牧之地；而其東側金山面地區（約今金山里、水仙里、科園里等），因地形平坦，有許多小溪流，且溪谷寬廣，形成許多小盆地，有利於開埤築田，故早在乾隆三十七年（1772），即被厚力林（今竹東鎮頭重、二重、三重里一帶）隘墾者前來拓墾，並在乾隆四十八年左右募佃墾成田園。嘉慶十二年（1815）漢人郭勃、陳環、蘇春等人再來此地向熟番約請租墾，但旋於越年和林特魁等人發生糾紛，纏訟經年，以至墾務不振，而於道光八年（1828）由淡水同知李愼彝捐買設為義塚，成為官山塚地，並准民間隨處瘞葬，不准藉墾阻撓，但仍交由郭、陳、蘇三姓掌管，其地區大約是土地公埔以東，大崎、雙溪口、金山面等埔地。

　　金山面一帶雖設為義塚，但漢民入境私墾者仍不絕於途，侵占塚地，開田築陂，私行耕種，栽植樹木，戕害墳墓，掘毀骸骨。其中築田開陂，陂在上，墳在下，以致墳墓受陂水滲漏灌侵之害，而栽種樹木（以相思樹林為主），陰翳叢雜，致使樹根穿結損害棺骸。或車轍牛跡，荒塚踏成平蕪；甚至官憲勒石定界清

查示禁，土豪地棍，盜毀滅跡，盜佔殆盡，「名爲義塚，實爲私山；號曰牧場，變爲己業」[34]，再加上轉手買賣，造成一連串糾紛，纏訟多年不決。

而巡司埔一帶居民，開墾金山面義山，開墾一甲習慣年付三角予竹蓮寺，充做香燈銀，供春秋二期祭典，所費不多。日後侵墾者貪圖只要交納少數金錢給予竹蓮寺作香燈銀，竟聲稱竹蓮寺爲該地之大租戶、大地主，日久後來開墾者要得竹蓮寺同意，竹蓮寺竟等同大租戶、業主，此一義山竟訛成竹蓮寺廟產，又造成土地產權不清。直到光緒十四年（1888）土地清丈時才確立業主權爲竹蓮寺，並冠上「義山」兩字，成「義山竹蓮寺」的名號，並發給丈單爲憑。（見下頁附圖）竹蓮寺並從此據以收租，給與收執爲照。而竹蓮寺並將義山收租之管理經營委由新竹林家林汝梅，土地丈單也交由林家世代保管。[35] 前文已言，道、同年間竹蓮寺之重建、改建，問題重重，已埋下郊商間之不和，此次竹蓮寺將義山經營管理權，交由林汝梅，想必會引起某些士紳郊商之不平與不服。而林家若干舉止確有引人爭議之處，如光緒六年（1880）舉人鄭維璜曾向巡撫提出指控，稱林汝梅「擅令伊弟林彰承辦，任從虛靡浮耗、捏造報銷，毫不檢舉；甚將每年存義倉粟私行變糶，作爲藥店、鹽舖貨殖資本，眾財直如己物，公利盡入私囊。」[36] 舉此一例，可概想其餘。清末日治初期諸佃農之托欠抗租，竹蓮寺收入銳減，與道、同年間諸多問題，從此面向、事例去思索考慮，其解答也就呼之欲出了。

圖 4-8　義山竹蓮寺發給之丈單　　　圖 4-9　義山竹蓮寺發給之執照

二、日治時期

　　乙未割台，我台民奮起抗日，兵荒馬亂，戰火漫天之下，台灣諸多古刹名廟或被竊據，或遭毀損，新竹諸廟亦不例外，如文廟與文昌宮為臨時派遣步兵第二十聯隊第三中隊佔用，關帝廟為第八憲兵隊第十分隊憲兵主力部隊竊用，龍王祠充為新竹醫院、十標媽祖廟為新竹辨務署、地藏庵為新守備隊軍官會議所、香山天后宮充作香山警察分署等等，皆是顯例。[37] 其中獨未見竹蓮寺之記載，或則倖逃一劫，免去災殃。

　　不僅如此，乙未割台之際，兵荒馬亂，在竹蓮寺曾發生一場大屠殺，一時人間淨土，竟成修羅地獄。緣由乙未割台，日軍

進攻臺北，時老將前台灣鎮總兵吳光亮率八營軍隊北上赴援，不料其部下乘危劫餉而潰，吳氏亦不得不依之南下潰逃。經桃園中壢時，粵勇民團聽聞臺北失守，又見廣勇金帛纍纍，又以爲劫餉潰勇企圖南下洗劫新竹，遂沿途截殺，死者數百人，幸林朝棟軍令其安紮新竹城外竹蓮寺，吳德功《讓台記》，詳記始末，五月十六日（西曆六月七日）條，敘「新竹知縣王國瑞，請棟軍參謀岳裔往臺北迎接唐民主。是日廣勇千餘奔至新竹界，爲兵民截殺」。下注：

> （上略）先是十二日之變，唐檄前台灣鎮吳光亮八營赴援。吳時老耄，其下乘危劫餉以潰。適臺北潰勇走依之，甫過桃仔園、中壢、粵民團勇始聞臺北失守，見廣勇金帛纍纍，疑爲劫餉叛殺之徒，詐稱南下以襲新竹。於是沿途截殺，軍械衣服洗搶一空。適棟軍數營聞喊聲震地，亦派隊出哨，於是廣勇遭殺者數百餘人。後知是吳軍，令安紮城外觀音寺。

五月十八日（西曆六月九日），述「棟軍諸勇搜殺廣勇於觀音亭」。下注：

> 廣勇駐於觀音亭，群疑洶洶。（中略）棟營傅德陞議取廣勇軍裝，配船內渡。謝天德部下於收軍裝時，爭取銀物，廣勇開鎗拒之，喊殺連天。客民乘勢攻下，數百餘名潰卒多遭殺斃。[38]

文中之「觀音寺」、「觀音亭」即是竹蓮寺，是可知其時民間仍習慣稱竹蓮寺爲「觀音寺」、「觀音亭」而非竹蓮寺，迄今新竹

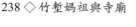

毫舊仍習慣稱觀音亭而不名竹蓮寺，亦可知「觀音亭」之名稱深入人心矣！

日治初期竹蓮寺之概況，據日人在明治三十一年（1898）六月時的調查，大約如下：寺廟地基二百坪，建物一百坪。附屬財產中每年金錢收入十八元，但並無租谷之收入，廟的建立年度為乾隆四十八年，所在地名稱為巡司埔街。[39] 此調查紀錄一看即知不符前文實情，出入頗大，此乃舉台皆然，固不待言，新竹地區亦是。

但較可怪者年收入只有十八元，而無絲毫租谷收入，實在相差太大，其中可能性，不是廟方有人動了手腳、少報假報，即是日治初期，政經不穩，前來參拜者少，以致香火一時中衰，香資頓減。而租谷毫無收入，前節敘清末應有一百五十石租谷，竟然僅有六石繳納，佃農之抗納拖欠之嚴重情形可想得知。而際此改朝換代之動亂時局，更是要賴圖拖之大好時機，甚至有被有力者中飽侵吞之可能性，凡此不一而足，俱可見竹蓮寺此時期之維持不易，苦撐待變之局面。

同時期之《土地申告書》與之略有出入，但因登記調查之著重點不同，彼此可作為互補互校。按明治三十四年七月之《土地申告書》紀錄，其時竹蓮寺地址為：竹北一堡巡司埔街四百十三番戶之一，管理人為許金水，調查委員鍾榮根，街庄長鍾青。建物地基為：「右記屋地亦係乾隆年間王世傑喜獻與竹蓮寺。由該人民起蓋屋宇居住。若建成家屋者，每年應納地基銀，作為該寺內香燈資費。現今此數地未曾建屋，乃係空荒之地，而此地當時王世傑所獻之地，……無契券……（以上一行字跡重疊，難以辨認），查無踪跡，自許金水承亡父許麟接管以來，實無契券流

交。今蒙憲調查土地理合造具理由，稟明是實」。另一份紀錄記竹北一堡巡司埔街三六七番地，管理人爲許金水，調查委員鍾榮根，街庄長鍾青。廟地壹所：「右此廟地係於乾隆年間業主王世傑喜獻爲觀音佛祖廟地。該廟當時係諸紳商人等，及各庄農民共同捐資建造，祀奉觀音佛祖，名曰竹蓮寺。其廟後左右俱有餘地，由該處人民起蓋屋宇居住，每年徵收地基銀項，做爲該廟香燈之資。至光緒三年王世傑再獻土地公坑、出谷湖各庄山田、大租谷，計二十三石，現在僅收六石，添作香燈費用。其廟前每年中元賑祭孤魂及各佛祖聖誕祝典，係城內外紳民管理，其開用諸費係在樹林頭田業及義山出息，殆至祭祀之期，每年該由值年爐主輪流收用，非係廟內管理人干預，而斯時王世傑所獻之地契無……（以下劃掉一段，隱約可看出：與人爭訟，將契劵帶渡清國福州，終已無踪跡。）昔日至今管理多人，而自許金水承亡父許麟接管以來，實無契劵流交之事，今蒙憲調查土地理合將情形，造具理由稟明是實。」

其附近住戶之調查紀錄亦可供參考，如四百五十八番戶，業主鄭生，屋地壹所「右此業係鄭生承亡祖父鄭赤秋，於道光二十年向地基主王世傑相議，將南門外巡司埔街空地，自備資本工料築造家屋壹所。當時經地基主言約：每年納地基錢參角而已，無寫立契據付執之事。迨至光緒元年王世傑將此地基獻歸竹蓮寺爲香燈之資，現在地基銀竹蓮寺管理人許金水，徵收歷管無異。今蒙憲調查土地，理合造具理由，稟明是實」

四百五十六番戶，業主黃矮，屋地一所「右此業係黃矮，承亡祖父黃海，於咸豐八年間向地基主竹蓮寺管理人許金水亡父許

麟相議，將巡司埔街空地，自備資本建造家屋壹所，而當時經地基主言約：每年納地基銀壹角，只以納地基銀而已，無寫契據付執之事，至今有四十四年，歷管無異，今蒙憲調查土地，理合造具理由稟明是實。」

而竹蓮寺所有之巡司埔街土地，據《土地申告書》所記地段有四：367番地，「東自小路黃自來厝地，西至李祖坤厝地，南至路為界，北至黃氏園、蔡王氏美、黃園添、林邊興、黃香厝地為界」。346番地，「東至溫燕厝地，西至小溝，南至路為界，北至小溝為界」。448番地，「東唐番薯、楊世賢厝地，西至車路，南至鄭讚厝地，北至路為界」。416番地「東至車路，西至蔡邁，南至小路，北至蔡李氏牽厝地」。[40]

根據以上諸資料可以獲知：

（一）王家確有捐獻土地及地租、租谷予竹蓮寺，一是乾隆年間，一是光緒元年，一是光緒三年。土地包括竹蓮寺所在位置的巡司埔街附近地段，土地公坑、出谷湖（即出粟湖）、樹林頭及東南山區的義山諸庄山田。惜當年只是口頭約定，並無寫定契字，造成其後諸多土地糾紛，纏訟經年。而竹蓮寺擁有的土地契劵，也在政權改隸之際，被人攜至福州終告無存，致造成竹蓮寺失去大量寺產，以致日治初期寺廟調查時，並無太多土地與租谷收入。

（二）其時竹蓮寺組織只有諸董事、值年爐主及管理人、神明會等等，咸、同年間以後及日治初期，管理人為許麟、許金水父子兩人，但管理人權限不大，平日可能只是灑掃寺廟，點香添油等例行「顧廟」工作；重大祭典是由值年爐

主及諸紳商主辦管理，而廟產、田業及義山出息之管理，是由新竹林家林汝梅掌控。

總之，透過陳、鄭兩家志書所記，及《台灣土地慣行一斑》、《寺廟調查書》及《土地申告書》所登錄資料，可以知曉清代的竹蓮寺曾擁有大量土地，也確是王世傑家族數次捐獻所得。貢獻如此之大，也才得以明白，何以只有王世傑、王春塘之王氏家族長生祿位被供奉之根本原因。惜當年只是口頭約定，將地基銀轉添爲竹蓮寺香燈之資，其後人心不古，因無契約造成日後土地產權不清，纏訟經年。幸光緒十四年之土地清丈，才確告業權屬於「義山竹蓮寺」。不料龐大的土地及租谷、收息引起各方覬覦，諸紳商介入的結果，雖由新竹林家取得經營管理之權利，眾人未必心服，也造成嗣後一連串的糾葛，才會在道、同年間的兩次修建中突顯出其中種種矛盾現象；直到改隸之際，土地契券被人攜至福州，才停止種種糾葛，而竹蓮寺才得以恢復清靜慈悲的宗教場域，少去了人世間的恩恩怨怨。

日治時期之修建變遷，「新碑」有記：

「歲次己酉年（按，明治四十二年，1909），復由信士倪光輝、蔡炎、鄭正龍、蔡淵等，發起重修。」

此次重修，詳情與規模均不得知，幸今右側過水廊牆壁鑲嵌之零碎石碑中有一爲此次之工役的支款項，茲轉錄於下：

謹將開支條目列明於后

一、開土匠大小工金三千鉋。

一、開木匠并鑿花工金四百三十二円。

一、開石匠并石料工金□百□□□円。

一、開買樟木杉料金□千□百□□□円。

一、開買石灰磚瓦金五百□□□円。

一、開油漆并加賞金七百一十一円。

一、開粧佛像工金八百六十五円。

一、開藤麻鋤箕并什物金二百□□円。

一、開買鐵鋁器、玻璃、陶器、色料金三百五十五円。

一、開運搬樟木料工金四十二円。

一、開局內什費三千九百五十二円。

一、開局員小使辛金三百九十五円。

一、開請各保勸緣辦酒金五十八円三。

一、開倩紅海、猛仔收各保緣辛金八十四円。

一、開做神福金一百五十九円。

一、開上梁、入庙并演戲費用金一百五十三円。

　　據此碑，知此次修建花費高達約三萬日圓，實在驚人，自可
想見其規模莊嚴宏大，氣象壯麗。粗略總計，分析其花費項目，
屬於匠師工資項目有：土匠、木匠、鑿花匠、石匠、石料工、油
漆匠、開粧佛像工（雕刻匠）等等，其中又以雕刻佛像工資最貴，
其次油漆、木匠、石匠等。建築材料有：樟木、杉材、石灰、磚
瓦、玻璃、陶器、色料、鐵鋁器材、藤麻，其中以樟木、杉料花
費最鉅；作醮慶典項目有：上梁、入廟、演戲、作神福金等，雜
項開支為：搬運工金、差旅費、酒席費，及採購藤麻鋤箕什物
等。而且此次勸募獻金還是有計畫有組織的大動員，所以出現了

「開請各保勸緣辦酒金」，其間功臣有「紅海、猛仔」二人跑腿收緣金，所以給予「辛金」以慰辛勞。完工後，神像入廟安座，並循例舉行演戲以爲慶賀。總之，此次重修，花費之鉅，勸募之廣，籌劃之詳，堪稱創新竹諸廟之最。

《台灣日日新報》於 1910 年 7 月 21 日四版曾報導竹蓮寺六月十九例祭日演戲熱鬧之情景，並偶及去冬修繕工役，堪稱難得史料，茲轉載於下：[41]

> 新竹街南門竹蓮寺。自去冬修繕後。奐然一新。殊足壯其觀瞻。目下適當陰曆六月間。將近佛祖降誕之辰。每日演劇祝壽者。或一二臺。或三四臺。亂彈、肆評、掌中班。各奏奇妙。觀劇者因之絡繹不絕。香火之盛。可以想見。

嗣後又有大正年間之《新竹廳寺廟調查書》寺廟調查紀錄，茲整理如下，以窺見其時情形：廟所在爲新竹街（土名南門外）229 番地，祭拜諸神有：觀音佛祖、十八羅漢、註生娘娘、福德神。緣起沿革爲：康熙末年移民建立一小祠，其後王世傑寄附（捐贈）租谷及地基。乾隆四十六年，莊德建設廟宇。同治年間紳民重修成今日大廟形貌。廟宇之維持及人民信仰情況爲：新竹街唯一之大佛寺，爲街民尊崇，參詣者常年不絕。無維持基本金，由新竹街民一同維持。每年有數回祭典，就中以六月十九日爲中心，前後十數日演戲不斷，祭費係由信徒出金，例祭日有：二月十九日、八月十五日、九月十九日、十一月廿九日、三月二十日等。信徒祭拜目的爲：行事平安順利，病者早日康復等等。[42]

據上引諸資料，總的說來，竹蓮寺從道光年間修建以來，直迄日治時期，不論祀神，祭典、規模、形制、地基、建地、香火組織，均變化不大。在日治時期，則以六月十九日觀音得道昇天祭典連日之演戲，最稱熱鬧，轟動全新竹地區，參諸者如潮，觀看者如雲，為年度盛事。

　　《台灣日日新報》1926 年（昭和元年）8 月 4 日報導優伶比藝，在竹蓮寺演戲，觀者有三千餘人，盛況空前，可為明證：[43]

> 新竹街南門竹蓮寺。自古曆六月十九日觀音誕以來。連日開演。新竹聯合京班。及中壢庄小榮鳳兩菊部。當於寺前登臺獻技之際。雙方比試曲藝。去廿八日。兩菊部相約以夜繼晝。不食晚餐。大演登杉回轉或穿入火環或弄白□。聞雙方俱受值東爐主贈以多枚金牌。而是夜自竹東新竹北埔寶山各庄。到竹觀演者。有三千餘人之多云。

　　其他值得補充一記則是：竹蓮寺日治時期因香火旺盛，行人香客絡繹不絕，尤其是每年二、六、九月觀音菩薩慶典，更是人潮洶湧。寺前街路同時也是寶山、大崎、雙溪居民清早肩挑山產農作進城販賣的必經要道，早上賣完後，回程便在寺前店鋪購買日常用品，順道進廟參拜祈佑一番，中午即在校場埔（今殯儀館一帶）對面麵店吃麵填肚，飽餐而回。

　　未料昭和十年（民國二十四年，1935）大地震，居民避難搬來此暫棲，竹蓮街兩旁出現為避難而來，臨時搭建的房子，日久居然形成商店，逼使街道更加狹窄。[44]

三、光復以來

　　二次大戰，日本戰敗，台灣重光，竹蓮寺又幾度滄桑，歲月更替，新碑續記：

> 自後至民國四十年，因星霜久歷，藻繪無光，棟樑亦多有蛀損。于是主持人許清火，商請管理人許振乾，並地方有志李金海、楊文棋、莊來金等，鳩集各界信士捐獻工資。於民國四十年歲次辛卯年三月十五日興工，民國四十七年歲次戊戌年元月三日告竣，增建五門並鐘鼓大樓，六角形金亭，盥水亭。復於民國七十二年歲次癸亥年五月十三日，由管理人許復根發起重修，建兩廂及圖書館，民國七十五年歲次丙寅年春月竣工，宏大壯觀，寺貌一新、金碧光輝、佛神共耀，成爲全省著名之寶刹也。

　　碑文簡潔扼要，於現代幾次修建均有詳實敘述，但其中需要補充者有，其一：竹蓮寺前道路原爲砂石路，晴天烈炎則塵土飛揚，雨天不免泥濫，坑坑洞洞，尤其每年九降風一吹，細砂碎石滿天迷漫，行人及兩旁店舖均難以忍受。幾番陳情市公所，均苦於無經費舖設柏油，後附近數里里長會商，自行籌款全面舖設柏油，眾志成城，於民國四十五年完工；而且寺前排水溝（即今戲台下面）也一併整治舖設涵洞（即今竹蓮街出中華路涵洞），竣工後舉行開通典禮紀念，邀請當時新竹縣長朱盛淇、市長鄭雅軒、竹蓮寺管理人許振乾參加，眾人在寺前廣場排排站攝影拍照留念，也留下竹蓮寺四十年代正面身影的一張可貴照片。[45]

圖 4-10　竹蓮街柏油舖裝工程開通典禮紀念

　　其二：民國四十年之重修，事實上籌計始於三十九年，據南門已故耆宿蔡金華先生回憶，最先眾人希望由張式穀出面主持，式穀先生認為已在城隍廟負責，加以婉拒，於是眾人改推選許振乾負責；並因蔡氏為式穀之妹婿，由其擔任總務兼會計，擔任一段時間後，認為身兼兩職，體例不合，最終辭謝。另，蔡家與竹蓮寺深有淵源，同治年間整修時，「蔡順發」（按，為蔡家郊商行號）出錢出力，在刻石上仍有紀錄可查的。[46]

第三節　廟中文物稽考

　　竹蓮寺自乾隆四十六年（1781）創建至今，已約有二百二十七年之久，廟中自有不少古文物，其中尤以匾、聯居多，茲參酌諸書，並加以實地調查，一一搜羅，彙整編綴並詮釋之：

一、「大海慈雲」匾：此匾據陳朝龍《新竹縣采訪冊》卷六〈坊匾〉記：「在縣城南門外巡司埔竹蓮寺。上有御寶，文曰『光緒御筆之寶』。按以上三匾（指「大海慈雲」匾、「澤普羸壖」匾、「金門保障」匾，一在竹蓮寺、一在龍王廟、一在城隍廟），皆光緒十三年五、六月新竹大旱，知縣方祖蔭祈雨，祈於城隍神、龍神及觀音菩薩卜雨期，皆奇驗，詳請巡撫劉銘傳奏請御書頒。」[47]

　　光緒十三年五、六月新竹大旱，時知縣方祖蔭詣諸廟誠心禱告，果然神龍變化，普降霖雨，疏解旱象。關於此事相關匾額頗多，茲彙集之以供參考：(1)「五風十雨」匾，在縣城南門內龍王廟，光緒十三年仲秋，權知縣事桐城方祖蔭敬獻。(2)「作民霖雨」匾，在龍王廟，光緒丁亥（即13年）仲冬月立。夏六月，歲大旱，樾庭方夫子大人禱告神祇，而神龍予焉變化，誠可謂作民之霖雨云爾。明志書院諸生童謹識。復次，同書卷九〈宦績〉記新竹縣訓導「施天鈞」：「字和丞，福清人，優貢。光緒十一年六月，調補新竹縣訓導，月課諸生，克盡師道。十二年秋，奉委在任兼辦清丈，……

圖 4-11 「大海慈雲」匾

十三年夏，邑中苦旱，會同署知縣方祖蔭率諸生竭誠祈禱，得雨數尺，士民大悅，目其求雨之壇爲甘雨台（即奎樓埕外小台），賦詩紀之。（下略）」[48]彙錄諸文，可略見此事始末，亦可見當年新竹苦旱之嚴重性，更可知竹塹諸職官之實心任事。不僅如此，事後劉銘傳同閩浙總督楊昌濬會銜上奏朝廷，謂城隍，觀音、龍神等廟靈應顯著，請頒賜匾額各一方，〈奏神靈顯著懇頒匾額片〉全文云：[49]

> 再，據署新竹縣知縣方祖蔭稟稱：該縣原係淡水廳舊治，城內城隍廟、龍神廟、觀音廟向遇水旱疫癘迭著靈應。上年六月，地方久旱，各鄉田園當收熟之際，禾稼枯槁，經詣城隍、觀音、龍神各廟虔誠祈雨，如響斯應，年穀有秋。地方士民稟懇奏頒匾額，以答神庥。取具事實冊結，詳送臺北府加結核辦，轉由布政

使邵友濂具詳請奏前來。臣查定例相符，合無仰懇天恩，俯准頒賜匾額各一方，以順輿情而昭靈貺。除冊結咨部外，理合會同閩浙督臣楊昌濬附片具陳。伏乞聖鑒訓示。謹奏。

奏上，奉硃批另有旨。不久，果然於光緒十四年（1888）八月初四日，「內閣奉上諭，劉銘傳奏神靈顯應，請頒匾額等語。台灣新竹縣城內城隍廟、龍神廟暨南門外觀音廟，夙著靈應。上年六月天氣久旱，經該地方官虔詣祈雨，如響斯應，年穀有秋，實深寅感，著南書房翰林，恭書匾額各一方，交劉銘傳祇領，飭屬分詣，敬謹懸掛，以答神庥，欽此。」[50]。

此即新竹市城隍廟匾額「金門保障」、龍神祠匾額「澤普瀛壖」，觀音廟（即竹蓮寺）匾額「大海慈雲」之由來。類似如此乞雨顯靈的例子，在在多有，如：

（一）大正五年（1916）五月十六日，「城隍廟、竹蓮寺、觀音亭，海口乞雨，夜一時半，雨至頗大」，五月二十日「下午大降黃金雨」；十一月二十日「觀音、城隍、媽祖祈雨酬恩醮」。

（二）大正十二年（1923）五月三十日，「本日迎神（指觀音、媽祖、城隍神），為答謝前求雨之恩，午前九時起，齊到出發，午後之四時方息。郡下各庄齊至，行列延長數里之多，屬大鼓、車鼓、採茶，詩意（藝閣）只有四、五而已，街上人山人海。」

（三）民國四十四年（1955）四月二日，「新竹市民抬出觀音、

圖 4-12　「慈雲護塹」匾

> 城隍、媽祖，及東寧宮諸神，早朝且行且跪，往南寮
> 乞雨，四月三日，「下午多雨」，五月十五日「乞雨見
> 效，各廟神佛迎境。」[51]

二、「慈芘東瀛」匾、在縣城南門外巡司埔竹蓮寺。嘉慶十六年
　　歲次辛未穀旦，淡防同知朱潮敬立。

三、「竹蓮社」匾，同上。黔中李嗣鄴立。按此「社」不知是泛
　　指社學或村莊？還是文人之詩文結社？抑或佛教團體之神明
　　會？不過清代新竹南門一帶地區較少文人，詩文結社可能性
　　不高。較可能者反而是佛教團體或「社學」，二者必居其一，
　　果是社學，則道光初年（按李嗣鄴於道光九年任淡水同知）。
　　竹蓮寺內可能設有社學，招收附近生童讀，前引碑文有「鐸
　　韻共梵音互答」一句，可堪佐證（上課之課堂或即是前引舊
　　碑提及道光初年之「禪堂」？）。

四、「慈雲護塹」匾，同上。癸亥（指同治二年，1863）督師至
塹城，招舊部丁勇，率師由大甲入鼇頭，克復彰斗，仰荷慈
佑，會擒元惡，凱旋抵郡任事。甲子年（按，同治三年）孟
春吉日，欽加按察使司銜台澎兵備道提督學政，皖丁曰健敬
立。按此匾指涉之史事爲同治初年戴潮春之亂，丁曰健率軍
平定之。透過此匾可知當年丁曰健曾至竹蓮寺參拜，默禱觀
音菩薩，祈求順利平定亂事。同時對照新竹市諸廟匾額，未
見有相關之匾，獨獨竹蓮寺、城隍廟有之，可反證當年竹蓮
寺觀音菩薩之顯赫威靈，遠播遐邇，才會吸引丁曰健特地前
來膜拜祈佑。[52]

五、「澤被群生」匾，同治甲戌年（十三年，1874）辰月（3月）
吉旦，淡水同知陳星聚敬獻。按陳星聚（1822~1855），字耀
堂，河南臨潁人。同治十年（1871）陞補淡水同知，在任期
間爲官清正，有嚴緝盜賊，創建養院，捐廉銀以爲諸生鄉試
盤費等善政。光緒四年（1878），台北建府，裁淡水同知，
陳氏調補中路同知，後陞台北知府。在任籌建台北府城、勘
定街道、獎建店舖、增設學堂廟宇，事皆草創，居功勳偉。
十一年六月，因勞瘁卒於官，享年六十四。

六、「大海慈航」匾：同治歲次甲戌孟春，淡水儒學梁仲年敬叩。
梁仲年其人生平不詳，據陳朝龍書，知爲其時的淡水廳儒學
訓導，陳書謂黃而康、梁仲年、董炳章、陳榮龍四人，「以
上淡水廳儒學訓導四員，籍貫、出身及到任年月，學中無可
考。」[53] 僅知四人任期在孫培甲（同治九年任），傅孝元（光
緒四年六月任）之間，今據此匾可考知，梁仲年於同治十三

圖 4-13 「慈航普度」匾

年二月時在任，則黃而康應在同治九年至十二年，其下之董、陳二人則應在光緒元年至四年之間。此匾之有助職官任期考證，史料價值大矣！

七、「慈航普濟」匾，光緒壬午年（八年，1882）桂月（8月）吉旦，北路右營遊擊福印敬叩。按雍正十二年（1734），添設守備駐竹塹。道光十年（1830），移駐大甲，另移鎮標右營遊擊駐竹塹。福印是滿洲正黃旗祥海佐領下人，光緒五年十月任，據此匾知光緒八年八月他仍在任上。後接其職者爲李英，是光緒八年十二月署，則可推知福印任期至十一月左右，此匾落款又是有助於職官任期之稽考。

八、「慈航普渡」匾，光緒九年歲次癸未（1883）仲冬月穀旦，五品銜知新竹縣事錢塘周志侃敬立。周志侃，字仲行，浙江錢塘人，監生出身，他在光緒九年六月初六日代理淡水知

縣，鄭喜夫在《官師志‧文職表》記周志侃任新竹縣知縣，但其後是否實授不敢確定，打了個問號「？」，今據此匾落款是「知新竹縣事」而非「代理」、「署裡」可確定在光緒九年十月時已是實授了，不過以五品銜大可擔任同知、知州，今只擔任七品的知縣，是有點委屈周志侃，由此可知清末候選待補官員浮濫，也不得不降級屈就了。

九、「慈雲普照」匾，光緒丙戌年（十二年，1886）孟春月元旦日立，參將銜台灣北路右營遊擊張得貴敬書。張得貴字海帆，湖北光化人，軍功出身，光緒十年二月任職。此匾為正月新春元旦立，顯見張得貴刻意為之，頗有搶頭香之意味，亦是有心人。

十、「慈雲法雨」匾，光緒十三年（1887）孟春穀旦，署新竹縣知縣方祖蔭敬獻。

圖 4-14　「慈雲法雨」匾

十一、「寶筏生蓮」匾：乃光緒丁亥（十三年）仲春月（2月）穀旦，藍翎五品銜北路右營千總楊福昌敬獻。楊福昌生平不詳，待考。前述道光十年北路右營已移駐大甲，而千總一

員在光緒年後駐劄苗栗縣後壠汛，楊福昌肯從後壠前來獻匾，後壠距竹塹雖不遠，亦可想見其誠意。

圖 4-15 「寶筏生蓮」匾

陳朝龍前引書又記竹蓮寺聯有二，一為「竹報平安，甘雨和風聞法雨；蓮成正果，祥雲瑞日現慈身。嘉慶二年丁巳（1797）夏六月上浣（即上旬）之吉，署竹塹營守備范濟川敬立。」下夾注小字是「據圖章字楫甫」，陳書卷八〈職官〉「守備」范濟川條下另有小注：「按今縣署南門外竹蓮寺有木刻聯云（中略）。上款署云（中略），下款署云（中略）。下有圖章篆文「楫甫」二字，即其別號也，今木刻楹聯尚存可考。」此聯極珍貴，不僅年代最早，且有助清代台灣職官史之補葺。鄭用錫《淡水廳志稿》〈營制〉記「北路右營舊制額設官七員，隸彰化協副將，統轄守備一員、千總二員、把總四員、外委七員、額外外委三員……。」[54] 到了道光十年四月才奉命將鎮標左右營裁撥移駐，營在竹塹城東門內，添設本營官四員，其中有遊擊一員、千總一員、把總二員。

換句話說，竹塹營守備在道光十年前是當時新竹地區的最高軍事領導，既然是守備范濟川立聯敬獻，而從以上清代竹塹地區

眾多高階武將的獻匾獻聯，一方面固可見武將們之虔誠信仰，另一方面更可知竹蓮寺在眾武將心目中的分量與地位。

第二聯爲「竹塹現金身，統五十三莊群被蔭；蓮台瞻寶相，合百千萬佛共證因緣。同治甲戌年（十三年，1874 年）仲春中澣吉日，前署淡水同知蜀江向燾薰沐敬立。」[55]向燾字靜菴或靜安，四川中江人，拔貢出身，同治十一年調署淡水同知，旋升台北知府，同治十二年改由何恩綺代理。向燾爲一實心任事之循吏，卒於台北知府任上。陳朝龍上引書復記，在新竹縣縣署川堂立有向燾在同治十一年秋月題字的「問心多愧」匾，匾上題識爲：「壬申夏（即同治十一年），燾奉檄攝篆是邦，下車已閱三月，於戢暴安良，興利除弊諸事，勉竭軽材，鮮聞實效，求治之心愈切，而刻己之心愈不敢寬，顏之曰『問心多愧』，蓋亦不自恕、不自欺，而欲以自勵云爾。蜀西向燾謹識。」另在城內城隍廟裡，在同治十一年多月亦立有「默相」匾，題識「壬申夏，燾奉檄攝篆礦溪，供職已閱五月，雖清白自持，穹蒼可告，而於興利剔弊，實效鮮聞，有志未逮，惟神血食是邦，佑國保民，凡陽法所不及者，陰法得以消之，伏冀默爲鑒相，彰癉分明，燾勉竭樗昧以答神庥，謹爇心香，三薰三肅。蜀西向燾敬書。」，觀此二匾，足以窺知其人品德官箴矣！

另聯句中謂竹蓮寺「統五十三莊群被蔭」，雖不免有誇大之嫌，但從眾多官、紳、軍、民題名獻匾，以示尊崇感恩，竹蓮寺香火之盛亦應是事實，則同治年間竹蓮寺信仰圈遍及今新竹縣市，信徒之眾，香火之熾，亦可觀矣！

以上是據志書所記，加以爬梳彙集而成，對照今廟中所存諸

匾，其中「竹蓮社」、「大海慈航」、「慈雲普照」三匾已佚失不見，令人可惜。不僅如此，志書只記官宦所立匾額，居然對新竹在地士紳、名流、文人所獻諸匾，均未采集，遑論一般平民，實在可嘆，今再據諸文獻（主要據鄭喜夫之《光復以前台灣匾額輯錄》）及實地調查採訪記錄如下，並略加解讀：

一、「竹林蓮座」，「同治癸酉年仲秋重修／闔塹眾紳董舖戶仝敬立」。此匾顯然為同治十二年修建時所立諸匾之一，可疑者，時竹塹郊戶早已組成公會「金長和」，但現存諸匾中也未見金長和單獨列銜捐立，此匾中的「舖戶」也不用「郊戶」一詞，凡此皆可以證明個人在前節中考證郊戶在此次修建工役之間的矛盾及未大力捐助，於此匾又得一旁證。

二、「大雄寶殿」，「同治癸酉年（十二年，1873）仲秋月穀旦／春官第信紳鄭如蘭敬獻／竹蓮寺辛卯年改築丁酉年慶成紀念曾孫鄭銘棠重修」。鄭如蘭（1835~1911）字香谷，新竹水田莊人，為北門鄭氏族人。父用錦，早卒，母張氏育之。如蘭事親孝，知讀書。光緒十五年（1889）七月以辦團練功勞，由增生授侯選主事，賞戴花翎，後加道銜，旌表孝友，有《偏遠堂吟草》傳世。[56]「春官第」，應即是鄭家大宅「進士第」旁之屋宅「春官第」，其建築年代，建築史家推論是在道光十八年至咸豐二年（1838~1853）之間，此匾晚於上述年代，於考證年代助益不大，只能證明在同治十二年時就已築成。鄭如蘭獻匾之年，時三十九歲。另，附帶一筆，今苗栗縣竹南鎮龍鳳宮尚存有一摹刻御匾字蹟之「與天同功」，上下落款為「光緒乙酉年（按十一年）桐月（3月）吉旦／塹垣春

官第信紳鄭如蘭敬奉」

三、「航海蒙庥」，「同治癸酉之秋／吳仁勳、張福安敬獻」，二人生平不詳。

四、「法雨慈雲」，「同治癸酉年冬十月中浣吉日／道銜候補郎中林汝梅薰沐立」。林汝梅（1833~1894），字若村，號鰲珊，道號元培。新竹西門人，林占梅之弟，家素封，商號「林恆茂」、「林祥記」。光緒七年（1881）協助官府修大甲溪橋，頗受巡撫岑毓英賞識。台北府建城時，擔任新竹地區募款工作。中法之戰，募鄉勇二百餘人守新竹，因功授「候選道」銜。曾助劉銘傳開山撫番，修造鐵路等事業。光緒十七年設「金恆勝」商號，經營苗栗南庄製腦業。平生好詩畫佛老，師事彭培桂。[57]，林汝梅立匾之年，時四十一歲。

五、「慈雲普濟」，「同治甲戌年（按，十三年，1874）花月（二月）穀旦／北右營信官鄭飛熊謝」。鄭飛熊生平不詳，立匾人不明確寫出其職銜，僅泛稱「信官」，應該是低階軍官。又曰「謝」，可知於神明前有所祈求應驗，故立匾感謝，只是不知何事了？

六、「活佛在世」，「光緒壬午年（八年，1882）桂月（8月）穀旦／三山弟子陳聖忠敬叩」。三山為福州別稱，以福州城內東有九仙山，西有閩山（烏石山），北有越王山得名。由於陳聖忠生平不詳，此匾史料價值不大，僅能解讀為：光緒年間福州人士頗有往來福州、新竹之間，或住居在竹塹。

此外竹蓮寺諸神像在歷經數百年後，由專祀觀音菩薩漸趨廣雜。佛教之神像為早期崇祀之神明，今仍為主要之神明且占主要

圖 4-16　「大雄寶殿」匾

神位。神龕內為主神觀世音菩薩，左次間為文殊菩薩，右次間普賢菩薩。文殊菩薩前方泥塑金身韋陀尊者立像，普賢菩薩前方則為伽藍尊者立像。此兩尊神像據廟中耆老云為民國四十年重建時由剪黏泥塑師傅朱朝鳳先生親手捏塑而成。正殿四點金柱之左、右次間分別祀有十八羅漢，此十八羅漢曾遺失幾乎被運送國外幸而被尋回。後重新塑造一組十八羅漢置今左、右護龍。另外在左護龍由前方往後依次祀有七娘夫人、註生娘娘、十二婆姐。右護龍自前往後依序為太歲星君、王世傑與王春塘之長生祿位牌位、境主公及太上至尊牌位。另外在左護龍後方辦公室祀有達摩尊者，二樓更因許多人送來之神像，留下後沒有請走，廟方只好集中共同祭祀，分別有觀世音菩薩、福德正神、三太子、關公、李靖、釋迦摩尼佛、地藏王菩薩、三寶佛、媽祖、濟公等等。

　　茲再據採訪所得，簡介現今竹蓮寺之每年例行祭典活動有：

農曆正月十五元宵節舉辦猜燈謎及施放煙火之活動。農曆2月19日觀音菩薩誕辰紀念日；農曆4月8日浴佛節（釋迦牟尼佛聖誕）；農曆6月19日觀音菩薩得道昇天紀念日；農曆9月19日觀音菩薩出家紀念日；農曆3月20日註生娘娘聖誕；農曆3月23日媽祖生日；農曆7月7日七娘媽生日；每年農曆2月6日至2月10日祈福拜斗，並辦祈福法會之活動。

第四節　竹蓮寺與民間戲曲的演出

今竹蓮寺左側廂房內部陳設有供奉西秦王爺神龕一座外，龕內同時供奉達摩祖師乙尊，神龕對聯為「平家安邦也共樂，宏揚國粹學宣義」。四面壁上懸掛不少匾額，題名落款者有諸如「新竹同樂軒」、「三樂軒」、「新竹振樂軒」等等，顯見竹蓮寺與竹塹曲館有深厚之關係，故專闢一節來一探究竟，不過需先聲明者，本節重點不在研究新竹曲館的劇團種類、組織，以及各種戲曲的源流和表演型式，而著重在戲曲與宗教、社會的互動關係，尤其是與竹蓮寺有關者。

台灣傳統民間戲曲種類，約略言之有：南管（南音）、北管、梨園戲、高甲戲、京劇、歌仔戲、四平戲、採茶戲、車鼓戲、布袋戲、傀儡戲、皮猴戲（皮影戲）、司公戲（法事戲）等等。匾中所題「同樂軒」等子弟戲社團概屬北管戲，北管戲大約在乾嘉之際傳入台灣，又稱亂彈戲（或有誤寫南談戲者），意指聲腔多，劇種眾，加上大鑼大鼓、嗩吶等樂器，聽起來熱鬧喧嘩，極受台

灣民眾歡迎，台諺流傳有「吃肉要吃三層，看戲要看亂彈」之諺語，在咸豐年間，已成民間廟會演劇的主要劇種。北管戲又可分為舊路、新路二類，舊路又名福路（一作福祿，為同音之訛），主要伴奏樂器為椰子殼所製成的提絃（又稱殼仔絃、椰胡），音調低沉渾厚，以崇祀西秦王爺為其特色。新路又稱西路（或作西皮），蓋以西皮、皮簧為主要唱腔，和京劇板式基本上相同，應該源出一脈，所用伴奏樂器為京胡（台灣俗稱弔奎絃、吊規仔，為桂竹製成），語音唱腔激昂高亢，供奉田都元帥，與福路派歧異，且各有各的專屬劇目。由於兩派腔調、樂器、樂曲、劇目，和崇奉的祖師爺不同，再加上與地方派系、廟宇結合，每每因細微原因起釁衝突，人命殺傷時有所聞。尤其在迎神賽會時，明爭暗鬥、拼館不已，嚴重者引發械鬥，往往有賴官府出面彈壓，成為台灣地方文化之一種特色，也是一種陋習。

北管戲何時傳入新竹，素乏可靠文獻，據聞咸豐初年，竹塹已有「同樂軒」、「榮樂軒」、「永樂軒」、「長樂軒」等北管子弟戲團。[58] 依前節考證，同治十二年竹蓮寺之重建，時有「林士外戲檯全座」之捐獻，顯見竹蓮寺廟前已有戲劇之演出，且頗見發達頻繁，才有林士外其人動念捐建，否則只是神明聖誕、廟會慶典，一年演不上數次，豈不形成浪費，此亦可作新竹於咸豐初年即有北管子弟戲旁證材料之一，因咸豐同治為前後二帝，相距不遠也。

根據文獻及田野調查，新竹市先後出現過的北管子弟戲團，計有：榮樂軒、永樂軒、長樂軒、同樂軒、新樂軒、振樂軒、和樂軒、同文軒、集樂軒、同樂軒一組、二組、三樂軒（即

三組）、長樂軒（同名，一爲清時成立，一爲民國時期）、和安義軒等等[59]，漪於盛哉，自可想見新竹自昔經濟之富裕，人文之蔚勝，戲劇之精美。

自清代至今，人們習慣稱戲迷於業餘演出，且不收取報酬者爲「票友」，他們的演出爲「票戲」，他們的組織爲「票房」，演出爲「票戲」，如果票友正式轉爲職業演員稱之爲「下海」。在台灣則稱業餘北管戲團爲「子弟戲」，職業班爲「亂彈戲」。北管音樂在日常婚喪喜慶、廟會節慶均可應用，對昔年多數無法讀書受教育的人而言，學習北管除了可以粗淺認字唸書外，也是極少娛樂的傳統農村生活中一項重要娛樂，兼可自娛娛人且娛神，所以學習北管者習慣自稱「子弟」，即所謂「子弟戲」。子弟戲，基本上由農村子弟組成，不以營利爲目的，爲業餘性質，以排演地方劇目爲能事，每逢祭神廟會，往往應邀演出，組織遍及台灣各地方，在日治時期，不論是正式的戲班，或是業餘的子弟，社團劇團數目達到最高峰，活動更昌盛活躍。幾乎成爲台灣第一大劇種。新竹地區當然也不例外，這種傳統民藝已成爲新竹人身上的一種文化血液，構成了新竹在地文化的獨特面貌，爲居民喜聞樂見，也成爲新竹地域社會歷史、戲曲、審美等等諸方面保存積澱的種種回憶與印記，抹不去，忘不掉，點點滴滴長存在新竹人的心頭。

在民國二十六年七七事變之前，新竹子弟戲各軒團的活動力十分旺盛，曲團軒員常有衝突打架情形，拼館拼陣更是屢見不鮮。時日治政府常利用神社祭典、或某建設落成典禮、或所謂「納涼會」等等節慶日，邀集各子弟團在武營頭（今新竹市活動中心

一帶）、城隍各廟、今新竹市議會旁空地，搭台演出慶賀，一連數天，每天同時演兩台戲，形成對台拼戲，互別苗頭，拼戲的對頭經常是：同樂軒←→新樂軒、振樂軒←→和樂軒、同文軒←→集樂軒。[60] 如《台南新報》在 1925 年（大正十四年）5 月 7 日報導：

> 新竹街在住之子弟團。有新樂軒。同樂軒。和樂軒。振
> 樂軒。集樂軒。同文軒等六團也。此中惟新樂軒之妙
> 技。冠絕於他團。時受新竹人歡迎。這回欲慶賀諸佳
> 辰。而四月晦日。受街役場召請。拈鬮擬定開演日期。
> 據聞新同兩軒。即五月十日銀婚式。和樂振樂兩軒。即
> 水道興工日。集樂同文兩子弟團。即始政紀念日開演
> 云。若屆銀婚慶典。新同樂軒。必競演妙技。以增竹人
> 之眼福也。

同報 1925 年 5 月 12 日又報導：

> 新竹街北門新樂軒子弟兵團。素以華服燦爛。妙技如
> 神。時受竹邑各界人士稱讚不絕。因五月十日。在新竹
> 州廳曠野之處。欲演其妙技。故自數日前。準備各種特
> 色佈景。自動機關。劇服頭盔。而齊備如此者。皆其中
> 團員努力鼓舞也。據聞當日欲演之齣目。聞則秦瓊倒
> 棋。戰洛陽。大戰武昌。夜間則花矸記。放關。三捉
> 姦。打麵缸。馬鼻緣。屆時前往觀覽新樂軒之眾。必多
> 於他團矣。

同報同年 6 月 9 日續有報導：

六月十七日三十週年始政紀念祝賀。並水道興工祝賀。同
日一齊舉行之事。前已登報。於當日欲舉行種種餘興。現
由當局協定矣。即六月十七日。集樂社同文軒兩子弟團。
欲登臺獻技。而集樂社齣目。日間西岐城大戰。夜間伍顯
遊十殿。同文軒日間齣目。即看瓊花。江東橋。夜間石頭
記。三官堂。而六月十八日和樂振樂兩子弟團。欲演之齣
目。現尚未確定。又當日連放廣東煙火。並放上火龍火
獅。又有六月八日。欲到竹開演之上海復順京班。開演以
助當日之熱鬧。且現時集樂社。日夜繼續練習妙技。又囑
託調製佈景名人新竹西門林家擇氏。專繪山水風景。以製
種種佈景，屆時當有一番雅觀也。

同報於 1925 年 6 月 19 日又報導：[61]

新竹街集樂社同文軒兩子弟團。於十七日下午三時。在
新竹州廳曠野之處。均皆熱誠。欲表奉祝微意。其所演
齣目於菊部界。尚未開演之齣目最多。而集樂社日間
所演西岐城大戰者。儼然若實。夜間伍顯遊十殿。有陰
間種種巧妙自動機關令人感慨不已。又同文軒日間所演
之看瓊花。江東橋兩齣。俱有勇氣。且恍惚當年隋朝實
事。夜間石頭記。三官堂兩齣。俱懲惡獎善之資。況兩
團此回之服飾頭盔。兼視其佈景種種活動機關。堪稱兩
團俱有特色。其優劣不分上下矣。倘論其特長者。不異
於唐代梨園子弟矣。

以上數例皆是子弟團應官方之邀演出者。而民間廟會凡神誕喜慶、賽願設醮，演唱累日連月，更是庶民生活常態。台灣民間的戲曲表演都與地方、私人的祭神活動有關，演出的地點多在廟前，一方面寺廟經常是一個聚落村庄的中心，一方面在此演出含有娛神的意義。即使廟前沒有空地，也會在附近選擇一塊適當地點，遙對著神祇演出。就是私人性質的喜慶演戲，也會先在空地上搭了帳蓬，帳蓬裡的供桌端坐著列位諸神，戲台就在神明的眼前。[62] 戲劇在竹蓮寺前開演情景，除前節所引二則報導外，《台南新報》在 1923 年（大正十二年）3 月 10 日報導同樂軒酬神演出：[63]

　　　　月之七日在新竹同樂軒子弟團。假竹蓮寺酬神。開設道
　　　　場三獻。同日該軒員在寺前開檯演唱。頭齣走三關。二
　　　　齣買臣妻痴夢。三齣買臙脂。觀者人山人海。無不鼓掌
　　　　讚揚。道上行人絡繹不絕。頗呈一時之盛況也。

　　至於在其他各大寺廟演出，茲僅舉一例，不贅引。《台灣日日報》1911 年（宣統三年、明治四十四年）元月 11 日報導城隍廟前表演：[64]

　　　　新竹城隍廟前。日昨連演菊部三臺。即肆評一亂彈二。
　　　　其肆評乃為臺北復興鳳班。日前曾在同廟開演。大博眾
　　　　人之喝采。是日三臺合演。觀客更覺□集。廟前之廣
　　　　場。幾無立錐地。入夜遠近來觀者。尤為擁擠不開。甚
　　　　至有登墻攀樹。爭先賭之為快。冒險而不畏死者。該肆

評班正演討荊州一齣。興高采烈。萬頭攢動之時。忽有
人自樹梢墜下。樹距地頗高。恰落在人叢頭上。幸不致
有損傷云。

　　我們從眾多的報導實況，及諸如「觀者人山人海」、「廟前之
廣場，幾無立錐地」等等形容詞，皆可想見昔年之演出盛況。

　　子弟團與寺廟之關係不是僅如上述演出而已，往往館址即設
在廟內，以方便聚集、聯誼、訓練、祭神等諸項活動，如同樂軒
初創時，館址設於「案牘祠」（即縣衙門內），再遷東門地藏庵。
新樂軒初設前布埔聖媽廟址，後陸續遷移至長和宮內。振樂軒軒
址曾一度設在北極殿（上帝公宮）。同文軒從同樂軒分出，幾次
遷轉，軒址大體在竹蓮寺附近民宅。同樂軒二組館址曾設於南門
派出所附近之安南宮。三樂軒（前身為同樂軒三組）館址皆設在
竹蓮寺，第三任負責人許復根、四任許山根都曾擔任過竹蓮寺管
理人，即使其前之廟祝許財也曾是同樂軒軒員。長樂軒設在東明
街龍台宮內等等皆是顯例。[65]

　　現存新竹市各北管子弟團中，三樂軒是目前人數最多的一
團，拼館拼台現象，也隨著老成凋謝，時代風尚轉移，不復可
見。而舞台演出，已日見減少。迎神出陣，也只剩兩三團在支撐
場面而已，許多軒團活動趨於沒落停歇，成為聯誼活動的性質。
究其根本原因在於現代社會結構的改變，在傳統的農業社會，生
活、信仰、工作與娛樂往往結合為一體，生活的節奏與步調，和
農事活動週期密切關連著，農閒時即祭神賽會，舉行儀式酬神，
娛神娛己，民間戲曲之所以興起，是與宗教儀式有密不可分關
係。如今面對工商社會之現代生活，眾人習慣將工作、休閒、娛

樂區隔處理，生活的壓力，緊湊的步調，使人們不再有悠閒心情與充裕時間來參與傳統的子弟團，台灣傳統民間戲曲慢慢的沒落了、遺忘了。風華老去，歲月滄桑，但願不要弦斷音絕，人去聲歇，徒留幾方匾額，懸掛四壁，令人感舊興懷，只存在記憶裡！傳統子弟藝人走遠了，現代藝人成了新時代的英雄與偶像，流行歌曲喧囂著，只有老廟曲館依舊冷冷存在。

第五節　結語

新竹市有兩座香火最旺的老廟，一為城隍廟，一為竹蓮寺；一是官廟，一是私廟；一乃道教廟宇，一乃佛教剎寺；一奉城隍老爺，威嚴赫赫，一奉觀音菩薩，慈悲普渡，各饒特色，各擅勝場。昔連橫在《台灣通史》〈宗教志〉，宣稱竹蓮寺「為新竹最古之寺」[66]，是則竹塹地區之有漢人佛寺的出現，以竹蓮寺為最早。今雖改建，仍具傳統風貌，雖未被列入古蹟，只屬歷史建築，但並不因此失去其歷史意涵，深具學術研究之價值。

竹蓮寺前身為觀音亭，創建於乾隆四十六年（1781），其位置大約應在今明湖路往青草湖一帶，此地昔年因而又名觀音埔。可能在嘉慶元年（1796）遷建今址，至遲在嘉慶二年六月上旬前竹蓮寺已經遷建完成，其形制格局或為一進單開間祠廟。不論前身之觀音亭或爾後之竹蓮寺，新竹業戶王世傑及其後裔捐地以建，又獻租穀以為香燈之資，今考證可知者，捐獻年代有三：一是乾隆年間，一是光緒元年，一是光緒三年，前後捐獻土地與地

租有：巡司埔街、土地公坑、出粟湖、樹林頭、東南山區山場及今青草湖一帶，貢獻如此之大，故竹蓮寺始終長奉長生祿位，以祈福佑，並誌感恩。惜昔年僅是口頭約定並無寫定契字，奈人心不古，造成後來產權不清，纏訟經年，期間雖於光緒十四年土地清丈時判定屬於竹蓮寺所有，其後於乙未改隸，丈單契字被人攜去，遠走福州，平白損失大量土地寺產。

竹蓮寺於嘉慶初年遷建今址，香火一直旺盛，至道咸年後組織完善，有董事、爐主、住持、管理人、神明會等等，又因紳商介入經營管理，尤以新竹西門林家之掌控，致糾紛不斷，形成諸多奇奇怪怪現象，今人爬梳考索，猶不能解惑解答。二百多年之竹蓮寺史有頗多可述可考者，茲為節省篇幅，兼清眉目，以大事年表列表於下：

年代	西元年代	大事紀
乾隆四十六年	1781 年	竹蓮寺前身為觀音亭小庵，位在御史崎埔地（可能之位置應在今明湖路往青草湖之派出所附近）。
嘉慶元年	1796 年	移建今址，形式為單開間一進建築，並改名竹蓮寺，出資者為莊德。
道光五年（乙酉）	1825 年	林紹賢改修，此次重修「改立坐向」。
道光九年	1829 年	紹賢子祥雲建東西廊。
同治十二年（癸酉）	1873 年	陳長水倡首捐款，十月間竣工，此次修建又三度更改分金坐向，「再改舊向艮坤丑未」。翌年三月，又有陳維經、曾呈勒等董事，捐出田園埔地，供充竹蓮寺香資，廟貌一座二進，左右建兩廊；計費銀六千五百六十二圓二角。廟宇一百坪、地基二百坪。

年代	西元年代	大事紀
明治四十二年 （己酉）	1909 年	由信士倪光輝、蔡炎、鄭正龍、蔡淵等，發起重修。修建花費高達約三萬日圓。
民國四十年 （辛卯）	1951 年	主持人許清火，商請管理人許振乾，並地方有志朱盛淇、張式穀、何乾欽、陳福全、許德輝、莊來金、吳爐、李金海、周添、陳性、吳金龍、林山燕、孫富、蘇萬丁、楊文旗、王金土、楊火生、蔡國華、黃銀海等人，鳩集各界信士捐獻。民國四十年三月十五日興工，民國四十七年元月三日告竣，增建五門並鐘鼓大樓、六角形金亭與盥水亭。
民國七十二年	1983 年	該年五月十三日，由管理人許復根發起重修，建兩廂及圖書館，民國七十五年春月竣工。
民國九十三年	2004 年	三月三日列為新竹市歷史建築，廟方自行發包進行整修工作，木作由蔡揚吉先生承作，土水剪黏泥塑由鄭盛清先生承作。
民國九十四年	2005 年	委託漢光建築師事務所辦理調查研究。

本章書寫既終，余有感言一則附錄文末，望讀者不棄：

竹蓮寺史，肇自清初，其原既遠，流澤且長。余以教書之暇，老殘之軀，前後一載，追源溯始，求真糾繆，細為研討，明其始末沿革以供後人考索。僕之論文，固不足以資貢獻，苟從此而整理之，發揚之，記錄之，竹蓮真史，信可賴以不墜。則此文也其猶古奇峰一雲，客雅溪一水也歟！世有知音，曲諒綿薄菲才，定當不棄，展讀全文。然書缺有間，寺史幽微，不情不理，歧復有歧，橫斜曲折，十九隱覆，理所必無，事或所有，別有故焉。區區拙文發覆抉微，雖不足以對驗諸事，諒不見擯學界諸君。殺青既竟，即史抒情，聊舒感懷云爾。

〈註釋〉

1. 林文龍點校、陳朝龍纂修《合校足本新竹縣采訪冊》（台灣省文獻委員會，民國 88 年 1 月），頁 240~241。

2. 參見（1）洪敏麟《台灣舊地名之沿革》第二冊（台灣省文獻委員會，民國 72 年 6 月），頁 132。及（2）陳國川《台灣地名辭書卷十八新竹市》（台灣省文獻委員會，民國 85 年 9 月），頁 81。（3）蘇子建等〈新竹市一帶舊地名研究〉，《新竹市鄉土史料》（台灣省文獻委員會，民國 86 年 6 月），頁 243~251。

3. 陳國川前引書，頁 104。

4. 陳國川前引書，頁 108。

5. 參見（1）洪敏麟前引書，頁 130~131。（2）陳國川前引書，頁 36、39、46。

6. 參見（1）陳朝龍前引書，頁 19。（2）洪敏麟前引書，頁 129~130。

7. 陳朝龍前引書，頁 19。

8. 陳國川前引書，頁 82。

9. 陳培桂《淡水廳志》（台灣省文獻委員會，民國 66 年 2 月），頁 332。

10. 陳朝龍前引書，頁 218。

11. 陳朝龍前引書，頁 454。

12. 陳朝龍前引書，頁 62~63。

13. 陳朝龍前引書，頁 378~381。另，此段引文頗冗長，已經本人改寫過。

14. 同註 12。

15. 鄭用錫《淡水廳志稿》（台灣文獻委員會，民國 87 年 3 月），頁 4。

16. 陳朝龍前引書，頁 513~514。

17. 參見（1）陳運棟《內外公館史話》（作者發行，民國83年6月初版），頁208~211。（2）卓克華〈板橋林家三遷暨舊三落大厝之研究〉，收輯於《從古蹟發現歷史卷一家族與人物》（蘭台出版社，2004年8月），頁115~118。

18. 詳見卓克華前引書之〈新竹市蔡氏宅第門樓與蔡氏家族之發展〉，頁235。

19. 詳見《浯江鄭氏家乘》（原大正三年石印本，2006年增補三版，新竹市文化局藏影本），茲直接在引文後加註頁碼，以省篇幅。

20. 陳朝龍前引書，頁240。

21. 詳見張德南等採訪，《新竹市耆老訪談專輯》（新竹市民政局，民國82年6月），頁50、56。

22. 參見（1）陳國川前引書，頁120。（2）蔡婉緩〈新竹市南門街調查研究初探〉，《台灣史蹟研究會九十一年會友年會論文選集》（台北市文獻委員會，民國91年10月），頁336~337。

23. 詳見張德南前引書，頁97~98。

24. 詳見卓克華〈塹郊金長和與長和宮〉，收於《新竹市第三級古蹟新竹長和宮調查研究暨修復計劃》（中華工學院建築與都市計劃學系，民國86年3月），頁1~84。另，此文已收入本書第一章。

25. 陳朝龍前引書，頁241~242。

26. 陳朝龍前引書，頁383。

27. 鄭鵬雲等《新竹縣志初稿》（台銀文叢第61種，民國48年11月），卷六〈文徵〉，頁256。

28. 張德南前引書，頁102。

29. 鄭鵬雲前引書，頁258。

30. 陳朝龍前引書，頁53。

31.新竹縣文獻委員會編《新竹文獻會通訊》，第 17 號（民國 43 年 12 月 30 日）「八、學宮、寺廟、齋堂」（未著撰人），頁 43~44。

32.鄭鵬雲前引書，頁 112~113。

33.不著撰人《新竹縣制度考》（台銀文叢第 101 種，民國 50 年 3 月），頁 50。

34.同註 5 外，另參見陳朝龍前引書卷五所收錄諸碑文散見頁 265 ～ 276。

35.臨時台灣土地調查局編《台灣土地慣行一斑》第三編（明治 38 年 3 月發行，1998 年 7 月，台北南天書局影印二刷發行），第一章第二款第二項第四節〈義塚〉第四目「新竹之義山」，頁 56~70

36.《淡新檔案》編號 12603-1 之 1，光緒 6 年 12 月 30 日〈台北府正堂陳為札飭事〉。轉引自黃朝進《清代竹塹地區的家族與地域社會－以鄭林兩家為中心》（北縣，國史館，民國 84 年 6 月初版），頁 154。

37.見溫國良編譯《台灣總督府公文類纂宗教史料彙編──明治二十八年十月至明治三十五年四月》（台灣省文獻委員會，民國 88 年 6 月），頁 244~245。

38.詳見吳德功〈讓台記〉，收入諸家《割台三記》（台銀文叢第 57 種，民國 48 年 10 月），頁 41~43。

39.溫國良前引書，頁 437。

40.以上諸土地申告書資料影本，乃梁明昌兄提供，謹此說明並致謝意。

41.見徐亞湘選編《台灣日日新報與台南新報戲曲資料選編》（宇宙出版社，2001 年 4 月出版），頁 45。

42.此新竹廳寺廟調查書影本，為張德南先生所提供，並惠贈《新竹市者老訪談專輯》乙書，以助本文之研討撰寫，特此說明，謹申萬分謝忱！

43.徐亞湘前引書，頁 209。

44.潘國正《老照片說故事》第三輯（新竹市政府，民國 92 年 2 月），頁 228。

45. 同上註。

46. 同註21。

47. 本節諸區，除實地采訪外，主要出自陳朝龍前引書卷六〈坊區〉之「竹塹堡區一、二、三、四」（頁316~332），若非特殊需要，兹不再一一分註，以省篇幅。

48. 陳朝龍前引書，頁489。

49. 見《大清德宗景皇帝實錄》卷二百五十八，又見《京報宮門抄》，轉引自羅剛《劉公銘傳年譜初稿》下冊（正中書局，民國72年7月出版），「光緒十四年8月初4日」條，頁1006。

50. 見中國第一歷史檔案館編《光緒宣統兩朝上諭檔》十四，（廣西師範大學出版社，1996年10月），頁243。轉引自路天眞（按即王見川教授之化名）《閩台民間信仰源流》述評），《台灣宗教研究通訊》第七期（范純武主編，蘭台出版社，2005年7月），頁358~359。

51. 見《黃旺成日記》，大正五年五月、大正十二年五月、民國四十四年四月，轉引自張德南〈新竹都城隍廟的歷史沿革與信仰研究〉，收於《第三級古蹟，新竹都城隍廟調查研究暨修護計畫》（李乾朗主持，社稷工程顧問有限公司，民國94年6月），頁34。

52. 新竹民間亦傳聞丁曰健於平戴氏之亂時，曾至新竹城隍廟求籤，問彰化何時能收復？籤語中有「若遇清江貴公子」之句，後果遇林占梅協助平亂，立下大功，附記一筆，以資掌故。

53. 陳朝龍前引書，頁449。

54. 鄭用錫前引書卷一〈營制〉，頁56。

55. 陳朝龍前引書卷六〈坊區·附錄〉，頁351~352。

56. 國家圖書館特藏組張子文等，《台灣歷史人物小傳——明清時期》（國家圖書館，民國90年12月增訂再版），「鄭如蘭」條，頁328。此條

資料及下條資料另可參考張德南主稿《新竹市志》卷七〈人物志〉,頁112~113,頁200~201。

57.同前註引書,「林汝梅」條,頁108~109。

58.詳見王郭張〈新竹市的傳統民間戲曲〉收於《新竹市耆老訪談專輯》頁355~431,以下若干新竹市戲曲之敘述,基本上皆出自本文,茲不一一分註。

59.同前註。

60.同前註。

61.以上數則新聞,分見徐亞湘前引書,頁283~286。

62.參見邱坤良〈民安一月記〉收於《民間戲曲散記》(台北,時報文化出版社,民國68年9月初版),頁200。

63.徐亞湘前引書,頁251。

64.徐亞湘前引書,頁59~60。

65.同註58。

66.連橫《台灣通史》(台灣省文獻委員會,民國65年5月),卷22〈宗教志〉,頁463。

第五章

金山寺

第一節　清代「金山面」地區的開拓與金山寺創建的歷史脈絡

　　金山寺位於新竹市仙水里金山 115 號，即今新竹科學工業園區內，此地區舊稱「金山面」，在竹東丘陵之北麓，距新竹市區東南方 4.7 公里，一部金山寺史需先從金山面之開拓史講起。

　　金山面約今新竹市金山、仙水、科園三里，爲新竹市東緣山地，昔一帶稱「五步吼山」，此山向西逶迤成水仙崙、坪埔頂、風吹輦崎、十八尖山、枕頭山；向北延伸爲柴梳山、黃金洞山，形成「人」或「金」字型一帶山地，中間則是坡度平緩地面，自竹塹城眺望，猶如「形開金面」，取其風水吉祥之意而命名。在風水學上，此地又爲竹塹之「少祖山」，鄭用錫《淡水廳志稿》記其形勢爲：[1]

> 金山面山爲廳治之少祖山，自五指山第三峰過脈之土屏抽束，逶迤西行，頓起峰巒，圓淨寬展，細草芊綿。其北爲茭力埔山、牛蔘仔山，廳治之右翼也。其南爲鹿仔坑山、爲大崎山、爲葫蘆堵山，廳治之左翼也。由金山面西下，忽化陽脈，平原廣衍，可六、七里，漸出漸高，中開一窩，土人名爲出粟湖，湖廣十餘丈，周圍皆平岡，中復分三支，一支爲中崙，勢不甚寬展；南一支爲大崙嶺，勢閃側灣曲，下連阡陌，遙接南門；北一支降下細束灣秀，土人名曰絲線過脈，其北上之護衛，過脈者爲風吹輦崎，由絲線過脈，崛起崢嶸，星峰挺秀，

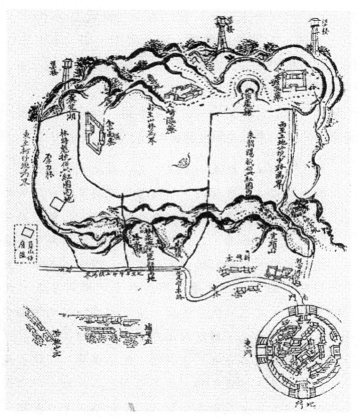

圖 5-1 引自《淡新檔案》，17301-66

遂結虎頭山，勢雄偉正大。虎頭山之北，崎列者爲十八
尖山。虎頭山下爲外教場，其北下斜橫小阜爲枕頭山，
其南旁斜橫小阜爲中塚。由外教場西下而屋宇參差、煙
火相望者，爲巡司埔莊，在城東南隅。城西面大海，萬
頃杳冥，近海村墟沙墩，小阜崁崎錯落，亦皆有致，以
上皆廳治來龍團結處。

其後陳培桂《淡水廳治》卷二志一〈封域志・山川〉於金山面山之敘述，大體抄自鄭稿，稍有增損，如「金山面山……與隙仔溪海口相對。」、「虎頭山，一名倒旗山，去治三里。」等等，[2] 茲不贅錄。

至割台前著述之陳朝龍《合校足本新竹縣采訪冊》卷一〈山川〉記金山面山，才有大幅度詳實增補，並涉及金山寺之記載：[3]

> 金山面山，在縣東南十里，其山自吳寶廍東方來，（按其前段曰：吳寶廍山，相傳昔時有吳寶者守隘於此，故名。《廳志》作吳寶髻，今按方言以人之頷髻而突出者謂之壳，言如廍，此山之形，似之。又以吳寶得名，故謂吳寶廍。）紛紜緋列，高或三、四丈，或四、五丈，形開金面。西衍平原，周廣數里，田園甚多。西北為冷水坑，有泉自院中流出，清可沁脾。院之東南略聚一窩，竹林幽邃，新建長清禪寺在焉，即《廳志》〈古蹟考〉所謂靈泉寺也，寺前僧人種茶供佛，頗稱美產。有古榕一株，可百年物。樹下錯列巨石十數，以供遊人憩足。寺右為鄭氏冷泉別墅，臨水結構，茅屋數椽，不甚裝飾，而曲徑短牆，環植花卉，一種天然幽雅之趣，亦足以游目騁懷。冷泉別墅之右為放生池舊址，冷水院之水迴繞長流，此縣東名勝之區也。寺南復突起高岡，埔園寬曠，為泉興埔。再西復聚一窩，形如仰盂，周廣二百餘丈，有泉涓涓微注，產草結子如粟，俗名出粟湖，人謂之養龍池。《廳志》〈古蹟考〉作仰天湖，云「其水溢，亦不竭。今為農民私墾為田，春夏出泉，秋

冬則否矣。」由出粟湖迤北低伏，形若垂簾，斷而復續，峰巒疊起者爲十八尖山。

　　續敍十八尖山：「在縣東南三里，其山自金山面東南來⋯⋯環繞縣城，尖峰韶秀，爲學宮之案山。⋯⋯迤南一嶂，盤桓雄偉，勢若負嵎者爲虎頭山。」末述虎頭山：「在縣東南二里，其山自十八尖山東方來⋯⋯以象形得名。龍脈融貫，地氣獨鍾，斂之既歸，發之愈廣，蓋至此而衆山皆盡，眞氣凝焉。山下漸化平原，縱橫廣垣，迢十餘里，悉爲秀靈奧區。縣城之建，所由萃川嶽之奇也。」

　　以上爲古代堪輿風水之論述書寫方式，若以今日地理學之說法，則是：「至於本市的東南部，海拔高度多在 50 公尺以上，地形上屬竹東丘陵的一部分。竹東丘陵係指介於頭前溪和中港溪之間的切割台地，東以竹東斷層爲界，西邊逼近本市香山地區的海岸，東西綿延約 16 公里，南北寬約 12 公里，面積大約 186 平方公里，海拔最高 285 公尺，平均高度 94 公尺，平均相對高度 87 公尺，平均坡度 10 度 40 分。在本市的部分，面積約 30 平方公里，高度多在 50 至 150 公尺之間，只有東南邊緣的五步吼山高 190 公尺，爲本市最高峰。」[4]

　　此一帶地勢雖然較高，地表卻是一片尙稱平坦的埔地，自然提供了較爲寬廣的發展空間，尤其源於此地的小溪流（如冷水坑溪、潭後溝，崩埤溝、石頭坑等溪澗的上游），谷頭多呈圓形狀態，且溪谷寬廣，形成許多小盆地，當地人稱之爲「坑仔」、「阬仔」或「湖」，這種地形環境，皆有利於開埤築田的發展，故早在乾隆卅七年（1772）即被厚力林隘墾者（約今竹東鎭頭重里、

二重里、三重里一帶）納墾區中，並約在乾隆四十八年（1783）
募佃墾成田園，並已逐年完納番租。[5]

　　所謂厚力林墾隘者即是林特魁。林特魁原籍廣東饒平人，貢
生，爲拓墾竹北一堡六張犁的名業戶林先坤五子，爲竹塹城外粵
籍有力人士。[6]

　　稍晚，但大約是同一時期，乾隆四十一年有林泉興墾號（即
林泰）向竹塹社給墾大坪頂一帶山場。（約隘路坪之南，冷水坑
溪東源兩側埔地，爲一片向北緩斜的埔地，即前述「泉興埔」地
名由來的原因。此一帶今有新竹市第二公墓，早在乾隆末期即爲
附近民人瘞葬之所。）林泉興爲竹塹城著名舖戶，爲林棲鳳所有
之舖號。後因資金龐大非一人所能負擔，林特魁與林棲鳳合組墾
號「林合成」繼續開墾。[7]

　　此外，劉光裕亦於乾隆年間向竹塹社通事丁老尉承墾，取得
塹城南門外一帶墾權，並在墾成熟田後，於嘉慶十二年（1807）
轉賣給塹城監生朱朝陽。[8]

　　也即是說在乾隆中、晚期漢族移民已取得竹塹城南門外，如
土地公坑、大坪頂、金山面、厚力林一帶墾權。其範圍包括土地
公坑、大坪頂、金山面、蜈蜞坑頂、大崎等處。但這些墾戶皆面
臨著「番害」、「水患」、「水利」、「土壤」、「侵墾」、「私墾」、「資
金」等等共同的困擾，因此開拓工程，時斷時續，承墾糾紛不
斷，官司纏訟，隘丁逃散，「番」害不停，以致墾務不振，田園
荒蕪，出現「廢墾」現象。

　　金山面地區原爲土牛溝界外之地，作爲竹塹社墾獵棲息之
所，乾隆年代除上述墾號前來募佃開墾外，在嘉慶廿年（1815），

又有漢人郭勃（一作浡）、陳環、蘇春等人，再來此地向「熟番」承租給墾，旋即與林特魁、鄭應春等人或墾戶發生糾紛，打起官司，纏訟經年，後經協調達成協議，分成十股，拈鬮分管，立石定界，毋許彼此越界混爭，早年墾約作為廢紙，並經其時淡水同知薛志亮在嘉慶廿年十二月初一日出示曉諭，公告週知。[9] 不料嘉慶廿一年十二月，林特魁、朱朝陽、林泰等人藉著昔年墾批，囑佃人前往開墾，遭到阻撓，再度發生爭控案，該爭控案從嘉慶廿年（1815）起，至道光五年（1825）止，十年間累控不休，最後由淡水同知吳性誠協調，林特魁、林泉興等人願將金山面東邊埔地，退與郭陳蘇管墾建隘，界內所有墳墓聽其修理、祭祀，並抹銷林特魁等墾約，才結束為時十年的爭控案。[10]

嗣後金山面一帶墾業，在得到官方合法的保障下，力肆開墾，然而「番害」猶存，三重埔（今竹東鎮三重里）、土地公坑（金山面西側一帶）、香山、鹽水港等處沿山地區，時有土番出擾，甚至近在廳城南隅的巡司埔亦遭騷擾，巡檢以下慘遭出草割首，官府增設石碎崙官隘（今柴橋里），仍無法抑止「番害」。道光七年（1827）淡水同知李慎彝向郭、陳、蘇等人買下土地，捐為官山義塚。陳朝龍《采訪冊》記：「道光七年，淡水同知李慎彝以郭、陳、蘇三姓控爭埔園纏訟不休，諭飭城工總董曾青華等籌款買，並據郭棠棣自行稟充，即飭總董量明丈尺，立石為界，繪圖附案。」、「再查土地公阬埔頂義冢總界外，尚有……金山面等處山場，概係官山冢地。又自樹杞林起，至中港三灣止，連絡七十餘里，及金廣福界內旱瘠埔窩，無礙田地陂圳者，自乾隆以來歷任淡水同知示定，概准民間隨處瘞葬，不准藉墾阻饒，需索

有案。」[11] 此一帶官山冢地，不得仍同前耕種，却仍然出現了開田築陂、栽種樹木、戕害墳墓、捐壞骸骨等私墾不法現象，主要原因，藉著旱園廢墾混佔，「附近土豪混霸不一，或開田築陂，枯骨揮鋤遍野；或車轍牛跡，荒冢踏成平蕪。名爲義冢，實爲私山；號爲牧場，變爲己業。甚且貧人安葬，勒索山毗，稍拂所欲，則三遷五阻。牧牛樵採，藉稱踏害五穀，則東奪西牽。」[12] 因此經常勞駕官府清理定界，勒石示禁，不准混佔營私，但效果不彰。

由於此地大部分土地屬於官山義冢，即非私人擁有的土地，故日治時期，仍將部分地區保留爲公墓地（即今日的新竹市第二公墓），其他地區於大正五年（1916）劃歸爲日本帝國製糖株式會社新竹製糖所的原料區，栽種甘蔗。光復以後，爲國民政府接收，先是改設爲軍事訓練基地，再於民國六十九年（1980）、八十二年（1993）改撥爲新竹科學工業園區，及交通大學光復校區使用。

總之，回顧清代金山面的開拓史，雖始於乾隆中期，在閩粵兩籍墾戶的引導下、合作下，官府同意彼等採取自耕自禦方式，不予禁止，但也無積極輔助措施。在「番害」不停騷擾下，或因資金不足，隘防不周，或有險無隘，或有隘無人，因此開墾效果不彰，時有田園廢墾情形出現，因而使土地荒廢。等到嘉慶年間，由塹城郭陳蘇三姓合組墾號，再度大舉入墾，却又發生墾權的爭執，纏訟十年，最後官府判歸三姓，此時期雖然土著仍乘隙出沒，但基本上漢人拓墾已大體底定。尤其道光十四年冬金廣福墾隘的組成，沿山諸隘不斷前進，後方的漢人移民才獲得保障，

力耕肆墾，建立了漢人村庄、文治社會。另一方面，金山面也在道光初期被官府捐買爲官山義冢，但漢人入境私墾，破壞墳墓現象不絕如縷，官府雖屢屢示禁，但毫無成效。總而言之，金山寺創建的時代背景及其周遭地理景象可大體歸納爲：荒塚遍野，「番害」頻仍，樵採牧場，田園時廢，陂塘幾許，承墾糾紛不斷，官司纏訟經年，仍屬於開拓初期的不安騷動之移墾社會。因此在如此騷動不安的社會環境，要金山面的墾農佃戶一開始便花費大筆金錢建築一座正式的、像樣的寺廟奉祀觀音菩薩，勢必有所顧忌的、不便的（財力考慮反而是次要原因），初期只是單純的將香火袋佩帶在身上，或是搭建座簡陋的田寮草庵供奉菩薩，直到道光年後，因金廣福的設隘開墾，局面頓告安定，才開始建廟安座，這才是何以金山寺遲至咸豐年間才正式建廟的根本原因。（詳見下節）

第二節　清領時期的創建、沿革與相關問題探討

　　坊間諸書介紹金山寺之創建年代，率皆謂創建於清乾隆五十年（1785），此種說法乃根據今人吳學明氏之研究所來，而吳氏又根據大正四年（1915）的《新竹廳寺廟調查書》調查表而來。吳氏撰寫該文年代爲民國七十五年（1986），時如鄭用錫《淡水廳志稿》、陳朝龍之足本《新竹縣采訪冊》、《台灣總督府公文類纂宗教史料彙編》等等，尚未公開刊行，遂不能運用此諸種史

料，今茲據後出諸多文獻，不揣淺陋，重新探討分析之。

按《新竹廳寺廟調查書》將金山寺列入「菜堂之部」可知其時已被歸類為齋教，調查表中記錄「廟宇名：金山禪寺。所在地：竹北一堡金山面庄165番地。本尊：觀音菩薩。建立（年代）：咸豐八年（1858）。信徒人數：金山面庄民一同。管理人：莊清波。資產：租穀七十五石。」於「沿革」欄記載：金山禪寺，初稱香蓮庵。乾隆五十年（1785），郭、陳、蘇等三姓，設立隘防開墾時初祀之，咸豐三年（1853）以茅草葺建創設廟宇，同治年間改築，以坑口有清泉，於此時改稱靈泉寺。廟中奉祀觀音佛祖，循例持齋祈禱。明治廿八年（1895），因為土兵（按指抗日義軍）所佔據，因而為官軍所焚毀，祭祀遂滅絕；翌年九月，鄉人楊標集資興修。[13]

此說一出，遂成定論，如大正十五年（1926）新竹街役場所編之《新竹街要覽》於〈神社宗教〉一章內記金山寺：同街（指新竹街）金山面165之2番號，奉祀觀音佛祖，創建於乾隆五十年，信徒有二千人。惟一不同的是將該寺列入「佛教」而不是列入「齋教」。[14]

又如連橫《台灣通史》卷22〈宗教志〉「台灣廟宇表」記金山禪寺：「在竹北一堡金山面庄。乾隆五十年，郭、陳、蘇三姓始設隘防，事開墾，結茅祀佛，以祈福佑。咸豐三年，乃建寺曰香蓮庵。同治間，復建之，以寺前有泉，稱靈泉，寺又名金山禪寺。」[15] 連氏此文顯然源自《新竹廳寺廟調查書》而來，要之，以上諸說皆是源自同一史源，自不能以量取勝，率爾認定。再，「台灣廟宇表」所記寺廟實屬有限，金山禪寺能列名其中，可見

金山禪寺在日治時期之名氣與聲望！

　　光復後，新修志書內容率皆如此，茲不贅引。不過，在光復初期的《新竹文獻會通訊》17號中記其時金山寺已能提出疑義，於奉祀神明已擴及到「觀音、釋迦、彌陀佛、註生娘娘」，於備註沿革中記：「在東門外金山面冷水坑東南畔，又名金山禪寺，初稱香蓮庵。乾隆五十年鄭（原文如此，可能是『郭』姓之誤植）、陳、蘇三姓設隘防，開墾金山面時，為祀神靈庇護，崇祀觀音。咸豐三年（或謂十年）蓋茅創廟，同治間改建。寺前有泉廻繞冷水坑，亦稱謂靈泉寺。光緒十五年職員林汝梅捐款重建。全二十一年三月淪於兵火，後再建。塹南八景之一為靈泉試茗。」[16]此文顯然又是襲自《寺廟調查書》，但已能提出正式建廟年代究竟是咸豐三年或十年之疑問？

　　以上諸書記載皆大同小異，其史料根據來源均指向同一史源，即大正四年的調查書，因此正本清源須先針對此一調查書作一稽辨、分析及解讀，而此一調查記載又是依據耆老訪談而來，考大正四年（1915）距乾隆五十年（1785），時代已相距一百三十年，在一無文獻，二無文物佐證之下，其可信度本就可疑？在近年諸多文獻出現之下，此說已須作一深度分析辨駁，茲分以下數項討論之：

一、時、人的問題

　　如前節所述，林特魁約於乾隆四十八年率佃農入墾金山面，時已墾成田園，而郭陳蘇三姓之入墾金山面是在嘉慶廿年的事，因此調查書之記載，若時間對（乾隆五十年），則人物錯（應是

林特魁），反之若人物對（郭陳蘇三姓），則時間錯（應是嘉慶廿年），另一種可能，兩者皆錯，（但若眞的是如此，此題無解，不必大作文章考證辨明了），吳氏過於執著乾隆五十年（1785）之說可信，巧作調人，解釋爲「究其原因在於嘉慶廿年郭陳蘇三姓對金山面一帶的拓墾，其貢獻大於林特魁，故爲後人張冠李戴。」[17] 此說似解實不通，仍未解決「時、人」不符的問題。

二、竹塹八景的問題

陳培桂《淡水廳志》記全淡八景爲：一、指峯凌霄，二、香山觀海，三、雞嶼晴雪，四、鳳崎晚霞，五、滬口飛輪，六、隙溪吐墨，七、劍潭幻影，八、關渡劃流，可見同治初年時尙無「靈泉試茗」之一景。陳志進一步解釋：「舊傳塹南八景、淡北內外各八景，雞籠亦有八景，畛域太分，且有牽強而足成之者。茲擇全淡山川之勝，南北各得其四，總爲八景。」而其前舊傳之塹南八景爲：一、鳳崎遠眺，二、金門晚渡，三、北線聽濤，四、船港漁灯，五、衢嶺曉烟，六、香山夕照，七、隙溪墨水，八、五指連雲。[18] 不僅如此，其前修於道光年間的鄭用錫《淡水廳志稿》亦列全淡八景爲：一、坌嶺吐霧，二、戍台夕陽，三、淡江吼濤，四、關渡分潮，五、屯山積雪，六、蘆洲泛月，七、劍潭夜光，八、峰崎灘音，可見全淡八景並未有定論，即使有相同者，名稱也並未統一，直到陳培桂以同知之尊，用官方立場予以定調，才有統一之八景。鄭志亦列有竹塹八景，次序、名稱皆與陳志相同，但是獨在最後一景「五指連雲」加上括號，可見第八景「五指連雲」尙有疑義，未成定論，更重要的是也無「靈泉

試茗」，也即是說在道光年間時，「靈泉寺」尚未列入勝景名蹟之遊覽佳地，其無足道哉之原因，不外乎是寺廟尚未建成，或是寺廟簡陋不值得列入記載，抑或是治安不佳，遊人信徒少至。

　　其後修於割台前之陳朝龍足本《新竹縣采訪冊》記新竹縣八景為：一、指峰凌霄，二、隙溪吐墨，三、香山觀海，四、合水信潮，五、鳳崎晚霞，六、北郭煙雨，七、靈泉試茗，八、潛園探梅。在「靈泉試茗」條下介紹道：「在縣東南十里金山面山冷水阬。《廳志》〈古蹟考・寺廟〉云：『靈泉寺有泉廻繞，冷水阬清可沁脾，故名。』」，並進一步解釋選擇此八景原因：「《廳志》所採全淡八景，隸於今新竹縣境內者有四，今就《廳志》中所採山川、園林諸勝新擬四景，與《廳志》合成八景，以備採擇。」[19]可見「合水信潮、北郭煙雨、靈泉試茗、潛園探梅」只是新擬四景，後起之名勝，猶未定論，後得知縣范克承同意，采入之後才列為八景，其中北郭煙雨初擬「北郭納涼」，後改今名。[20]據此可知刊於同治十年陳氏《廳志》之全淡八景、竹塹八景尚未列入「靈泉試茗」之原因，直到光緒廿年之陳朝龍《采訪冊》才採入，也即是說「靈泉試茗」此一名勝直到光緒年間才真正興起聞名，才為文人騷客所重視。這背後所反映的事實是：靈泉寺（或香蓮庵）在同治年之前無足道哉，因此竹塹八景並未采入，而且陳志、鄭志之「祠廟」項目內諸廟宇均未採入記錄，之後受到重視，有賴林汝梅等人在此大興土木建廟，鄭家在此興修冷泉別墅之關係。（詳見下文）

三、廟名及建築問題

金山寺創建以來，前後數度更改廟名，均與時代背景與建築形制有關，尤須一探清楚。陳朝龍足本之《新竹縣采訪冊》之出現刊行，對此問題之解決助益甚大，陳書卷四〈寺觀・竹塹堡寺觀〉「長清寺」則記：[21]

> 長清寺：舊名香蓮庵，又改名靈泉寺，在縣東九里金山面冷水坑。舊時築一茅庵，名香蓮庵，創建年月無考。同治初，僧天恩倡捐，改茅為瓦，正殿三間，中祀觀音佛祖，兩旁祀十八羅漢，北畔橫屋三間。光緒十二年，紳士林汝梅倡捐，添建南畔橫屋三間。十九年，林汝梅倡捐重新，改為正殿三間，前殿五間、後殿九間，左右橫屋各九間。正殿祀三寶佛，兩旁祀十八羅漢，前殿祀彌勒佛、四大金剛，屏後祀韋馱，後殿祀觀音佛祖、文殊菩薩、普賢菩薩，一仿內地叢林規制，現今工尚未竣。

鄭鵬雲《新竹縣志初稿》卷三〈典禮志・祠祀〉記：[22]

> 靈泉寺（舊名香蓮庵）：在金山面冷水坑，距縣南八里。郭家獻充地基，咸豐三年編茅為廟宇。同治年間，紳民改建。有泉，清冷沁人心脾，騷客到此品茶，謂之「靈泉試茗」。光緒十五年，職員林汝梅捐款重新改建。廟宇百坪，地基百五十坪。

同書卷五考二〈古蹟〉載:「靈泉試茗;在金山面冷水坑,距縣治八里許。有水一泓,清可沁脾。光緒二十年,知縣范克承采入新竹縣八景之一。」[23]

　　據此可知金山寺之前身確是「香蓮庵」,既名爲「庵」可知是指小草屋,俗語所謂「結草爲庵」即是;又因庵是指簡陋的小草屋,古代文人常自謙地將書房稱之爲庵;而小寺廟亦稱之爲庵,多爲尼姑所居。凡此皆可反映印證金山面初闢的時代環境及周遭地理景象:「番害」不斷,荒塚連連,茅簷樵徑,草木叢雜,若與其後鄭氏所建冷泉別墅相較,「臨水結構,茅屋數椽,不甚裝飾」,建築材料與建築風格差相彷彿,正可以相互佐證,問題是香蓮庵建於何時?陳朝龍《采訪冊》言「創建年月無考」,這並非事久年湮無從查證,乃因其建物實在簡陋,不足名爲「寺廟」、「祠觀」,所以其前諸志書遂皆未采入志書記載,但陳朝龍《采訪冊》到底提供了一條訊息可供參考:「同治初,僧天恩倡捐,改茅爲瓦」,是可知香蓮庵建於同治初年之前,問題是乾隆末年?嘉慶年間?道光年間?還是咸豐年間?

　　前引調查書紀錄建立年代爲咸豐八年(1858),却又在沿革中記載是在咸豐三年(1853)以茅草葺建寺廟。割台初期,日人所作的調查(明治卅一年七月,光緒廿四年,1898),記靈泉寺建地 100 坪,佔地 150 坪,建立年度爲咸豐三年,位在竹北一堡二十張犁庄轄內金山面。[24]而今廟前猶存一「施食台」的短石柱,柱間銘刻「香蓮庵／大清咸豐拾年(1860)歲次庚申仲冬立／原漳泉南沐恩弟子方仕欽等奉」,按施食台在釋界又習稱「出食台」,佛教儀式於早、晚課、午供,先上香禮佛,再從供飯中

以手印加持挑出少許飯粒彈在出食台上，此少許飯粒又稱「七粒米」，然後持咒觀想，以七粒米施食，佈施眾生眾物，尤其晚課後之施食，主要佈施於冥間孤魂野鬼。此一儀式活動，正符合周遭荒塚累累之背景。[25] 因此就目前所知文獻、所存文物，雖有咸豐三年、八年、十年之說法，但總不外乎是咸豐年間所建，而這一年代又符合為何修於道光年間之鄭志並未將香蓮庵采入志書之原因，因此香蓮庵創建於咸豐年間應是可信的，問題是一般人不明白，以為出食台是當年石柱建材所遺留文物，逐據此柱推論，而有咸豐十年建廟之說法，這是誤解了佛教出食台之用途。

再，從咸豐元年（1851）起，淡北漳泉大械鬥（俗稱漳泉拼），連年不止。咸豐三年太平軍攻下南京，全國騷動，台疆亦崛起響應，同年頂下郊拼，鄭用錫撰勸和論以勸解，無效，終不能止，直到咸豐十一年十一月泉人李起疇、漳人潘永清等出面調停，乃解兵言和。[26] 這期間官府控制無力，地方秩序大亂，北台一帶烽火，屋毀人亡，損失無算，此出食台之銘文有「咸豐十年仲冬立」之字眼，又有「原漳泉南沐恩弟子」字眼，而此出食台之作用又在佈施眾孤魂野鬼，免於淪落為餓鬼道，此出食台之奉獻顯然與漳泉械鬥的時代背景大有關連，即由金山面（或可說竹塹全體）一帶漳泉等籍居民合力出資，貢獻此出食台以佈施撫慰在械鬥下橫死之眾鄉民鬼魂，祈求漳泉拼早日停止，化干戈為玉帛之深刻用意，此出食台實為昔年淡北漳泉大械鬥之見證遺物，廟方宜全力小心保存。因此香蓮庵建立年代不是三年即八年，年代不妨提早些，謂之咸豐三年創建可也，今坊間說法謂金山寺創建於乾隆五十年是站不住腳的。

但，這並非否認其前就有奉祀觀音菩薩之信仰行為，陳氏《廳志》〈風俗考〉記「每田中葺屋曰寮，瞨者有田必有寮，以荊竹為牆，各莊皆然」[27]，因此金山面之墾民佃農於田間草地搭建一簡陋之茅屋土牆的田寮供奉觀音菩薩，祈求保佑風調雨順、五穀豐收、避免「番害」、訟訴早止，都是自然不過之事。但是如此論述，舉台皆然，幾乎可以適用全台所有廟宇的創建歷史，這是沒有意義的，因此需要考證出更明確、更接近的年代，以契合金山寺創建的時代背景，與初時的信仰行為。如前所述，金山面的開墾始於乾隆末年的林特魁、林泉興集團，與嘉慶廿年的郭陳蘇三姓集團，因此簡單地說，又要回到「時、人的問題」，吳學明考證出的論斷為乾隆五十年的林特魁，個人倒以為是嘉慶廿年的郭陳蘇三姓為佳，原因如下：今存廟前「施食台」石柱為「原漳泉南沐恩弟子方仕欽等奉」，是即漳州、泉州、南安等閩南信徒所捐獻，並非客籍人士，是即說明了其時該廟為閩籍人士所主導，再加後來鄭家在其旁興建冷泉別墅、林家倡首捐獻大事興修，鄭、林兩家皆是閩籍，更是有力的佐證，此其一。其二，咸豐年間正是淡北漳泉及閩客大械鬥之年代，此廟若是客籍人士所掌控，閩籍人士焉會甘心共襄盛舉。其三，最有力的一條證據是：今廟內右側廚房邊橫屋供奉一「本寺各姓氏九玄七祖蓮座」之功德香位，說明金山寺初建是由七位不同姓氏的信徒所捐建。而且志書與廟中提供之簡介，亦謂「至咸豐三年，郭家獻地編茅為廟」，但既然有郭家獻地之說，不妨也做為參考資料之一，這又符合郭陳蘇三姓開拓的背景，更何況從乾隆五十年到咸豐三年才正式建廟，時間（相隔 68 年）未免長了些，於情於理皆不合，

反而不如嘉慶廿年較接近咸豐三年之時間（相隔 39 年）來得合情合理。凡此種種直接、間接證據，皆指向嘉慶廿年郭、陳、蘇三姓開拓的時代背景較符合實際，因此個人寧採嘉慶廿年之說，而不取乾隆五十年之說，但這僅是開始改建之年代，並非就是完工之年代。

　　金山寺創建之後，其下沿革爲「同治初，僧天恩倡捐改茅爲瓦，正殿三間，中祀觀音佛祖，兩旁祀十八羅漢。北畔橫屋三間」，是可知同治初年改建後之形制爲坐東南朝西北，單進三開間，右側有橫屋的「𠃊」形單伸手建築，應該是碍於經費不足而未完成，而非風水問題才故意只建單側橫屋。天恩和尚爲「外江僧」（即今人所謂外省和尚），是一奇僧，在新竹宗教史上是一位重要人物，惜生平不詳，僅知曾擔任外媽祖「長和宮」的住持，其後續由其門徒「和尚金」擔任長和宮住持，並傳出種種荒淫不堪之事蹟。[28] 天恩不僅與長和宮、金山寺有關，屬於齋教龍華派，位在新竹市東門內的「印月堂」，乃「同治二年設立，全五年僧天恩倡首，楊元標、何貽盞等興修。」[29]，天恩事蹟所知只有如此，不免遺憾，但據印月堂之創建年代作一參考，所謂「同治初」之改建，應即是同治元年或三年、四年，因若是同治二年或五年，天恩要同時募款督建兩廟，未免分身乏術。且「初」字本就有開始、起頭、第一次、本初的意思，即「元」字之古義，因此個人偏向爲同治元年之說，尤其同治元年（1862）三月，爆發戴潮春亂事，前後三年。亂事所及，街莊焚毀，遺墟蕭條，人民蕩析流離，造成人心惶惶，百貨騰貴，物價飛漲，雖說竹塹地區並未被亂事兵燹直接波及，但其影響是必然的，在此動蕩時代

背景之下，天恩要向信徒募款建廟，事實上是有所困難的，而且正因向信徒募款捐建兩廟，才導致經費不足之困乏，凡此皆可說明了何以靈泉寺只建成單伸手之形制的時代背景。

此次改建或者因不是官廟、或者因規模不大，廟宇修建未成，建築不足以觀，因此陳培桂修於同治九年（1870）、刊於翌年的《淡水廳志》並未將之采輯列入「祠祀」、「祠廟」項內，倒在卷 13〈考三・古蹟考〉「寺觀附」中采入，記：「靈泉寺：舊名香蓮庵，在廳治東門外，金山面冷水坑東南畔。距城八里，有泉廻繞冷水坑，清可沁脾，故名。」[30] 至於其采輯標準，陳氏自曰：「若陸清獻《靈壽志》寺觀之類，涉浮屠老子者皆斥之，亦奚可哉？且僧綱通錄，載於《會典》，寺觀亦有田畝山場，倘有訟於有司，豈能不理？況天生勝境，地擅名區，雖曰搜奇，實非志怪。今別為一類，存其概焉。」[31] 可知陳氏是從「名勝」角度才將其收入，此筆資料提供了兩條重要訊息，一是「香蓮庵」是在同治年間改建後，易名為「靈泉寺」，一是可能正在打官司（有訟於有司），一是記載中並未提及鄭氏的「冷泉別墅」，即同治九年之前鄭氏尚未在此構築別墅，則其建置年代不脫同治末年或光緒初年。

嗣後「光緒十二年（1886），紳士林汝梅倡捐，添建南畔橫屋三間。」至此靈泉寺才成「ㄇ」字型三合院之完整結構。不過時隔七年，「十九年，林汝梅倡捐重新，改為正殿三間，前殿五間，後殿九間，左右橫屋各九間。正殿祀三寶佛，兩旁祀十八羅漢，前殿祀彌勒佛、四大金剛，屏後祀韋馱，後殿祀觀音佛祖、文殊菩薩、普賢菩薩，一仿內地叢林規制。現今工尚未竣。」[32]

此段記載可解說如下：

（一）眾所周知，林家信仰較偏向道教，何以光緒十二年才倡建
　　　靈泉寺的南畔橫屋，完成建築規模，不過七年功夫，居然
　　　願意如此大費周章，大興土木，大花銀兩的興建一座純佛
　　　教，仿內地叢林規制的寺院，而且直到陳朝龍修志時尚未
　　　竣工，若說林汝梅一心向佛因而發願擴建，個人倒也不排
　　　除此原因，但同理也不排除有可能是林汝梅受到鄭家建別
　　　墅的刺激，所以在其旁全力擴建叢林寺院，與之較勁一別
　　　苗頭，鄭、林家可能又是再一次「銀牛相牴角」。

（二）另一方面，道光十四年北門鄭家也開始積極投資金廣福墾
　　　隘，道光十八年，鄭家的「永裕」、「益愷」開墾金山面溝南
　　　埔地；同治三年合買金山面三角仔的田園埔地，同治九年合
　　　買過金山面溝北面的田園埔地，可知鄭家在冷水坑溪擁有不
　　　少的土地田園，並向香蓮庵年納「燈米」二十三石。[33] 而且
　　　鄭氏族人有不少死後埋葬附近，《浯江鄭氏家乘》記[34]，鄭
　　　用謨妾「林氏葬金山面冷水坑靈泉寺前」（頁83）；鄭如鑄（鄭
　　　文謨次子）「公葬縣東南十里金山面三角仔山」；如鑄妻妾「廖
　　　氏葬縣東南十里金山面柯子壢山」、「劉氏葬縣東南十里金
　　　山面三角仔山」（頁84）；鄭如醇（文謨三子），「公葬縣東
　　　南十里金山面，姙柯子壢山」（頁84）；鄭如磻（文謨四子），
　　　「公葬縣東南十里金山面」（頁85）；又如鄭渭南「妾張氏
　　　名花姊，葬縣東十里金山蛇仔崙」（頁85）、鄭安鎮「葬金
　　　山面隘寮坪」（頁87）、鄭坤生（澄波長子）「坤生葬縣東南
　　　金山面」（頁87）、鄭安壬（澄波三子）「葬縣東南金山面，

姒葬縣東南十里金山面竹蓮寺後」（頁 87），鄭再生「葬縣東南十里金山面」（頁 88），鄭邦燦「葬縣東南十里金山面」（頁 88）[34]。舉此數例，已可概其餘。明白此一背景，才會明瞭何以鄭家會在靈泉寺左近建築別墅，願意年納香燈租予靈泉寺，而同光年間，竹塹文人雅士，至金山寺禮佛祈願，或品茶嘗茗，聚集鄭家冷泉別墅詩文酬唱一番，自會引起西門林家之暗妒，無形中會有較勁之意味出現。

（三）此次擴建，再度將廟名改爲「長清寺」或「長清禪寺」，並非「金山寺」或「金山禪寺」。因此此廟廟名前後數異，在清代時期前後如下：香蓮庵（嘉慶～咸豐）、靈泉寺（同治～光緒）、長清寺或長清禪寺（光緒十九年後），尤其是每次動工改建後，即更易廟名，換言之每易廟名即代表寺廟的改造重建，這在台灣寺廟史上是一少見罕睹的例子。

（四）至割台之前，此次搭建的規模形制是三進式兩院「日」字型平面，而且有意仿造內地叢林規制，因此應該至少還會有山門、藏經閣、法堂、禪堂之類建物，可惜乙未割台，抗日兵興，工程不得不爲之停頓，當年若能順利完成，長清寺極有可能成爲北台規模最大的純佛教寺院，重寫台灣佛教建築史一章，惜哉！

（五）信奉菩薩，已從昔年的觀音佛祖、十八羅漢，擴及三寶佛（釋迦、藥師、阿彌陀佛）、彌勒佛、四大金剛、韋馱、文殊、普賢諸菩薩，亦可見的的確確是佛教寺院，非齋教之流亞。

（六）此時寺院周遭景觀爲：竹林環繞，寺前有茶園「種茶供佛，

頗稱美產」，另有一株百年古榕，數下錯列巨石十數，可供遊人信徒憩足休息。寺右爲鄭氏冷泉別墅，茅屋數椽、曲徑短牆、環植花卉，爲臨水結構，濱臨冷水坑，別墅之右爲放生池舊址（應爲同治年間舊址）。寺之右外圍則是冷水坑流經，寺南之高崗，爲泉興埔，埔園寬曠，再西則是出粟湖，俗稱長龍池。[35]

同治初年，靈泉寺修建之後，適值同光年間竹塹地區人文薈萃，文風鼎盛，靈泉寺距城不遠，風景秀麗，吸引了眾多騷人墨客到此茗茶吟詩，觀賞遊覽之餘，留下諸多詩作，如同治六年（1867）春，林占梅有〈遊靈泉禪寺題壁〉七言律詩，內容爲：「靈泉繞澗瀉浪浪，匼匝峰巒護法王。梵宇時清禪定永，空山晝靜道心長。鐘魚列案知常課，花木盈階覺妙香。禮罷眞如隨喜徧，龍團一琖潤吟腸[36]。」另有廩生張鏡濤〈靈泉試茗〉一首：「在山泉比出山清，冷水坑頭碧一泓；領略此中好風味，新茶活火入詩評。」，邑庠生郭鏡蓉〈題金山面靈泉寺〉：「共到金山禮佛來，香蓮寺插曉雲開；人間勢利炎於火，願乞靈泉水一杯[37]。」

除上引諸志書資料外，《淡新檔案》內，收有一案「新竹縣知縣方，准鹽館委員王秉壽函送拏獲供認接私和尚蕭本明一名，請并傳慣私蕭德芳到案質訊究辦由」，相關文件甚多，編號從14227‧1~14227‧39 共 39 件[38]，內容是竹塹鹽務總館的巡勇抓到長清寺僧蕭本明募化鹽觔，屯積私鹽六包兩百多斤，寄放在香山庄蕭得芳家中，有私貯貨鹽之嫌，被逮捕究官辦理的情事，其始末詳情非本文主旨所在，此處不擬詳述，但其中有關長清寺之人事、興建情形卻與本文有關，須爬梳整理一述究竟，茲摘要敘

述如后。

此案始於光緒十四年（1888）十二月二十四日，於次年四月廿四日結案，最後是武監生蕭德芳（即蕭揚馨），從寬辦理，革去監生，懲辦發落。至於寺僧蕭本明則驅逐內渡，不得逗留，其中有關長清寺之諸倡建董事名單，相關文件內容如下：「治下金山面長清禪寺董事林汝梅、鄭如蘭、陳濬芝、李聯莩、高廷琛等。（中略）光緒拾伍年貳月十八日具稟董事：李聯莩、鄭如蘭、林汝梅、陳濬芝、高廷琛。」（頁320），寺之倡建緣由及經過如次：「敬肅者，敝邑金山面靈泉寺，年久失修，上年（按指光緒十四年）適有各姓各款僉議改建為長清寺，鳩工庀材之下，各省如普陀、鼓山戒僧，望風日至，因僧多糧少，遂有出山募化鹽米之舉。（中略）當日創議建寺，實係梅始。（中略）既經該紳函囑，始准飭縣訊明，驅逐內渡，不准再在該寺常住，以肅空門。」（頁323~324）「梅等當日聞信，恐該僧人官事不休，暫行領出，面算經手賬目。乃僧算賬未清，心神恍惚，加以患癘沉重，勢甚岌岌。（下略）」（頁320）「緣有僧人本明在塹募建長清禪寺，僧眾日集。但事關始創，經費無資，該僧不（得）已抵往各鄉募化錢米以濟度用，因唐船來港（按指香山港），僧徒數（人）幾月之間，陸續募化船鹽，計有二百餘觔，寄存芳處。」（頁319）其時之寺僧名單有：「具僉稟：金山長清寺僧盡智（文件中有時稱淨智），德潤、榮清、智多、源寶、復初、盡發等，為冤陷莫伸，呈請查奪事。（中略）即現靈泉寺改建，僧腳頻來，糧田未充，是以全憑募化施米為食，因五月以來，有唐船載鹽到港，僧欲募化，（下略）」（頁315）「金山寺募化船鹽，係該徒盡智回明前委員許

准，因寄香山。至欲挑回，（中略）因盡智往金山，是以其師本明前去（中略），但本明係該寺住持，現際歲暮，所有經手工料，應由會算給領，懇祈恩准暫行領出，倘應訊辦，隨喚隨到。（下略）」（頁316）

綜合整理上引檔案相關文件，可得知：

（一）光緒十四、十五年時長清寺的董事有：林汝梅、鄭如蘭、陳濬芝、李聯萼、高廷琛等人，但以林汝梅爲首。

（二）此次擴建，林汝梅雖謙稱「各姓各款僉議改建爲長清寺」，但末了又漏出馬腳，自承「當日創議建寺，實係梅始」。

（三）至於所謂「各姓各款」，指的是光緒年間，新竹閩籍股夥抗繳金廣福隘糧大租，經金廣福墾戶首姜紹基告官，控告後，於光緒十三年由官府裁定，由姜家取得金廣福餘埔之經營權，另由姜家捐佛銀二千元給予閩籍股夥，作爲補償。其後以此筆經費作爲基金，擴建靈泉寺之用，《金廣福古文書》收有一件〈捐建長清禪寺序〉[39]，爲新出極重要之史料，有助於釐清該廟創建擴建之歷史，原序如下引：

> 蓋聞奉佛爲緣，宜佈施以種福；興工有力，當廟貌而重新。竹城南關外十里許，地名金山面。前釋天恩梵脩題香蓮庵，供奉觀音大士。紳商士庶，祈禱響應，瓦蓋翻新，號曰靈泉寺。地甚靈秀，前峰十八，如羅漢之朝參；眾岫迴環，若善童之拱拜，誠奇觀也。乃經歲久，雨蝕風侵，歷年多楹崩棟析，能因即是善創，仍舊無非圖新。國朝兼崇佛道，各處均建禪林，大帥（按指劉銘

傳）嚴整邊防，我台初開行省，況僧眾來自南海，釋教興我東瀛；停其白足，奉此金身，就基址而更張，成規模之益大。寺改長清，祝皇朝蒙麻而錫祚，功眞無量閑，我佛救世以覺人，但欲成此宏舉，正宜費已多金。適金廣福案控多年，蒙斷賠還佛銀二千員，眾多不願瓜分，一時先爲草創貧本，是僧天肇無力，施即爲主，佛待有緣。爰令勸募。四方蠅頭借助，以便工興。一旦孤腋集成，多寡非所拘，囊成隨擲，高下原無別，檀越並呼，庶幾哉生面宏開，佛門增色，善緣廣佈，法界更新，一錢一功德，共種福田，三藐三菩提，同登善果。而況名應勒石佛前，艷善信之稱，像合鑄金龕下，作香花之奉，是護持乎我佛，深冀望夫群公盥手焚香，敬爲是啓。

光緒拾肆年歲次戊子正月 日，董事高廷琛、李聯蕚、林汝梅、鄭如蘭、陳濬芝全具。

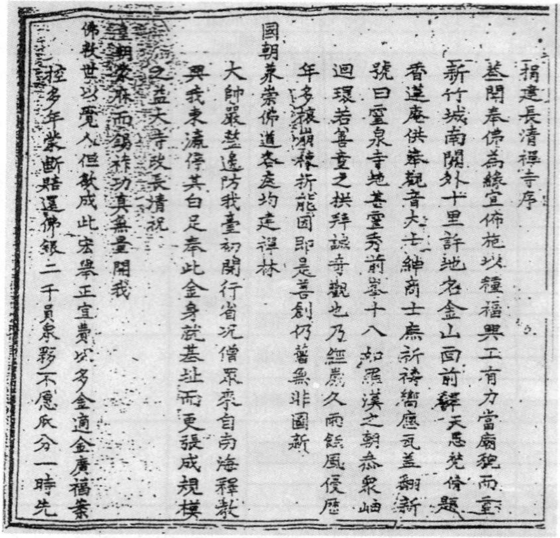

圖 5-2　金廣福古文書影本

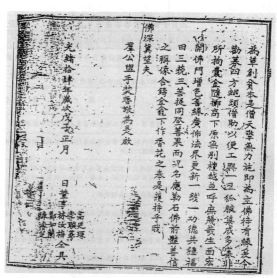

圖 5-3　金廣福古文書影本

據此序文可以很清楚的知曉：

1. 香蓮庵的創建人是釋天恩（天恩為其法名），作為其「梵修」（指齋戒禪修之意）之所，而「香蓮庵」庵名，亦是天恩所題。創建人既是天恩和尚，因此可以確切的說香蓮庵創建歷史不久，的確是在咸豐年間，所謂乾隆年間創建之說，再次證明站不住腳。

2. 繼天恩而任住持者之後為天肇。

3. 該廟之觀音菩薩金身是來自浙江普陀山，距今已有一百五十年之悠久歷史。惜廟方無知。據說民國八十五年間因其破舊，棄置於頭前溪中，改成新雕之樟木觀音佛像。而更令人喟嘆者，正殿兩旁原奉祀之十八羅漢像，在民國七十五年間遭竊，下落不明，廟方亦補以新雕樟木羅漢。[40]

4. 此次擴建廟名改為「長清寺」（或長清禪寺）之原因，乃是「祝皇朝蒙庥而錫祚」這時間點正是劉銘傳督師台灣，打完清法戰爭，上奏朝廷，建台灣為行省之後，正有圖強救亡，上下共治，希望大清朝長命百歲，千秋萬載之寓意，用意之深，望治之殷，正突顯新竹士紳居民強烈意圖與期待。而且可以確定，廟名之改易是從一開始就決定，故名〈捐建長清禪寺〉，也即是說長清寺之廟名始於光緒十四年正月。

（四）較令人頭痛的問題是《淡新檔案》文件中，突冒出「金山寺募化船鹽」一句，這是首見「金山寺」一名（光緒

十四、十五年），似乎清末已有「金山寺」之廟名。但細查《淡新檔案》其他相關文件，皆作「金山寺靈泉寺」或「長清寺」、「金山長清寺」、「靈泉寺」，《金廣福古文書》中更明確指出「捐建長清禪寺亭」及「寺改長清」；所有相關檔案、文書中「金山寺」之稱只有僅此一例。按照史學方法中「孤證不立」原則，仍應以「長清寺」、「長清禪寺」為正解。至於會出現，「金山寺」一名，或則可能指「在金山面的那座廟」，或則因寺廟新改名，又正在募化善緣修建之中，一切尚未完全定案，第三種可能性，是「金山寺」為當時民間另一俗稱；第四種可能性是將「金山長清寺」省稱為「金山寺」；另外一種可能性，或許蕭本明等僧侶和尚是從大陸鎮江金山寺過來，林汝梅等人邀請他們渡台協助，將原有之靈泉寺擴建成類似鎮江金山寺之叢林規模，這也許是後來出現「開台金山寺」豎匾之遠因。總之，真相實情如何，已難究詰，在此仍採「孤證不立」的史學方法處理。

（五）林家出面倡建，大事興工，風聞之下，引得浙江普陀山，福州鼓山戒僧，望風日至，因僧侶過多，林家不克（也有可能是不願）負擔，遂有出山募化鹽米之舉，遂招惹此一囤積私鹽之無妄官司。而僧侶日至，竟引起日人乘機混入，化裝行腳僧以刺探台灣軍情民風，《新竹叢誌》有一段記載：[41]

> （上略）林汝梅，人稱曰五老爺，以其行五，性倜儻，人豪放，履厚席豐，有煙霞癖，想入非非，崇尚超界，意更茫茫，篤信虛無。其與盤桓者，非僧即道，故諺有

之曰：座上僧人常滿，堂中道士不空。蓋其時日本自牡丹社事件後，雄心勃勃，企圖侵略，乃遣僧陀爲間諜細作，潛入台疆，或扮行腳僧，或禮佛頭陀，陽則念佛誦經，陰乃測繪地點，時至竹塹。汝梅竟闢城東冷水坑，金山禪寺爲叢林，藉爲常住。乙未割台之役，此輩僧陀，則充嚮導，指揮其初入城，先鋒隊之髭鬚坂大佐，即其行腳僧之一也。甫至則乘馬到潛園，具帖指名拜訪汝梅，家人窺之，係前之禮佛僧陀，惜主人既歸道山，乃於堂中遺像前拈香，嗟嘆而去。乃後近衛師司令駐宿爽吟閣，坂大佐則在涵鏡軒，約經數旬纔移師南下。

此事真假已不可究詰，不妨視之爲一段傳奇軼聞。

（六）其時長清寺住持爲蕭本明，其徒有淨智、德潤、榮清、智多、源寶、復初、淨發等人，而興建過程中之工料、工匠，均由本明經手會算給領。後因罹患癆疾，及被懷疑私貯貨鹽之嫌，遂被驅逐回內地，其僧徒想必也一併逐回，真可謂無妄之災。此後住持及興建工程才轉由楊普丹負責。（見下節）

（七）不過，根據檔案、方志之記載，也出現興建年代糾葛紛亂的問題。陳朝龍《新竹縣采訪冊》記光緒十二年林汝梅倡捐，添建南畔橫屋三間。十九年重新擴建，直到陳書修成之光緒二十年，仍未完竣。鄭鵬雲《新竹縣志初稿》則記光緒十五年，林汝梅捐款重新改建。《淡新檔案》則記光緒十四年時林汝梅倡建，十四、十五年時由僧蕭本明經手興

建。〈捐建長清禪寺序〉則記光緒十四年正月時還在勸募捐建。乍睹之下似乎被此諸年代紀錄有矛盾，其實只要仔細分析，糾葛紛亂是有的，矛盾却無。其一，關於光緒十二年林汝梅添建南畔橫屋之說只有陳書有記載，他志皆無，基本上無法究詰，故不成問題。其二，林汝梅究竟何時有意重新擴建？據檔案記載是光緒十四年，他書皆無，此又是林汝梅親筆所寫信函內容，爲第一手史料，故也不成問題。其三，成問題的是何時動工？何時完工？如上所言，林汝梅有意擴建成叢林大寺院，因此有可能從光緒十四年動工（月分不詳），本來交由蕭本明負責，而中國沿海各地寺院僧侶也望風紛至，造成林家重大負擔，不敷供施，本明和尚也不得不四處外出募化鹽米，却不料因募化私鹽而扯上官司，最後與眾徒僧被驅逐離台，這中間過程當然會造成工程的停頓，或時斷時續，直到光緒二十年又交給楊普丹負責工事，繼續興建，直到陳書修成之時仍未竣工。也就是說從光緒十四年動工興建，直到光緒二十年，一直有工程進行著，只是中間因經費、人事、官司而有時停頓，工程時斷時續，很難明確記載其確實年代，才會形成諸書記載紛亂的現象。

總之同光年間，此地已成一名寺勝蹟，寺右有冷水坑環廻，水流淙淙，舊有放生池一泓，供信徒放生積德祈福，加上鄭氏又建冷泉別墅，茅屋數椽，不甚裝飾，而曲徑短牆，環植花卉，別有天然幽趣。四周則層巒疊翠，不一其狀，有徑可通四處，層巒安步，茶園高下橫逶，布列如畦梯，正可謂地僻非僻，山貧不

貧，有樵可采，有美可茹，有茶可品，有鮮可食，景物幽清，亦足以遊目騁懷，乃置功名于度外，付興亡于不聞，名曰「靈泉試茗」，列諸竹塹八景，誰曰不宜，清末陳朝龍有「靈泉試茗」一詩紀勝：「在山泉比出山清，冷水坑頭水一泓；領略此中好風味，新茶活火入詩評。」[42] 正可見清末文人雅士、仕紳少長咸集此寺論列品評，或高臥羲皇之枕，或酣醉阮籍之懷，或敲詩煮茗，消溽暑於青蔭，酌酒談棋，披薰風於曲岸，閒雲散步，賞花觀鳥，載酒行歌，流觴賦詩，這種散淡瀟灑，山水情懷的愜意生活，正是傳統文人雅士的理想與追求，從此角度審視，則金山寺自創建以來，前人非無建造之功，而興利之多，功德之勝，應推西門林家為第一，林汝梅之功大矣！

第三節　日治時期的浴火重生

　　金山寺在清末林汝梅大力擴建之下，盛極一時，也是竹塹地區八景之一。不料無端刼海起波瀾，甲午戰敗，乙未割台，絕好寶島竟淪陷，在日軍攻佔竹塹之役，我抗日義軍奮起抵抗，金山面一帶淪為戰場，双方攻防進退，戰火連天之下，金山面百姓、民居、寺廟難逃一劫，金山寺亦遭兵燹，冷泉別墅也被波及，耆老饒先生稱：「日軍攻下金山面，佔領金山寺，發現該寺堆放很多糧食，以金山寺為抗日義軍的糧食供應站，而遭日軍焚毀。」[43]鄉宿陳坤火亦稱：「在我小時候常在金山寺旁看牛，那時金山寺的四周種植莿竹有兩、三環……金山寺有些志士、義士為了抵抗

日本人，周旋了一陣子……後來日本人攻進，發現廟內有一千多斤的年糕，就以此爲抗日的理由，將廟寺放火燒，廟宇的房舍有九十九間被燒成灰燼，只留下中殿，後經重建。」[44] 另，鍾國偉原著，彭有進增補之《乙未抗日客家故事歌》記有一則相關歌謠：「紀祖召集議軍事，協台娘德（乃得）眾兵聽；同心合膽共破賊，裡回決定愛得贏。吩咐聯庄打甜粄，來做乾糧擔好輕；全部擔到水仙崙，糧食堆積得人驚。水仙崙廟滿屋間，看到甜粄幾萬斤；七月十八又開火，十八尖戰日本兵。」[45]

　　大火焚毀之下，陳坤火稱「只留下中殿」，廟方簡介記「所餘文物僅存石雕的釋迦牟尼佛乙尊，石獅乙對，出食台乙座」，兩說對參，可信度極高，一則石材不易爲火焚化，二則前引陳朝龍《采訪冊》明確記載前殿祀彌勒佛、四大金剛、韋陀；後殿祀觀音佛祖、文殊、普賢兩菩薩，正殿（中殿）祀三寶佛、十八羅漢，互相對照印證，其說不假。不僅如此，尚留下一座山門（見下文）。此外，耆宿廟方皆謂清末金山寺有九十九間小庵，或謂焚燒九十九間橫屋，此或爲記憶之誤，或是誇大傳訛之言，在此必須提出一辯，以正視聽。

　　前引日治初期的調查（時爲大火焚毀後不久），很明確的記載靈泉寺建地有 100 坪，佔地 150 坪。而鄭鵬雲《新竹縣志初稿》（修於光緒二十三年）亦清楚記載「廟宇百坪，地基百五十坪。」[46] 兩種記載契符一致，考台灣廟宇建物，平均一進約佔 30 坪，清末金山寺爲三進兩院式建築，則建地有百坪正相符合。但兩旁橫屋以每間 3 坪粗估，則 99 間近 300 坪，與地基 150 坪之紀錄不符，若以志書所記「左右橫屋各九間」計算，18 間橫屋約

佔 54 坪，加上 90 坪三殿建物面積，合計 144 坪，極接近 150 坪之說，可知所謂「九十九間」之說絕對不可信。此說之出現可能先是源起於廟宇連附近民舍被焚毀甚多，約有 99 間之多，再轉成廟宇被焚毀 99 間，又轉成廟宇有 99 間之誤，二則原先廟宇左側橫屋有九間，右側橫屋有九間，後殿有九間之大，此等「九又九間」之印象，極可能渲染誇大成九十九間之說，兩說相附，更容易附會渲染成所謂清末之金山寺建築，橫屋有九十九間之傳訛誤會印象！

烽火之後，寺廟刦灰，獨留山泉，風光依舊，景物已非，仍有騷客墨人前往憑弔，不免感慨，賦詩抒情，鄭如蘭〈過靈泉寺有感〉記：「當年色相現曇花，此日淒涼感靡涯；聽罷山僧說興廢，斜陽一抹亂棲鴉」，鄭幼佩詩「可憐一炬咸陽火，餘燼還教到佛家；惟有寺前泉水在，聲聲嗚咽伴啼鴉」，鄭鵬雲詩「靈泉聖地冷繁華，劫火曾經遊興賒；聊把新詩題古佛，山門落日聽啼鴉」，詩題下附注：「寺在縣東城外金山面冷水坑，距縣治八里，光緒二十一年六月淪於兵火。」[47] 據以上諸詩可解讀如下：

一、此時寺名尚未稱「金山寺」，且墊人仍習慣稱之為「靈泉寺」，官方文書紀錄也是「靈泉寺」，反之，「香蓮庵」、「長清寺」、「長清禪寺」並未獲得墊人之認同與習稱。

二、寺廟建物存有「山門」一座，且仍有僧侶住持。

三、廟被焚毀確實日期為光緒二十一年六月（舊曆），明治廿八年七月（1895）。

四、鄭氏家人詩作收輯偏多，此固與志書編著者鄭鵬雲有關（鵬雲非北門鄭家直系血親，只是通譜同姓之誼，但與鄭家極友

善，經常出入鄭家，鄭家更委以編輯家乘之重任），但另一方面，也突顯鄭氏族人對此地此寺眷念特深。

也因此在被焚的第二年即由閩籍人士楊標倡首鳩資，重建廟宇，楊標生於清同治戊辰七年（1868），卒於光緒丁酉二十三年（明治卅年，1897），享壽三十歲。[48] 此次重建，廟名改爲「金山寺」或「開台金山寺」，又稱「金山禪寺」，名稱源自金山面山而來，但也有可能是仿鎮江金山寺而來。重建後的規模形制不詳，從前引詩句中有「山門」一詞，及調查表中的建坪、佔地面積，應大體還維持原狀，只是由三進減成一進式廟宇。

楊標在重建後翌年即仙逝，妻李氏改適莊清波，莊清波乃繼爲廟祝，再傳其養子莊添居。楊標爲楊普丹之姪，據吳學明昔年田調資料謂：金山寺被焚之前楊普丹可能爲廟之住持，且該寺保存經典中有《（金山寺）科儀寶卷》乙本，封面印有「壹是堂總敕楊普丹捐緣重修敬印」，楊普丹生於清道光廿三年（1843），卒於宣統元年（明治四十二年，1909 年），高壽 67 歲。[49]

楊普丹其人其事，據《如是眞經》之序記道：「傳燈楊普丹居仙邑（即福建仙遊）劍山如是堂，生於道光癸卯年八月初柒日吉時臨凡，迨於同治元年間遊訪名師，參求了生脫死先天大道，歷盡千關萬劫之苦，蒙師指示諸佛妙理，先天大道無爲妙法，於光緒元年到台。至光緒甲申年香山開壹善堂，代歷代祖師壹是堂空空普傳無爲妙法。」另在《源流法脈根本》中記載他：「二七歲往壹是祖堂，心領如來慧命，三十二歲詣台辦道，善結諸緣。四十二歲開山台北新竹香山一善堂，五十二歲蒙道銜林公汝梅暨竹諸紳仝建金山寺。五十五歲還鄉仝林普緣大重仙邑興善院。

六十一歲詣福州鼓山湧泉寺、怡山長慶寺打齋印經。道出福清詢堂佛，逢高公普如寂滅，祖堂法擔空懸，無人接續，蒙諸傳燈推丹爲法擔。六十三歲在祖堂後開山建造列代祖師殿一座。生三往普陀，代善信種福。列年數登諸郡，付善信傳燈，逢人勸化，隨處施功，發明心誼，以啓後生。一生共塑佛像一百四十餘尊，代人天造福。」[50]

　　道光癸卯是二十三年（1843），光緒甲申是十年（1884），吳、王兩氏田調資料對比，正相符合，其說應該可信，即：楊普丹生於道光廿三年（1843）舊曆八月七日，是福建省仙遊縣西關外文賢里劍山村人，爲楊文筆的第三子，同治十三年（1874）卅二歲時詣台辦道傳燈，光緒十年（1884）四十二歲在新竹創建香山一善堂，光緒廿年（1894）52歲蒙林汝梅之邀擔任長清寺住持，並繼續寺廟之擴建工程。乙未割台，長清寺慘遭兵火，楊普丹正是其時之住持，身經鉅變，後於明治卅年（光緒廿三年，1897）還鄉重建興善院。可知日治初期金山寺之重建工程並不順利，其侄楊標又死於是年，頗有可能是爲重建工程，四處奔波募款督建，心力交瘁，勞累致死，而楊普丹之返鄉動機，恐非爲募款重建金山寺之經費而回鄉勸捐，蓋福建鄉民不會爲已淪爲異國異地之台灣寺廟熱心捐獻，更何況楊普丹反而是在家鄉重建興善院，頗有可能是因其侄楊標之死而傷痛，加上因重建工程不順利，而興不如歸去之感，遂返鄉重起爐灶，傳法建寺。楊普丹是在明治卅六年（光緒廿九年，1903）蒙眾道推舉，接任總敕一職，繼續傳燈。其後雲遊福建各地，逢人勸化，廣興寺廟，普塑佛像。其後可能再度來台傳道，重新金山寺，才會留下有科儀寶卷等經典，封面上並印有「總敕」、「捐緣重修敬印」等字樣。

顯然日治時期的金山寺由純佛教，轉變成在家佛教的「齋教」與楊普丹、楊標兩叔姪有極大關連。所謂齋教又稱「菜教」、「吃菜教」，教徒不必剃髮出家，也不必放棄職業，可以結婚生子，過著俗世生活，但是要在家持齋奉佛，終生茹素。齋教依創教年代，可先後分成龍華、金幢、先天三派。龍華派始祖爲明人羅因，俗稱羅祖，初在北平開教，後傳入福建，再傳台灣。台灣的龍華派有二大支，一支是普相派下，一支是普宵派下，其中普宵派下又分爲三派：壹是堂派、漢陽堂派、復信堂派，三派崇奉的祖師，誦讀的經典、修持的心法皆相同，不同的是各派傳承的系譜和祖堂。壹是堂派的祖堂在福建省福清縣觀音埔。

龍華派平時唸誦的經卷除了《心經》、《金剛經》、《六祖壇經》等佛經外，尚有：《五部六冊》、《明宗孝義經》、《三祖行腳因由寶卷》、《大乘正教科儀寶卷》、《天經》、《結經》、《十報經》、《三乘偈》、《大乘明宗科儀》、《收殯經》等。其信徒階級可分爲九等，俗稱「九品職位」，由低至高，次序爲：小乘→大乘→三乘→小引（老官）→大引（太老官）→四句（明偈）→清虛→太空（傳燈）→空空。凡是信徒經由開光場（或稱過光場），即算是正式皈依龍華派，新進信徒由「太空」告知教規戒律，並爲信徒取法號爲「普Ｘ」，授與密語 28 字眞言，位階「小乘」，從此終身吃長齋，經過三年考核，「小乘」才得升「大乘」，授以大乘經典，爾後依次遞升，到第八級「太空」時，才可以領取「續祖傳燈」牌及執照，開始領佛事、辦法會，掌管一方傳教事務。最高級的是「空空」，台灣龍華派的漢陽堂派，才有「空空」級人士在台傳法，壹是堂派和復信派齋友，都要到福州祖堂才能晉

授「太空」位階。至日治大正時期才改成在台副敕發付傳燈，不必前往大陸領授，光復後這一儀式也不流行了。[51] 在台灣隸屬壹是堂派的有鹿港愼齋堂、恩德堂、台中愼齋堂，如今金山寺調查結果，日治時代亦屬壹是堂派，亦可增補一方文獻。

金山寺日治時期的文物尚有懸掛殿內的一方匾額「順天立民」，上下落款「昭和十四年己卯孟秋穀旦／新竹市會議員胡春灶敬立」。胡春灶，志書有傳：胡春灶（1891~1959），光緒十七年生於苗栗通宵，原籍惠州府海豐縣，曾祖時渡台，以務農為業。至其祖父來生公，攜家遷居埔頂。大正三年（1913）樹林頭公學校畢業，承繼舊業，並進而為帝國製糖株式會社新竹製糖所種植甘蔗，採行新法新作，頗知經營，遂成埔頂地區富農。也在新竹市內埔頂、竹東、通宵等投資多項產業，日治時期曾擔任壯丁團團長，及市會議員多屆，於地方頗有貢獻，民國四十八年腦溢血病逝，享年 69 歲。[52]

其他諸多匾額，不是上下落款薰黑不得辨識，即是原本即無，有些則是被塗抹或挖掉，可能是光復初期駐寺軍隊所妄為，或廟方執事有政治顧忌而所為，不免令人遺憾，無法作進一步的解讀、利用，不過應該都是日治時期文物，茲一併抄錄整理如下：匾額有「法雨宏弘」、「慈雲廣覆」；寺外柱聯：「佛本心心本佛念念上心心上佛／空由色色由空空即是色色即空」、「金容頂禮了三身慈光普照明德／山色面方呈萬瑞佛法護持眾生」、「寺無量法無邊無憂無慮真清淨／度有緣救有難有苦有愁化為塵」諸聯出語不俗，深有禪學意味：寺內對聯有「道通三千／介空十八」、「志道悟真機／（下聯無法辨識）」、「皈依佛皈依法皈依僧三身了徹

／誓願度誓願斷誓願成四相皆空」。其他皆現代匾額，茲不贅。

　　此外諸如石材的柱珠、馬櫃台、石門臼等構件，個人懷疑或是清代時期遺物，而牆體有些特別黝黑的磚塊也有可能是當年的日軍火燒金山寺留下的建材被重複使用。筆者也曾搜尋日治時期《台灣日日新報紙》，看看是否有關金山寺之若干報導，可資參考，也均無所獲。總之，金山寺存留至今的文物、文獻，實在少得可憐！

　　日治時期金山寺的信徒極盛時大正初年有約二千餘人，至昭和十一年（1636）的信徒名冊僅八十八人，屬於金山面莊者，計66人；屬柴梳山莊者，14人，埔頂莊者，7人，餘一人為北門鄭家人士，莊添居為管理人兼堂主，另四名管理人分別為：北門街鄭邦統、金山面鄭娘保、鄭阿春、埔頂胡春灶。可見此時信徒之分佈，也可謂祭祀圈範圍以金山面、埔頂、柴梳山等地為主，而北門鄭家名列其中，也可想見其間密切的關係。[53]

　　日治初期金山寺重建後，仍是一名勝地，猶有騷客詩人造訪，明治四十三年（1911）樹杞林莊員山仔人彭鏡全留有一詩〈金山寺〉記道：「鷲嶺巉巖幾度攀，禪林猶是在人間；分來涼意簷前竹，隔斷塵緣寺後山。諸佛無聲明月靜，重門不鎖白雲關；羨他拋卻豪華夢，換得僧家日月閑。」[54]

　　大正二年（癸丑年，1913）重陽，鄭家珍夥同鄭家族人往遊金山寺，歸途口占七律一首〈九月九日與諸同人遊金山寺歸途口占〉：「冷泉煙樹望離迷，乘興登臨酒共攜；謝傅多情頻屐躡，劉郎有句靳糕題。可人步屧清如玉，狂客飛觴醉如泥；得得閒吟歸去晚，車塵轆轆夕陽西。」詩題下附注：「是日清晨，余與家

養齋、俊齋、世臣、邦紀及李雁秋五人，同女校書寶仙、摯榼提壺往金山頂上作重九。車出東郭，柳風拂面，雜以微雨，遊興益豪。頃之，到金山寺殿隨喜後，借吳氏草廬憩午。世臣、邦紀二君，偶為酒困，扶翼登車，寶仙亦舍肩輿，而就輕便（車），與余同載，抵寓時，夕陽已在山矣。」[55] 是可知金山寺仍是當時觀光景點之一。

鄭家珍（1868～1928），字伯璵，號雪汀，新竹東勢莊人。雖出身農家，但敏於向學，弱冠入陳錫茲門下，陳氏視之國器。光緒十四年考取新竹縣生員，光緒廿年甲午科舉人，翌年台灣改隸，攜眷回泉，開館授帳。光緒卅四年，保送專科，錄取全省（福建）算術第一名，會考二等，籤分鹽大使，續任豐州學堂正教習。家珍以勘輿盛名，於大正二、三年接受新竹北門鄭家之邀，兩度來台為鄭如蘭勘墳暨題主。大正八年春再應鄭擎甫聘為西席來台授帳，其間往返兩岸多次，直至昭和三年初返泉省親，不幸病故。共計寓竹八載，作育桃李無數，其於日人統治之下，於漢文化之推廣與保存，貢獻良多。鄭氏治學廣博，天文、地理、星相、命卜皆有專精，於西學格致算學尤有心得，乃兼通新舊兩學之文人，寄寓新竹其間，曾入「竹梅吟社」、「竹社」，其所創「耕心吟社」更是傳承詩學，傳世有《雪蕉山館詩集》，內多寓竹之作，《倚劍樓詩文存》則未見傳本，詩文散失頗多，有待輯佚。[56]

至於鄭養齋即鄭以庠（1869～1937），字養齋，北門鄭氏後，祖父用鑑、父如珠，自幼聰穎，弱冠補弟子員，再補增生。乙未後內渡避難，曾任教廈門中學。嗣後無緣仕進，返歸竹塹，經營

貿源機織場，其後又返回廈門，直至大正二年始決計返台定居，全力經營實業。大正五年任「竹社」社長，提倡風雅，有助新竹藝文推動。並與在地仕紳共創「福長社」，濟施醫藥，並宣講善書以勸育人心。晚年更移家竹北一堡之金山面庄金山寺附近，樓邱飲谷，蒔竹灌花，日以文史自娛，著有《拾翠園詩稿》，未刊，詩文散見《詩報》及鄭鵬雲《詩友風義錄》。[57]

　　自清末北門鄭家在金山面一帶即有不少土地，鄭養齋之所以能作歸田之計，鄭家之獨鍾此地山水，皆與此有關，明治卅八年十一月九日《台灣日日新報》第4版有一則「陶業將興」之報導，茲轉錄於下，以供參考對照：

> 竹北一堡金山面庄一帶原野，乃水田鄭氏所有之業。近因鄭養齋踏查該處陂圳，忽發見陂內土質，純是黏土，自思此土甚黏，諒可以製造陶器。即命佃人掘取數斤，託之同堡小南坑庄陶器製造工人，先製成茶罐數個，以試驗之。其成績甚佳，色澤磁質，與清國宜興窯所燒無異。……將來可以製成大小缸、金魚壺等件。現鄭養齋已募集工人，擬於來月興工築窯先行製造。聞其陶磁器之原料，計有二處，不下千餘坪，然皆在其陂地。將來陂土掘之愈廣，則陂水蓄之愈多，灌溉田園，益見利便，誠屬一舉而兩得焉。

　　總的說來，佛教在明鄭時期即傳入台灣，清代隨著漢人渡台而更廣佈，但傳入的佛教主要是閩粵地方的佛教，以福州鼓山的湧泉寺、泉州的開元寺為兩大法脈，以禪宗為主，混合淨土，形

成俗稱的「禪淨雙修」，可惜僧人少，知識程度也不高，少有大規模的僧團活動，反倒是在家佛教的齋教傳播極盛。鄭鵬雲《新竹縣志初稿》已指出此一現象：「至於吃齋者多建茱堂，朝夕誦經禮佛，以求善果。」[58] 連橫在《台灣通史》〈宗教志〉也說到：「佛教之來，已數百年，其宗派多傳自福建……而齋堂則多本禪宗，齋堂者白衣之派也，……故台灣之齋堂頗盛。（中略）全台齋堂，新竹為多，彰化次之，而又以婦女為眾，半屬懺悔，且有守貞不字者。」[59]

因此，金山寺由清末的禪宗佛教轉而成齋教的在家佛教，似乎是避不開的必然命運，又因楊標、楊普丹的過世，楊標之妻改適莊清波，於是本由閩籍人士掌控一變為客籍人士掌廟，日後再加上添祀註生娘娘[60]，光復後又陸續增祀星君神位、太歲、五方斗位、天公爐，遂變成通俗性、雜祀性的佛寺。

第四節　光復以來的變遷

台灣光復後，國軍進駐金山寺，其後又被徵為臨時監獄，作為監禁犯法的軍人，前後持續近十六、七年之久，影響金山寺的發展很大，附近居民幾乎不敢接近此寺。

民國六十七年（1978），設立新竹科學園區，徵收土地，位於園區東側人工湖畔之本寺，亦在徵收之列，當地居民大為恐慌，強烈抗議，遂請新竹縣長林保仁、新竹市長林樹華，一同向上級及園區管理局陳情，力陳本寺之歷史淵源，請順應民意不可

貿然徵收。上級不爲所動，市長臨時召集金山、新莊、仙水、龍山寺附近里鄰長爲信徒，推舉林象欄先生爲管理人，意圖領取廟宇徵收補償金。但因廟地屬鄭邦統所有，鄭氏雖亡故，並未處理土地移轉手續，因此不能領取土地補償金。園區徵收工作照常進行，並開始整地，本寺亦被通知必須拆除遷移他處。地方人士，乃帶領地理師四處相地，尋找適宜地點，但未尋得適當之處，遂將難題扔回園區管理局，讓其自行處理。

時得標之唐榮開發公司，雇請怪手整建，開挖廟後莿竹圍籬，怪手司機無故受傷，送醫救治後，再回來整地，怪手突壞，無法駕駛，怪事連連，據說司機當夜夢見菩薩告示：不挖廟地，傷痛自可痊癒。翌晨到廟參拜，並求菩薩赦罪，遂辭去工作，不再挖廟地。公司得知原委，向上級稟告，中央派員到廟查訪，決定暫緩拆除。

民國六十八年（1979）金山寺被暫列爲古蹟，因而得以暫時保存，翌年園區成立時，新竹市府民政局突發妙想，企圖將菩薩移走，只留下廟體作爲古蹟，經信徒強烈反對，其計未售。直到民國七十四年八月十九日，內政部正式公告金山寺列爲國家三級古蹟，整座寺廟及廟中文物才全部保存下來。

在同一時期，金山寺與正德寺交情告惡，停止合辦繞境。正德寺位在新竹市新莊里光復路柴梳山 18 號，主祀觀音菩薩，配祀楊眞人、中壇元帥三太子、吳府王爺，另有林氏祖先牌位。本廟建於清咸豐年間，民國六十一年（1972）重建並塑金身。六十七年左右與附近仙水里金山寺、龍山土地公廟關係良好，合辦繞境活動。繞境時重點在楊眞人、三太子、吳王爺三位神明，

主神觀音雖亦參與繞境，但不爲信徒群衆所重視。正德寺又有降乩活動，降乩神明不一，但觀音佛祖不降乩。民國六十七年金山寺因徵收土地，拆遷在即，加上之前於抬輦轎時雙方屢起衝突，因此兩寺不再往來，不再合辦繞境活動。[61]

綜合而言，光復初期直到民國六十年代，是金山寺風雨飄零，悲苦的一段歲月，面臨的是光復初期軍紀不佳、非法進占的政治環境，其後又是面對現代高科技社會衝擊下的傳統寺廟生存問題。

此時的住持莊添居，因年邁體衰，漸退出實際廟務管理，轉由住在竹南的葉宏基夫婦辦理活動，與關東民俗技藝促進會之陳文正、徐萬乾、蘇昌隆等人，連續數年舉辦迎神繞境的廟會活動，帶來一批新的進香客，重振寺廟香火，廟務雖告興隆，却更遠離了佛寺清幽性質，直到民國七十五年十一月廿九日，召開信徒大會，選出 64 位信徒代表爲管理委員會，取代了由附近鄰里長組成的管理委員會爲止。[62]

這次信徒大會，新竹市府民政局禮俗課亦派員列席，惟出席信徒未達半數，經上級指示可由出席信徒推薦在場其他熱心人士爲新信徒，臨時湊足 64 位信徒，成立管理委員會。鄭茂灶、林象欄分別當選爲首屆主委與副主委，徐恩澄、徐陳康、徐漢深、羅振光、饒圳榮、蔡林昌、黃清陸等人爲管理委員。林斌能、徐炳煌、范光郎等人爲監察委員。[63] 此一名單初睹之下幾乎清一色是客籍人士，至此代表客籍人士合法的、全面的掌控廟務。民國七十七年八月原廟祝莊添居因年邁提出辭呈退出，從此管理委員會才開始正式接管本寺，隨即由委員樂捐，增添設備，民國

七十八年農曆正月十五日，開始許斗（即拜斗）、點燈，盛大辦理法會。

　　大約於此時期，由新竹市政府針對金山寺指定為台閩地區第三級古蹟[64]，其古蹟指定基本資料如下：

表 5-1　古蹟公告資料表

名稱	新竹金山寺
類別	古蹟
古蹟類別	第三級古蹟
種類	寺廟
公告文號	七四台內民字第 338095 號
公告日期	1985 / 08 / 19
行政區域	新竹市
地址或位置	仙水里金山 201 號
定著土地之範圍	東區科園段科園小段 92-414, 92-5, 92-16 地號
指定理由	具有保存價值
法令依據	文化資產保存法
創建年代	清咸豐年間

　　同時金山寺因歲月侵蝕，年久失修，殿宇牆體剝蝕殘破，棟樑腐朽，再加上右橫屋倒塌，新竹市政府及科學園區管理局，在民國七十五年委託中原大學建築研究所，規劃金山寺的歷史與修復研究工作。隔年二月並出版研究報告書，決定按照明治廿九年原貌重修，經費由內政部、省政府、市政府共同負擔，民國七十九年三月七日，由當時市長童勝男主持重修破土大典，四月動工，五月十六日請諸神祇遷移至臨時搭建之廟宇安座，工程歷時一年，於民國八十年十月廿四日竣工，「修舊如舊」恢復舊貌，乃請諸神進殿安座，隨即舉辦建醮三天，祈禱風調雨順、國泰民安。

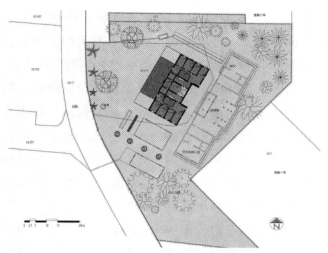

圖 5-4 金山寺古蹟定著之地籍套繪圖

圖 5-5 民國74年古蹟指定時之金山寺
（出處：張永堂等，《新竹市志》，首卷，頁34）

廟宇修復後，香火爲之大勝，信徒遊客日增，每逢初一、
十五，廟方備有麵食、糍粑供信徒享用，而禾坪亦攤販雲集，人
潮洶湧，宛如廟會雲集，成爲新竹市東區人氣最旺廟宇之一。

　　香火大勝，人群擁擠，空間遂感不敷，急需增建後殿，擴大
辦公室、活動中心等設施，以利推展寺務與管理。民國八十七年
八月十一日，舉行增建後殿籌備會，成立後殿籌備委員會，推選
鄭茂灶爲籌建主委、羅阿帶爲副主委、黃城隆等人爲財務委員、
本寺管理委員爲當然委員，並聘楊梅彭通池地理師，擇日、分
金、測地，於民國八十一年八月十六日（農曆七月十八日）破土
立下星石。同年十月五日向市府申請增建，十二月月四日省府核
准，並同時向園區管理局申請建築執照。翌年五月五日，新竹市
府依文化資產保存法，審查通過，同年六月廿九日，園區管理局
向省府申請地目變更，歷經煩瑣法規之核准，終於在民國八十二
年八月興工建造，耗時四年，斥資新台幣伍仟多萬元，完成五開
間兩落巍峨之大雄寶殿，及一座活動中心。於八十五年十二月五
日舉行落成大典，並邀請高僧爲佛祖開光安座，一連舉辦五天法
會慶祝，時總統李、立法院長劉、省長宋皆贈匾恭賀，諸多機關
首長、民意代表到場聯合剪綵，各地湧入信眾超過萬人，盛況空
前。此次興建經費全由各善信大德熱心捐獻，樂捐名單已在公告
牌樓勒碑永誌，茲不贅錄。增建後之大雄寶殿，爲配合前殿古
蹟，式樣採仿歇山式樣以配合前殿古蹟，建材分別採用台灣瓦、
青斗石、檜木、花梨木、樟木，更是難能可貴。殿中設有五座神
龕，中間分別供奉三寶佛、左右文殊、普賢菩薩，左右兩廂設立
功德祿位。

實驗中學

實驗中學

民國八十五年新
增之大雄寶殿

金山寺古蹟本體

圖 5-6　民國九十年（2001）之金山寺周邊概況
（出處：民國九十年航照圖）

　　另，舊辦公室拆除，在原地改建成活動中心，平時供社區
老人下棋、聊天之用，並可供各社團集會聚餐商討，中心後面設
有大型廚房，每逢祭典，免費提供餐點供香客食用。此外，金山
寺每年辦理公益及社會教化事業，發揮宗教慈善本色，增進社會
福祉，在民國八十七年四月榮獲省府民政廳的表揚，近年來更是
大發善心，於民國八十八年 921 地震賑災樂捐一百萬元、八十九
年六月捐市府消防局救護車乙輛、九十三年九月捐市府消防車乙
輛，他如冬令救濟、急難救助、及星期假日的西醫義診，更是有
口皆碑。

至於平日及歲時行事，茲分神誕祭祀及宗教服務活動兩項簡介如下：

一、金山寺祀奉佛祖、菩薩神誕祭典日期

表 5-2　金山寺祀奉佛祖、菩薩神誕祭典日期表

菩薩、佛、神名稱	神誕日（農曆）	備註
彌勒尊者	正月初一日	
天官賜福	正月十五日	許斗、安太歲日
觀世音菩薩	二月十九日（聖誕）	本寺法會
普賢菩薩	二月二十一日	
註生娘娘	三月二十日	
媽祖	三月二十三日	
文殊菩薩	四月初四日	
釋迦牟尼佛	四月初八日	
迦藍菩薩	五月十三日	
韋陀菩薩	六月初三日	
觀世音菩薩	六月十九日（成道）	本寺法會
太歲星君	七月十九日	
地藏王菩薩	七月三十日	
北斗星君	八月初三日	
太陰星君	八月十五日	
南斗星君	九月初一日	
斗姥星君	九月初九日	
觀世音菩薩	九月十九日（出家）	本寺法會
藥師佛	九月二十九日	
達摩祖師	十月初五	
阿彌陀佛	十一月十七日	

二、歲時及日常行事

(一)安太歲

1. 安太歲時間：元月十五日。
2. 點太歲燈：包括點燈及安太歲符。
3. 每年數目：約 12000 人。

(二)點光明燈

1. 點光明燈時間：全年皆可。
2. 點光明燈價格：300 元。
3. 光明燈數目：12 座光明燈塔及大殿四周牆壁。

(三)許斗（即拜斗、禮斗）

1. 許斗位時間：全年皆可。
2. 許斗位價格：1000 元。
3. 許斗位數目：前殿及新大殿四周牆壁，大約 8000 多戶。

(四)法會誦經

1. 元月十五日以後及觀世音菩薩誕辰、出家、成道紀念日都舉辦法會，請法師誦經三天。
2. 每月初一、十五日從早上八點到十二點有誦經儀式。由竹東某民間誦經團負責，每次每人薄予車馬費 2000 至 3000 不等。
3. 每天早上四點開山門，到晚上九點關門。
4. 每日有義工十數人來寺裡打掃。

第五節　結語

　　金山寺歷史經本文重新探討考證之後，與前人研究、坊間諸
說有下列不同點：

一、關於金山寺創建年代，過去說法都是謂創建於乾隆五十年
　　（1785），既然用「創建」一詞，指的是寺廟建物，而非奉
　　祀或信仰的行為、活動，則顯然有極大的語病，若謂「創
　　建」應該是起於咸豐三年（1854）之香蓮庵而非乾隆五十
　　年之初奉觀音菩薩神像。且乾隆五十年之說，不如嘉慶廿年
　　（1815）之說較貼近事實，且較合情合理。因此有關此段初
　　創歷史建議應修改成：「金山寺之起源，始於乾嘉年間漢人
　　墾民至金山面開拓時，為求平安順利，隨祀觀音於田寮草
　　厝。至咸豐三年郭家獻地，始建一草庵，名為香蓮庵，正式
　　奉祀。」較妥。

二、香蓮庵的創建人是天恩和尚，並且由彼題名，作為梵修之
　　所。同治初年，天恩和尚倡捐改建，此一「同治初年」可初
　　步判定為同治元年（1862）。繼任住持為天擎。

三、光緒年間的擴建確是由林汝梅主倡主導，其時的董事有林汝
　　梅、鄭如蘭、陳濬芝、李聯萼、高廷琛等人。其時寺院住持
　　先後有蕭本明、楊普丹兩人，蕭本明且因募化私鹽之嫌疑，
　　被驅逐離台，而興建過程中有關工匠、工料、工資諸般事宜
　　是由蕭、楊兩人經手。而中間因人事、官司、經費諸般問
　　題，導致工程時斷時續，造成諸志書記載年代紛歧。

四、清末寺廟之規模，並非如俗傳之 99 間橫屋等等，事實上只是左右橫屋各九間。

五、日治初期奉祀神明，只有註生娘娘是新增，他如釋迦、阿彌陀佛，清末已有。

六、「金山寺」之寺名是到日治時期才改成，並非清末時已有，清末時寺名為「長清寺」或「長清禪寺」。

　　總的說來，二百年來的金山寺，有興有廢，有起有落，其每階段歷史可以廟名作為分期斷限，每期呈現不同的政治、社會、經濟的變遷：

一、香蓮庵時期（乾嘉～咸豐）：此時期金山面尚屬開墾階段，所面臨的是一騷動不安的移墾社會，其附近景象及時代背景，大體為：荒塚遍野，「番害」頻仍，田園時廢，樵採牧場，承墾糾紛不斷，官司纏訟經年，因此居民正式建廟意願不高，僅是結草為庵。至咸豐元年（1851）起，北台出現漳泉閩客大械鬥，烽火十年，損失無算，因此出現了咸豐十年「施食台」此一佛柱文物，成為時代的見證。

二、靈泉寺時期（同治～光緒）：由僧天恩倡首，紳民共建，改茅為瓦。但因經費不足，只建成一北側有橫屋的「單伸手」建物。此時期附近景色幽美，後來鄭氏於同治年間在此建冷泉別墅，林家也倡捐補建南側橫屋，成三合院式建築，更添勝景，廟側又有清泉冷水坑流過，遂成一名勝地，文人雅士到此品茗論詩，有「靈泉試茗」，竹塹八景之一的雅稱。此一稱呼歷久不衰，直至日治時期，竹人仍習慣稱之為靈泉寺。

三、長清寺、長清禪寺時期（光緒十四年～廿一年六月）：光緒十四年，林汝梅倡首擴建，建成三落兩院「日」字型寺院，且有意大興土木，仿照內地叢林大寺院之規模，直到陳朝龍修成《采訪冊》時，工程仍進行未竣，惜割台事起，不得不停頓工程。乙未割台，改隸之際，新竹紳民群起抗日，此廟被日軍認為抗日義軍之根據地，放火燒毀，只存留下中殿。此一時期長清寺見證了改朝換代的政權更易，更成為戰火下的犧牲品。而清末林家大費周章的擴建，一方面顯示咸豐十年之後，台灣開港通商以來，社會財富的鉅增，民間饒有積蓄，有能力興建叢林大寺院。

四、金山寺、金山禪寺、開台金山寺時期（明治廿九年，1896年至今）：長清寺被焚後，翌年重建，改名金山寺。日治時期金山寺原本純佛教禪宗之性質，轉成齋教之龍華派。而信徒從大正初期的二千多人，一落為昭和年代的近百人，香火寂寥。至光復初期，慘遭國軍進駐，淪作軍事監獄之用，長達10多年，金山寺又再度面臨改朝換代的新政權侵逼。而到民國六十年代，在現代高科技社會、經濟的逼迫下、面臨生死保衛戰，幸經列為古蹟逃過一劫。此一階段可謂風雨飄搖的悲苦歲月。民國七十年代後重新修建擴建，廟務再興，香火大盛，寺廟也轉入客籍人士主掌之手，惜也流於通俗性、雜祀性的寺廟。

末了，在此需要對金山寺之一再改名，再作進一步之探討。金山寺初名香蓮庵，顧名思義，乃因奉祀觀音菩薩，且建築材料及建築結構均屬草創簡陋時期，呈現簡單，遂因「結草為庵」之

形象,故名香蓮庵,當然我們也不排除此時期也有可能有女性修行者。至同治初年,天恩和尚倡捐改建,易茅爲瓦,改名靈泉寺,一方面可能因「香蓮庵」一名,會使人聯想爲女眾修行之所,而使男眾信徒有所顧慮而却步,不願前來膜拜,爲擴增信仰圈,增加香火起見,再加上右側有冷水坑之清泉流經,故易名「靈泉寺」。其後此地成一名勝景點,遊人香客日熾,再加上北門鄭家在此擁有大批土地,建有冷泉別墅雅築,因此光緒年間西門林家大事擴建之際,刻意爲有別於原來之格局規模,及避免遊人香客因「靈泉」兩字聯想到鄭家的「冷泉」別墅;三爲紀念清法戰爭之後,希望大清朝從此國泰民安,長治久安,故改名爲「長清寺」、「長清禪寺」。乙未改隸,金山寺慘遭兵燹,戰後重建,爲去除不祥,兼除日府之疑忌,又因此地原稱「金山面」,遂改稱「金山寺」,使用至今。茲在簡列金山寺興修沿革,以爲結束。

表 5-3 金山寺興修沿革表

年代	興修沿革大事紀
咸豐元年(1851)	淡北漳泉大械鬥(俗稱漳泉拼),連年不止。咸豐三年太平軍攻下南京,全國騷動,台疆亦受到影響,同年頂下郊拼,鄭用錫撰勸和論以勸解,無效,終不能止。
咸豐三年(1854)	咸豐三年創建香蓮庵。
同治初年(1862)	天恩和尚主導改建,改名靈泉寺(靈泉禪寺)。
同光年間(1862~1908)	寺右有冷水坑環迴,此地已成一名寺勝蹟
同治六年(1867)春	林占梅有〈遊靈泉禪寺題壁〉詩,靈泉禪寺成爲遊覽勝地。
光緒十二年(1886)	紳士林汝梅倡捐,添建南畔橫屋三間。至此靈泉寺才成「ㄇ」字型三合院之完整結構。

年代	興修沿革大事紀
光緒十四年正月（1888）	開始募化擴建，工程時停時續，改名長清寺。
光緒十四、十五年 （1888、1889）	長清寺的董事有：林汝梅、鄭如蘭、陳濬芝、李聯萼、高廷琛等人，但以林汝梅為首。
光緒十九年（1893）	改為正殿三間，前殿五間，後殿九間，左右橫屋各九間。正殿祀三寶佛，兩旁祀十八羅漢，前殿祀彌勒佛、四大金剛，屏後祀韋馱，後殿祀觀音佛祖、文殊菩薩、普賢菩薩，一仿內地叢林規制。
明治廿八年六月（1895）	被日軍焚毀。
明治廿九年（1896）	閩籍人士楊標倡首鳩資，重建廟宇未成。
明治四十三年（1911）	日治初期金山寺重建後，樹杞林莊員山仔人彭鏡全留有一詩〈金山寺〉。
大正初年（1912）	金山寺約有二千餘人信徒。
大正二年（1913） （癸丑年）	鄭家珍夥同鄭家族人往遊金山寺為當時觀光景點之一。
昭和十一年（1636）	金山寺有信徒僅八十八人。
昭和十四年（1939）	胡春灶（1891~1959）立匾額「順天立民」。
光復初期直到 民國六十年代	金山寺遭受國軍進占。
民國六十一年（1972）	重建並塑金身。
民國六十七年（1978）	金山寺、與龍山土地公廟關係良好，合辦繞境活動。
民國六十七年（1978）	設立新竹科學園區，徵收土地，位於園區東側人工湖畔之本寺，亦在徵收之列。
民國六十八年（1979）	金山寺被暫列為古蹟。
民國七十四年（1985） 八月十九日	指定為第三級古蹟整座寺廟及廟中文物才得以保存下來。
民國七十五年（1985）	正殿兩旁原奉祀之十八羅漢神像遭竊，廟方補以新雕樟木羅漢。原觀音佛像因其破舊，棄置於頭前溪中，改成新雕之樟木觀音佛像。

年代	興修沿革大事紀
在民國七十五年（1985）	委託中原大學建築研究所，規劃金山寺的歷史與修復研究工作。隔年二月並出版研究報告書。
民國七十五年（1985）十一月廿九日	召開信徒大會，選出64位信徒代表爲管理委員會，取代了由附近鄰里長組成的管理委員會。
民國七十九年（1990）三月七日	新竹市長童勝男主持重修破土大典，四月動工。
民國八十年（1991）十月廿四日	金山寺重修竣工，「修舊如舊」恢復舊貌，乃請諸神進殿安座，隨即舉辦建醮三天，祈禱風調雨順、國泰民安。
民國八十一年（1992）八月十一日	舉行增建後殿籌備會，成立後殿籌備委員會。
民國八十二年（1993）八月	興工建造。
民國八十五年（1996）十二月五日	舉行落成大典，並邀請高僧爲佛祖開光安座。
民國八十七年（1998）四月	榮獲省府民政廳的表揚。
民國八十八年（1999）	921地震賑災樂捐一百萬元。
民國八十九年（2000）六月	捐市府消防局救護車乙輛。
民國九十三年（2004）九月	捐市府消防車乙輛。
民國九十六年（2007）八月	委託徐裕健建築師事務所進行調查研究及修復計畫。

〈註釋〉

1. 鄭用錫《淡水廳志稿》（南投，台灣省文獻委員會，民國 87 年 3 月），卷一〈建置・山川〉，頁 3~4。

2. 詳見陳培桂《淡水廳志》（台銀文獻叢刊第 172 種，民國 52 年 8 月），頁 28~29。

3. 陳朝龍《合校足本新竹縣采訪冊》（南投，台灣省文獻委員會，民國 88 年 1 月），頁 18~19。

4. 陳國川《台灣地名辭書》（南投，台灣省文獻委員會，民國 85 年 9 月），卷十八〈新竹市〉，頁 13。

5. 陳國川前引書，頁 35。

6. 吳學明《台閩地區第三級古蹟新竹市金山寺修復研究》（中原大學建築研究所，民國 76 年 2 月），第二章〈歷史研究〉，頁 20。

7. 參見（1）陳國川前引書，頁 51~52。（2）吳學明前引文，頁 20~24。

8. 吳學明前引文，頁 20。

9. 吳學明前引文，頁 25。

10. 吳學明前引文，頁 27~28。

11. 陳朝龍前引書，頁 131~132。

12. 陳朝龍前引書，頁 138~139。

13. 見新竹廳編〈寺廟調查書〉，（日本大正 4 年），手稿本，無頁碼。調查表之影本為徐裕健建築師事務所提供，係從中央圖書館台灣分館微卷影印而來，特此說明，並申謝忱。

14. 詳見新竹街役場編《新竹街要覽》（原大正 15 年，成文出版社翻印，民國 74 年 3 月），彙集成《新竹州街庄要覽輯存》，頁 217。

15. 連橫《台灣通史》（上海，華東師範大學出版社，2006 年 4 月第一版），

新竹縣「金山禪寺」，卷 22〈宗教志‧台灣廟宇表〉，頁 319。

16.不著撰人，見《新竹文獻會通訊》17 號（民國 43 年 12 月），後成文出版社於民國 72 年 3 月翻印，頁 47，總頁碼 305。

17.詳見吳學明前引文，頁 29~30。

18.陳培桂前引書，頁 40。

19.陳朝龍前引書，頁 56~57。

20.參見（1）同註 16 前引文，頁 36~37。（2）鄭鵬雲、曾逢辰等《新竹縣志初稿》（台銀文獻叢刊第 61 種，民國 48 年 11 月），頁 9。

21.陳朝龍前引書，頁 218~219。

22.鄭鵬雲前引書，頁 115。

23.鄭鵬雲前引書，頁 193。

24.溫國良編譯《台灣總督府公文類纂宗教史料彙編》（南投，台灣省文獻委員會，民國 88 年 6 月），〈明治 28 年 10 月至明治 35 年 4 月〉，頁 443。

25.此爲任教佛光大學宗教系所之永東法師賜告，感恩不盡，並謂在美國西來寺亦有一類似之施食台石柱。

26.詳見拙稿〈清代士林潘家之發展〉，收入《從古蹟發現歷史》（台北，蘭台出版社，民國 93 年 8 月），頁 1~104。

27.陳培桂前引書，頁 298。

28.參見（1）愁我氏《百年見聞肚皮集》（新竹，新竹市立文化中心，民國 85 年 2 月），肆〈和尚金，附官渡閃〉，頁 96~112。（2）江燦騰《竹塹文獻雜誌》（新竹市，新竹市政府文化局，民國 90 年 10 月），第 21 期〈新竹市佛教發展史導論〉，頁 12~13。

29.同註 16 前引書，頁 50，總頁碼 308。

30.陳培桂前引書，頁 344。

31.陳培桂前引書，頁 339。

32. 陳朝龍前引書，頁216~219。

33. 詳見鄭華生口述，鄭炯輝整理《新竹鄭利源號典藏故書》（南投國史館台灣文獻館，2005年9月），頁358~365。另參見張德南〈竹塹八景古今演變初探〉，《竹塹文獻》雜誌第42期，2008年11月號，頁20。

34. 詳見《浯江鄭氏家乘》（原大正三年石印本，2006年三版，新竹市文化局藏影本），茲直接在引文後註頁碼，不再一一分註，以省篇幅。

35. 陳朝龍前引書，頁19。

36. 見徐慧鈺編《林占梅資料彙編（一）潛園琴餘草》（新竹市立文化中心，民國83年6月），頁641、731。

37. 見蘇子建《塹城詩薈》〈詩畫篇〉（新竹市立文化中心，民國83年6月），頁182。

38. 有關此案詳情始末，見《淡新檔案》（台北，國立台灣大學圖書館，民國90年6月），第八冊，第一編〈行政‧建設類：鹽務‧樟腦〉，編號：142271‧1~142271‧39，頁314~330。以下引文註腳，茲為省篇幅，不一一註解，直接在引文之後附上頁碼。又，本條資料之得知，承王見川兄賜告，特此說明，並申謝忱！

39. 見《金廣福古文書》〈捐建長清禪寺序〉，此文書影本為連瑞枝小姐提供予吳慶杰先生。我與吳先生完全不識，吳先生得知本人正在撰寫金山寺一文，主動透過新竹市文化局轉贈於我。值此世風功利現實，吳先生之古道熱腸，隆誼厚情，令人敬佩，特志於此，以表達個人十二萬分之謝忱！

40. 吳慶杰，《金山面社區報》（新竹，金山社區發展協會，1998年10月），第十期〈金山寺今昔—兼述寺廟之沿革〉，頁31。

41. 吳黃張古誠《新竹叢誌》（新竹，新竹市立文化中心，民國85年6月），頁460。

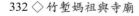

42. 鄭鵬雲前引書，頁 250。按此詩已見前引張鏡濤詩，又見陳朝龍詩，兩歧出重複，必有一誤，張鏡濤著有『愼餘堂吟草』，惜佚失，無法據以對勘，不過主張鏡濤之說者爲竹塹名詩人蘇子建，兩見於先生所編撰之『塹城詩薈』〈詩話篇〉（頁 182）及〈詩椒篇〉（頁 108）。而且竹塹八景詩中有七首張、陳二氏完全相同，蘇子建撰文指出：「不過筆者推測，朝龍曾經兼任明志書院講席。那時鏡濤考中秀才補廩生，爲時不久，諸多生員課卷中的佳作，是老師（朝龍）編輯採訪冊詩句的好材料，因而錄用的可能性較大」（頁 173），「況且鏡濤所謄的卷上尚有批改的硃墨點，好像不是一般的抄寫他人之詩。」（頁 173），這一重複詩句的公案，蘇子建已婉轉的點出了眞相。

43. 轉引自吳學明前引文內之註 51，頁 41。

44. 《新竹市鄉土史料》（南投，台灣省文獻委員會，民國 86 年 6 月），頁 197。

45. 鍾國偉原著，彭有進增補《乙未抗日客家故事歌》手稿本，轉引自吳慶杰前引文頁 25，吳氏認爲水仙崙廟係長清禪寺之筆誤，此事眞假已無法深考，筆者引錄以上諸文，只是說明民間確有這些傳聞。

46. 鄭鵬雲前引書，頁 115。

47. 鄭鵬雲前引書，頁 235。

48. 轉引自吳學明前引文，頁 35~36。

49. 同前註。

50. 此資料承蒙王見川兄提示，並參考其大著〈光復前的一善堂、證善堂與新竹大家族──兼談周維金的《大陸遊記》〉，《竹塹文獻雜誌》38 期（新竹，新竹市文化局，2007 年 4 月號），頁 72。

51. 有關齋教三派的源流、發展、經典、儀式、組織、鸞堂可參考（1）王見川《台灣的齋教與鸞堂》（台北，南天書局，民國 85 年 6 月），（2）程潔

民〈齋教在台灣的發展〉，收於李世偉主編《台灣宗教閱覽》（台北，博揚文化公司，民國 91 年 7 月初版），本節有關齋教之說明論述，皆取資二書。

52. 張德南《新竹市志》（新竹，新竹市政府，民國 86 年 12 月），卷七〈人物志・鄉紳〉「胡春灶」條，頁 264~265。

53. 吳學明前引文，頁 37。

54. 楊鏡汀重編《海珠詩集》，（新竹，中華客家台灣文化學會，民國 88 年 9 月），頁 11。轉引自吳慶杰前引文。

55. 蘇子建《塹城詩薈》〈詩話篇〉（新竹，新竹市立文化中心，民國 83 年 6 月），頁 183。

56. 改寫自黃美娥《續修新竹市志》（新竹，新竹市政府，民國 94 年 11 月初版），下冊，卷七〈藝文志〉，頁 1703。

57. 黃美娥前引書，頁 1705。

58. 鄭鵬雲前引書，頁 186。

59. 連橫前引書，頁 308~310。

60. 坊間諸多介紹金山寺書刊，及吳學明論文，皆謂光緒廿二年重建時添祀釋迦、阿彌陀佛、註生娘娘等，這是極大誤解，早在清末「長清寺」時期，金山寺即祀有釋迦、阿彌陀佛，所添祀的只有註生娘娘。

61. 李亦園《新竹市民宗教行爲研究》（民國 75 年，此爲台灣省民政廳委託李氏之研究報告，未正式出版，影本現藏新竹市文化局圖書室，爲張德南兄所提供），第一部〈公眾崇拜〉，第二章「香火廟」，頁 73~74。金山寺被列爲「香火廟」而不是「佛寺的齋堂」，可見光復後之金山寺已徹底變質，其時不再被視爲純佛教寺院，而是民間通俗信仰之「香火廟」。

62. 釋禪修《風城法音》（民國 92 年 6 月，新竹法音雜誌社發行），第五期〈開台金山寺〉，頁 13。

63.徐陳康《新竹開台金山寺》（新竹，開台金山寺管理委員會，民國88年元月），頁8。

64.民國74年指定當時係為三級古蹟，惟目前文建會已發函統一為市定古蹟。

附錄一
台灣寺廟對地方的貢獻

前言

　　台灣與我國大陸僅一水之隔，地接我國閩粤邊緣，早為我國
南海屏障，初期梗於交通，少有來往，直至隋代（605）正式列
入史籍。在一千餘年的歷史變遷中，卻未聞有開拓台灣的史實，
隋有征服，元有招撫，明初則撫而不治，但事實上我華夏裔胄即
已不斷地渡海東來，篳路藍縷，開闢此一海外新土，由於明初的
此種政策，使台灣淪於荷人之手。迄至永曆十五年（1661）延平
郡王鄭成功逐走荷人，光復台灣，至此方做有計劃的拓展經營台
灣。清繼鄭氏之後，統治台灣兩百一十二年，台灣的開拓在此期
間內大體完成。

　　在綿延兩百年的開拓過程中，除鄭成功曾有計劃的大規模移
民，把他的部下及眷屬安置開發台灣，作為反清復明基地外，其
他都是民間不顧禁令，冒險渡海而至。這些冒險渡海而來的移民
中十之八九來自閩、粤，閩粤兩省濱海，山多地瘠，開墾不易，
居民迫於生活所需，以臨海之便，遂向海外求發展，於是紛紛離
鄉背井，在台灣建立起「家鄉模式」的新天地。

　　在這新天地裡，移民們各帶來了他們家鄉的生活風習，宗教
信仰，形成台灣各地多采多姿，各具特色的地方色彩。其中最足
以代表地方色彩的便是寺廟，這些寺廟不僅消極的是移民精神的
寄託，更積極地轉為移民斬荊棘、闢草萊、團結互助的所在。舉
凡治安、產業、交通、教育、聯誼、娛樂……等，莫不透過寺廟
以推行。本文擬就先民如何運用寺廟，推進地方發展，興辦地方

慈善公益事業，進而教化百姓，平定變亂爲主題，以說明本省寺廟對地方的貢獻。

一、

我國素爲農業社會，農業社會向來是安土重遷，非迫不得已，不願遠向海外徙居。明末閩粵一帶居民，迫於局勢的不安、社會的動亂、生活的困苦，不得已遠涉重洋，歷經風濤之險來到台灣。爲求一路平安，使開墾事業順利，往往由本籍帶著故鄉寺廟的香火或分身神像以爲護身符。俟其抵臺就地開墾時，便將之掛於樹梢、田寮、居屋……等，朝夕膜拜，祈求平安。

拓荒是一種艱辛危險的生活，從大陸閩粵沿海結伴渡海移殖來臺的拓荒者，多係年青力壯的單身漢（本省俗稱羅漢腳）。他們抵臺後，三五成群聚集一起，櫛風沐雨，胼手胝足的辛勤勞動，共同創造他們理想的新天地。然而他們遠離了故鄉，失去了家庭的溫暖，每當白日辛勤的勞動後，在夜晚休息時，不免有「舉頭望明月，低頭思故鄉」的感懷，尤在大雨淒風，疾苦病痛時，愈是寂寞空虛，愁思滿懷，思鄉之情油然而生。正因思鄉情切，在他們開創的新天地中，不免事事模仿家鄉故土的一切風習。加之拓荒時又必須克服種種困難，除了抵抗天災地變外，對於時出劫殺的「生番」與農作的收成更爲注意，這些除了彼此互助團結以盡人事外，其他的只好聽天由命了，因此在單調的生活中增添了精神寄託的信仰。及至經濟力量許可，他們便醵資建立寺廟，一則答報並祈求神明的庇佑，二則略以慰藉思鄉之苦。故在開拓初期，寺廟對地方的貢獻，多僅限於宗教方面，使移民們能夠安心工作，從事開墾。

初期開拓告一段落，事業繼續進展，社會漸趨繁榮，各地庄社便發展成街肆，繼而擴大爲城鎮，自是商業鼎盛，人文薈萃。擁有財富的新興士紳巨商，更多鳩資建設壯麗宏偉的寺廟，答謝神庥。寺廟多爲聚落的地理中心，每逢廟會信徒蜂湧前來，民間交易自然也結集寺廟周圍，寺廟附近遂爲店舖門市，攤販雲集之處。[1] 社會的繁榮，促成各行各業的興起，各行各業又組成了各類團體，如神明會、祖公會、父母會、共祭會等。例如神明會多由同一行業組成，表面上以奉祀某神明爲目的，實則藉此約束各會員遵守同業規約，互助敦睦，進而增產置業，以求發展。其辦事處往往設在寺廟，在經營有盈利後，便用來解決地方困難，如造橋鋪路，捐獻書田等等，從事地方公益事業。[2] 因此寺廟對於促進地方貿易，社會經濟繁榮，確有其特別貢獻。

　　早期來臺拓荒的成功者，有感於昔年所受艱苦，對於續來者多盡其努力相助。爲安頓這些後來的鄉親，多建立寺廟以爲同鄉會館，作爲暫時安頓之所，並可利用爲同鄉間的聯繫中心。[3] 寺廟的這種功能，使後抵的移民暫得棲身之所，俟其出路謀定，再行遷出，無形中穩定了社會的秩序，使地方能夠平穩的發展，這是寺廟對地方的又一貢獻。

　　總之，台灣寺廟與地方開發關係密切，先是基於宗教需要，建立寺廟以爲信仰中心，一方面祈求神明的庇佑，保護闔境平安，農作豐收，一方面作爲克服種種外來困難的信心依憑所在，寺廟成了移民渡海拓荒初期精神上的寄託依賴。等開拓事業有所進展，社會日趨繁榮，寺廟又成爲地方政治、商業、交通的樞紐，透過寺廟推行各種公益事業，維持社會治安，使地方的開墾工作得以順利推展，其貢獻可謂至大且鉅。

二、

　　台灣最早移民多爲福建的漳泉及廣東的潮惠等州府人民，當時臺島遍地荊棘，蟲毒爲害，又有「生番」時出劫殺，移民之間必須團結互助，加強宗親的聯絡。漢人鄉土觀念本濃，況且移民的本籍的風俗、習慣、語言不盡相同，清廷又不准攜家帶眷來台，故聚落的形成易以同鄉爲主，所謂「團結」倒成了同鄉同宗之間的團結，於是造成彼此間的界線，甚至演變成嚴重的隔閡。偶因細故，雙方發生糾紛，便牽扯上同宗同鄉，於是兩方械鬥，造成社會的不安。而且台灣僻處海外，山深林茂，地廣人稀，正是不良分子活動淵藪，日久集眾；出爲民害；加之鄭氏曾努力把台灣經營成反清復明的基地，居民皆含有濃厚的民族意識，清廷以異族君臨台灣，臺胞不免有反抗之心；倘若地方守牧，強取豪奪，苛擾百姓，更易激起民變（台灣素有三年一小反，五年一大亂之俗諺），台灣種種政治社會的特殊現象，使清廷素有「難治」之感[4]，清廷於治民政策上眞是煞費苦心。

　　其治民，先是訂定宣講鄉約之制，主要教化百姓循規蹈矩。而鄉約宣講地點，多在寺廟人眾之處，內容在勸人敦孝弟、篤宗族、和鄉黨、重農桑、尚節儉、隆學校、黜異端、講法律、明禮讓、務本業、訓子弟、息紛爭、誡窩逃、完錢糧、聯保甲、解仇忿等[5]。並且力行保甲法，責成地方鄉長耆宿，維持地方治安[6]，而推行地方自治的中介，又非借助寺廟不成，於是造成本地民間實際上的自治，此實爲台灣光復後，能迅速推行三民主義，實施地方自治的遠因與淵源。

然而鄉約、保甲制度的施行又需人、事的配合才能收其效果，因此清廷又藉神道以伸教化，以補人事制度的不足。台灣民間敬神畏鬼之心本盛，於是清廷加強運用城隍的威靈以治理民事，監察民隱，所以地方官甫抵任所，必先齋宿，祭告城隍廟而後履任。每年中元祭屬典禮，守令必迎城隍出巡爲主祭[7]。本地信徒最眾、影響力最鉅的神明首推媽祖，於是媽祖又被清廷利用來平叛亂、收人心，且得到相當的效果[8]。另外清廷又大力提倡奉祀關帝，以取代玄天上帝，轉移本地同胞對明室的眷戀[9]，所以乾隆以後，本地的變亂即少以民族大義號召。以上都是清廷利用宗教，以伸教化、收人心、平叛亂，在政策上運用的非常成功。

三、

　　一個社會的安定進步，並非僅靠官府力量維持治安就夠，除了能夠利用厚生，加強建設，使人民安居樂業，解決民生問題外，尚要注意到育樂問題，台灣的寺廟恰含有教育、宗教、娛樂三大功能，解決了這項問題。

　　我國舊式教育，雖歷代都有官辦學府，但其數量不足敷用，多半由民間普設私塾，延請西席教讀子弟。台灣多爲同鄉村落，子弟的教育便交付給街坊飽學的同宗長輩董理，在學校不足的情形下，寺廟便充爲學堂使用，如同治九年，新竹縣增設義塾，即以南城外竹蓮寺、中港堡天后宮充作學堂[10]。由於寺廟提供了教育人才的場所，使百年樹人的事業能庚續不絕，而且子弟在寺廟課讀，旁有神明的監視，自是更加儆惕用功，這是本省寺廟對教育的貢獻。

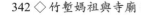

寺廟對於社會更具有啓發引導作用。台灣民間宗教信仰極其複雜，所奉祀的神佛極其繁多，不論其爲何方神聖，其生前必有功於邦國鄉梓，或救人救世，造福地方，或除奸懲惡，伸張正義，故使人信之拜之，其忠孝節義的言行自是爲後人崇敬，以爲楷模。即使等而下之，以種種鬼怪嚇人之談或六道輪迴之說恫嚇百姓，亦無非希望人民能規過遷善，阻止其爲非作歹的念頭。尤其寺廟常印行的善書，無不鼓勵人民行善事戒惡行，其勸戒內容無不針對當時社會弊病而發，於勵風俗、正人心產生了極大效果。至於寺廟建築中的浮雕、繪畫等，皆爲忠孝節義的歷史故事，使善男信女欣賞之餘，無形中明白了四維八德的意義，這正是我國固有文化精神通俗化的表現，也是寺廟對社會教育的鉅大無形貢獻。

　　此外寺廟又爲村落人民休閒的好去處。每逢閒暇，三五好友一起到廟裡坐坐，或喝茶聊天或吟唱相和。尤其廟慶時更爲熱鬧，此時四方攤販雲集，走江湖賣手藝的亦趕來湊熱鬧，形成繁華的「廟會」，這時亦必演外臺戲以酬神，所演之戲又都是忠孝節義的故事。寓教育於娛樂，寺廟不僅爲居民提供了一個遊樂場所，更在遊樂中施以無形的教育，正是所謂的「寓教於樂」。而且本省有各種救濟團體推行慈善工作，如書院之書田收入補助清寒士子，義塾使貧困子弟有機會就學，善養所救濟外來旅客貧病者，養濟院收容痲瘋病人，義塚則使外鄉病故者或窮人有葬身之處，厲壇則爲客旅死亡暫借停棺之所，其他如義渡、茶亭等等的公益設施，無不間接直接透過寺廟推行，這種仁民愛物的義舉，使得本省社會風氣更趨於淳厚，真正發揮了寺廟的功用。

　　雖然寺廟對本省的開發有其貢獻，但也有其流弊，如械鬥、
迷信、濫拜……等，對社會產生莫大遺害。

　　清朝統治台灣二百一十二年中，不時發生分類械鬥，往往釀
成大亂，得經過官兵大舉鎮壓才能漸平。械鬥發生的主要原因為
清廷的分化政策與移民為經濟利益的爭奪。清廷施用分化政策，
主要是防阻臺胞合力抗清，利用本省已有的地方派系，再施以挑
撥離間，分其力量，各個擊破，朱一貴、林爽文、戴潮春三大民
變亂的平定即用分化手段。而移民間為經濟利益的爭奪更是重要
原因，先是福建泉州人渡海來臺，佔據了較佳地區拓墾，其後漳
州人接著而來，漳泉兩府的人便佔了土膏水沃的西部平原。迨粵
東之惠潮二州人民渡臺時，台灣可以開墾的地區只剩下了山坡及
丘陵地帶，山坡丘陵當然比不上平原的肥沃，而且最先來的泉州
人更掌握了出海港口與貿易港口，所以表面上看來，分類械鬥是
起於一些細故，事實上是種因於經濟利害的衝突，積怨難解，遂
借機而發，以致一動干戈，蔓延各地至於不可收拾之局面。在械
鬥過程中，寺廟是脫不了關係的，舉凡和、戰、攻、守諸事莫不
以寺廟為中心。攻前占卜求神指示吉凶，敗則退守寺廟以自固，
和戰之事也在廟中商議，因此寺廟又成了各地方派系的象徵代
表，如三山國王廟代表粵人的勢力範圍，開漳聖王廟代表漳人的
地盤，龍山寺為泉人的大本營等等。械鬥的結果，只有使兩敗俱
傷，削弱彼此力量，造成社會的動盪不安，所幸械鬥已成過去的
歷史，今日不復見到。

台灣民間的宗教信仰極其虔誠，正由於極其虔誠，流變結果成為過分迷信，使得一些神棍乘機藉神斂財騙色，愚弄鄉民。如台灣各地都設有道教的神祇壇，此類道壇均由職業性的道士主持，專司消災驅邪，法事齋醮等，少數不學無術，靠著一些騙人咒語來主持喪葬祭禮、超渡醫卜，事後收取費用維持生活。更可恨的是一批寄生於寺廟的巫覡（如法師、符師、童乩、鸞乩、尪姨等，其法術不外乎畫符施咒，召神役鬼而已）、術士（如地理師、看日師、算命師、相命師、卜卦師等，專以陰陽五行，生剋制化來胡說一通），憑其不爛口舌，耍其伎倆來詐財騙色，愚弄鄉民。可嘆今日猶有愚夫愚婦信之受其擺佈玩弄。

又本省民間的信仰祭拜活動極其繁多，平均每三日即有一次祭典活動，屆時殺豬宰羊，演外臺戲，迎神繞境，競尚奢靡為事。尤其濫拜神明，只要「見佛便拜，遇神即祭」，俗語「拿香跟著拜」，不擇其祭拜對象，更不知其祭拜因由，只知因眾隨俗，吃喝鋪張，因此拜拜之舉，此落彼起，民間邀宴終年不絕，這種濫拜的活動已違背了原來祭典敬神的原義，而其遺患如耗費大量人力、物力，增加環境髒亂，窳敗社會風氣等，更是影響嚴重。[11]

結語

台灣的民間信仰是來臺拓殖的先民所建立起來的，其中有的襲自家鄉古老的傳統，有的則是為適應生活環境需要而創立的，因此無不與中土大同小異，有著密切不可分的關係。這些信仰，

有人斥之爲迷信，殊不知這種「迷信」的習俗信仰，正是我中華民族數千年的文化力量，這力量是偉大無儔的，是日本異族政權文化所不能侵略同化的，這種信仰是引導社會善良風氣的動力，是我民族固有文化通俗化的表現，蓄含著教育社會人群的重大意義。尤其台灣在近四百年的開發歷史中，淪於外人之手幾達於五十年之久，若非傳統的民間信仰活動所維繫，我民族文化必早已在臺島上蕩然無存，而保存民間信仰的所在正是──寺廟。

我國寺廟非僅爲人民信仰中心，且與民俗生活融爲一體，舉凡民間的節慶、禮俗、教化，往往藉寺廟以推進。且寺廟在本省同胞自力開發過程中，始終居於重要樞紐地位，在建設方面，士紳鄉耆運用它以協助政府維持地方秩序，推展公共建設，爲救濟貧困的機構；在教化方面，清廷運用宗教以佐理教化，寺廟亦常印行善書，宣講善道；雖然在破壞方面，寺廟因具有鄉土區域的特質，移民各以寺廟爲中心形成山頭，屢屢發生械鬥以及一些迷信、浪費的風俗習慣，抵消了移民辛勤建設成果，但綜其功過，仍是功大於過。

總之，在台灣四百年的開發歷史中，明、清政府一直未對台灣的移民事業加以輔助，清政府甚且一再阻撓，在此十分困難的環境下，地方的開拓事業，都靠民間自力推動經營，而寺廟居其間，在街耆鄉長的運用下，爲移民間互助自治的機構，用來推進地方建設，維持社會治安，使本地的開發事業進行得更順利更完善，其後雖有流弊產生，瑕不掩瑜，其對台灣的貢獻是不容忽視的。

〈註釋〉

1　例如艋舺龍山寺於乾隆五年建立後，不久在番藷市至龍山寺之間，又新建了舊街、新店街、龍山寺街，促進了行郊的發達。

2　如艋舺龍山寺即爲頂郊的會所，當時徵收進入艋舺港口船隻貨物的從價稅百分之五，利用這筆收入以爲公益事業，解決地方困難。

3　如臺南市中區銀同祖廟爲同安會館，彰化縣鹿港鎮浯江館蘇府大王爺廟爲金門會館，北市艋舺廣州街蘇府千歲廟也爲金門會館，北縣淡水鎮鄞山寺爲汀州會館，但並非本省的每座廟宇皆有會館功能，僅開發較早的港口、都市的寺廟才有。

4　姚瑩、藍鼎元等人論台灣治事，均有此種言論。

5　詳《重修台灣府志》卷首，上諭十六條。

6　詳《臺北市志》卷三《政制志》保安篇、自治篇。

7　詳《台灣府志》卷六，典秩志；《鳳山縣志》卷五，典禮志。

8　如康熙二十二年施琅攻臺謂有媽祖顯靈相助，康熙六十年藍廷珍平朱一貴亂亦施此計，其他如乾隆五十一年林爽文之亂，同治元年戴潮春之亂均是如法炮製而平定。

9　玄天上帝歷受明帝褒封，爲明廷崇祀的主神，無異即明廷的守護神，鄭氏入臺多建眞武廟奉祀玄天上帝，一則安定軍民之心，一則可招徠明室遺臣，表明其忠貞的心迹。清室據臺，自是不願居民再奉祀，但也不能公然毀去以喪民心，只好一面提倡關帝的崇祀，以爲漢人委身事主的典範，一面混淆視聽，製造謠言，謂玄天上帝生前爲屠夫，乃是屠宰業的守護神。清廷此種作法，無非在轉移漢人對明室懷念之心，繼而爲其效忠而已。

10　詳《新竹縣志初稿》，卷三，學校志。

11 光復後，政府力倡節約，此一浪費陋習已逐漸減少。又據本年（1974）
　九月二十日《新生報》載：省政府為輔導寺廟健全發展，獎勵其興辦
　公益慈善事業以造福地方，協助國家整體建設，已擬訂了一項「實施
　方法」送請省議會討論，同時民政廳也擬定了「台灣地區神壇登記要
　點」，嚴格加強管理。這都是興利防弊兼顧的構想，不僅可以健全寺廟
　組織與財產處理，更可消極地除去上述寺廟諸流弊，積極地改善民俗，
　發揚宗教精神，造福地方。

〈參考資料〉

甲、期刊部分

A. 《臺北文獻》：

〈臺北地區之開拓與寺廟〉，李添春（一期）。

〈臺北市的寺廟〉，林衡道（二期）。

〈清代台灣之寺廟〉，劉枝萬（四、五、六期）。

〈閩人移殖台灣史略〉，陳忠華（直字一、二、三、四期合刊）。

〈清代初期台灣土地開發導言〉，莊金德（直字十五、十六期合刊）。

〈台灣民間信仰概述〉，王國璠（七期）。

B. 《台灣文獻》

〈臺北附近的古蹟〉，林衡道（一卷四期）。

〈媽祖史事與台灣的信奉〉（八卷二期），莊德。

〈清代以前台灣土地之開墾〉，郭海鳴（九卷二期）。

〈台灣東部宗教調查〉，林衡道（十一卷四期）。

〈臺南市寺廟調查〉，林衡道（十三卷三期）。

〈台灣農村寺廟分佈情形之調查〉，林衡道（同右）。

〈獅頭山附近各鄉民間信仰調查〉，林衡道（十三卷四期）。

〈台灣的古剎名山〉，林衡道（十五卷四期）。

〈清代關聖帝廟對台灣政治社會之影響〉，林衡道（十六卷二期）。

〈台灣北部的史蹟與風物〉，林衡道（十八卷三期）。

〈臺南南部的古蹟古物〉，林衡道（十九卷二期）。

〈台灣開拓史話〉，林衡道（二十二卷四期）。

〈清代台灣民間械鬥歷史之研究〉，樊信源（二十五卷四期）。

乙、書目部分

《臺北市志》：卷一〈沿革志〉、卷三〈政制志〉、卷四〈社會
志〉、卷七〈教育志〉、卷八〈文化志〉、卷十〈雜錄〉。

台灣省通誌：卷二〈人民志氏族篇〉。

卷二〈政事志社會篇〉。

卷五〈教育志制度沿革篇〉。

《台灣寺廟與地方發展的關係》，蔡相煇，65年6月文化學院史學研
究所碩士論文。

《台灣的歷史與民俗》，林衡道，青文出版社。

《台灣寺廟大全》，林衡道，青文出版社。

《台灣公路史蹟名勝之導遊》，林衡道，青文出版社。

《蓬壺擷勝錄》，林藜，自立晚報出版。

《台灣歷史概要》，蔣君章，59年5月初版。

《台灣通史》，連橫，台灣省文獻會出版，65年5月。

《臺北市歲時記》，王國璠，臺北市文獻會出版，57年9月。

《台灣民間信仰與復興中華文化之關係》，陳大東（缺出版地點、年
月）。

《台灣文化源流》，毛一波，台灣省新聞處出版，60年10月。

《台灣民俗源流》，婁子匡、許長樂（同上）。

《台灣歷史百講》，馮作民，青文出版社。

《台灣史話》，合編，台灣省文獻會，63年6月。

附錄二
城隍信仰歷史演變之考察

一、城隍本義

「城」字，許慎《說文解字》云：「以土石建築而成者曰城」，故城之本義作盛民解。段玉裁注云：「言盛者，如黍稷之在於器中也」。

《辭海》云：「城，城郭也，都邑之地，築此以資保障者也」。《形音正義大字典》云：「城乃用以盛受眾民於其中者，亦為用以保護聚居中者之建築物」。簡言之。環繞都市築圍牆以保衛的建築物曰城。

「隍」字，許慎《說文解字》云：「隍，城池也，有水曰池，無水曰隍矣」。段玉裁注云：「池之在城外者也」《形音正義大字典》云：「隍為環城而近者，城高大如阜，故隍從阜，又以皇本作大君解，隍繞城有廣大義，故從皇聲。故，要言之，隍乃城外的無水城壕，環城而近城，目的在禦敵於前，護城於後」。

按城壕之設，在於卻敵，故城有內、外，內曰城，外曰郭，城牆之高者曰墉，卑者曰垣。故外城可視為第一道防線，內城為第二道防線，至於內城之內復有皇城、宮城，內外構成四重城，均是相同功能。而壕隍之設，在於陰絕敵有，其寬大為弓矢所不能達；其寬深為人馬所莫能渡。平時無水，間或引注河流以備險警，如一旦有敵來攻，城壕滿水，並將城內壕上木橋吊起，雖千軍萬馬亦不能攻近城牆，所以城池具有禦敵守護之功能，無遜於先鋒大將。

城與隍，在古代，視邑的大小及險要，並審諸地理形勢而建，故其構造型式亦各有不同，然其建築材料則大體相同。上古

建築簡陋，造城牆以土、石爲主要材料；隍池則是掘地而成大壕溝，壕壁砌石，以防崩潰，故城、隍本質同屬土石，所不同者，城聳立於地上（象陽），隍沉陷於地下（象陰），因此，城、隍合一體而兩面，氤氳陰陽，相濟相護。土石本自然之物，我國民間信仰，一向把神明分爲：自然崇拜、人格崇拜、器物崇拜，此種「萬物有靈」觀念之下，於是乎「土」有土地公神；「石」有石頭公神，而城隍雖是土石之體，遂亦被尊爲有靈性之神明。

二、祭祀的起源

我國祭祀城隍由來已久，古時於每歲的歲終之月，（即十二月，夏朝稱嘉平，商朝稱清祀，周朝稱大蜡，秦漢稱臘月）舉行臘祭，合聚萬物以祭祀，由天子親祭，稱作「大蜡」，故《禮記》的「郊特性第十一」記載：「天子大蜡八」，而釋文記爲「祭有八神，先嗇一、司嗇二、農三、郵表畷四、貓虎五、坊六、水庸七、昆蟲八」。所謂 (1) 先嗇即神農，亦稱田祖。而神農氏又是最先教人稼穡，故名先嗇。(2) 司嗇即后稷，是虞時的農官職稱，後轉爲谷神之意義，由於周朝始祖棄曾擔任這職位，所以後人稱棄爲后稷。(3) 農系古時的田畯即典田官，有功於民，後轉爲田神。(4) 郵表畷，郵爲田間的廬舍，表爲田間道路；畷爲田土疆界相連綴，所以郵表畷就是始創廬舍、開道路、分疆界以利人民的人，而田畯爲典農之官，所以督導百姓于井田之間，因此後世亦轉而爲祀神。(5) 貓虎，因田鼠、田豕皆能害稼苗，而貓食鼠、虎吞豬，乃迎貓虎之神以祭食鼠、豕而護苗。(6) 坊即堤也，今名堤防，可以蓄水亦可以障水以供灌溉洩洪。(7) 水庸，即溝也，

庸者所以受水、泄水。(8)昆蟲，系螟蝗之類，害稼苗，故祭之，祈其勿侵食不爲災害。

依照上引《禮記》所述：天子大蠟八，指祭祀八種神，故稱作「八蠟」之祭。其中水庸居七，水則隍也，庸則城也，顯是祭祀城隍的開始，只不過當時不稱「城隍」，原名「水庸神」。不過，依據鄭玄的注：「水庸，溝也。」似乎最早的水庸神原是灌溉農田的「溝渠神」，或許這才是城隍的原型。以後因村落的發展建立城垣溝池保護城內居民，才變成「城池神」。復次，在此有一疑問，照上面所引注解，既名「水庸」，則依字序轉稱，應稱爲「隍城」，爲何稱爲「城隍」？是否因周易泰卦（乾上坤下）之「上六城復於隍，勿用師，自邑告命，貞吝」之語影響，而逕稱之爲「城隍」呢？

周代以降，春秋戰國祭祀活動記載的資料極少，有之，《左傳》有兩條資料，內容爲消除火災「祀於四墉」，東漢應劭《風俗通》卷八則有「殺狗磔邑四門」條記載。

總之，城與隍兩相齊備，固若金湯，保護城內官民，於是城與隍在君臣庶民心目中，成爲安全之象徵物，爲尊崇其守護保衛之功德，祭祀之舉油然而生，此即崇功報德之蠟祭水庸神之由來也，城隍神原名既曰水庸神，爲自然神，既無神像又無廟宇，祭祀惟築土壇而已，而祭祀乃天子之專權，一般庶民不得參與。至於何時改稱「城隍」呢？班固在〈兩都賦序〉中寫到：「京師修宮室，浚城隍，起苑囿，以備制度」，則「城隍」之名，至遲在東漢時代已相當普遍。

三、立廟塑像之始

城隍之神，不見於經，說者乃推本於八蜡的「水庸」，以爲祭城隍之始，似亦有理。然其始，無廟無像，雖享天子之祭，實則屈駕土壇，飄蕩無所憑藉，則何時立廟祭祀，普及民間呢？清人黃協塤所著的《鋤經書舍零墨》記：「城隍之名，始于易之泰卦。……惟立廟之說，前史未見。吳太平府志云：城隍廟，在承流坊，赤烏二年造（按指吳大帝孫權赤烏二年，239 年），則廟之創自後漢可知。」

清人孫承澤的《春明夢餘錄》也記：「城隍之名見於易，若廟祀則莫究其始。唐李陽冰謂城隍神祀典無之，惟吳越有耳。宋趙與時辨其非，以蕪湖城隍祠建于吳赤烏二年，不始于唐。」

則似乎三國時代，吳赤烏二年（239 年）蕪湖已有城隍廟，此點經大陸學者鄭土有研究，認爲可信度不少，有被出生地或封地的人們敬爲城隍者（如蕭何、范增、英布）；有對當地有功績者（如灌嬰）；有爲保護一城百姓而獻身者（如紀信、周苛）。綜觀漢代情況，城隍之名其實已在社會上流傳，城隍信仰已在少數城市出現，城隍神開始由人鬼充任，至遲在東漢末年出現了專門的城隍祠廟。

鄭氏推論雖佳，可是究竟是推論，並無確證。正式立廟，並稱爲「城隍神」，則見於《北齊書》的〈慕容儼傳〉：「（儼）鎭郢城，始入，便爲梁大都督侯瑱、任約率水陸軍奄至城下，……城中先有神祠一所，俗號城隍神，公私每有祈禱，於是順士卒之心，乃相率祈請，冀獲冥祐。須臾，沖風歘起，驚濤湧激，漂斷荻洪。」

《北史》慕容儼亦有相同記載，另《隋書》〈五行志〉記：「梁武陵王記：祭城隍神，將烹，忽有赤蛇繞牛口。」是可確知六朝梁時，已有「城隍神」、「城隍廟」存在，並有官民一起宰牛祭祀之祭典，且頗得當地士卒城民之信仰。因此慕容儼入境隨俗，也要「順士卒之心」祈請保佑。

四、唐宋時代普及

到了唐代，有關城隍信仰記載較多，不過在唐初，尚未普及列入祀典，且似乎流行南方一帶，如《古今圖書集成‧神異典》、轉引《中吳紀聞》：「吳俗畏鬼，每州縣必有城隍神。」宋陳耆卿《嘉定赤城志》云：「城隍廟，在大固山東北，唐武德四年建。」《唐文粹》有李陽冰〈縉雲縣城隍記〉謂：「城隍神祀典所無，惟吳越（今江蘇省一帶）有之」，如是唐初尚未列入祀典。

中唐之後，逐漸普遍，我們可從今存唐人文集，散見祭城隍文為佐證。如張說、韓愈、杜牧、張九齡、許遠、李商隱有祭城隍文；杜甫、羊士諤有賽城隍詩；李白、李陽冰有關城隍廟、城隍神的碑、記和跋；在史書與一些筆記文集、志怪小說中也有城隍神顯靈、祭祀城隍神的記載。《鑄鼎餘聞》卷三載：「唐李陽冰〈縉雲縣城隍記〉云：城隍神，祀典所無，唯吳越有之。又張說有〈祭荊州城隍文〉，許遠有〈祭睢陽城隍文〉，韓愈有〈祭袁州及潮州城隍文〉，杜牧有〈祭城隍祈雨文〉，李商隱有〈祭兗州城隍文〉、〈桂州賽城隍文〉、〈祭桂州城隍神祝文〉，又有〈賽城隍文〉，曲信陵有〈祭城隍文〉。杜甫、羊士諤皆有賽城隍詩。（按即杜甫之「十年過父老，幾日賽城隍」詩句），又李德裕〈建成都城隍廟〉。

是則唐中葉各州郡皆有城隍，陸放翁〈寧德縣城隍廟記〉云：「所謂唐以來郡縣皆祭城隍是也」。而祭城隍之目的，大體為祈雨、求晴、禳災諸項而作，水旱禱祈多驗，如《李太白全集》卷二九〈鄂州刺史韋公德政碑〉記：

「大水滅郭，洪霖注川，公乃抗辭正色於城隍曰，『若三日雨不歇，吾當伐喬木焚清祠』，其應如嚮。」

而且祀神一變為人鬼，神階提高，除了保護城池外，並主冥籍和水旱吉凶，如今世所傳。宋李昉《太平廣記》卷一二四記載：「唐洪州司馬王簡易者，嘗暴得疾，夢見一鬼使自稱丁郢，手執符牒，云奉城隍神命，來求王簡易，即隨使者行，見城隍神，神命左右將簿書來，檢畢，謂簡易曰：猶合得五年活，且放去。」

《中吳記聞》載：「開元末，宣州司戶卒，引見城隍神。所居重深，殿宇崇峻，侍衛甲仗嚴肅。司戶既入，府君問其生平行事，曰：吾即宣城內史桓彝也，為是神管郡耳。」

這兩條材料，一者敘城隍負責拘人魂魄，手掌生死簿，一者描述人死後到城隍神報到，都顯示城隍神已是陰間官吏了。

五代十國，開始冊封，其祀愈崇，《冊府元龜》載：「後唐廢帝清泰元年（934）十一月，詔杭州城隍神改封順義保寧王，湖州城隍神封阜俗安成王，越州城隍神封興德保閩王。」

又載：「五代後漢隱帝乾祐三年（950）八月，封蒙州城隍神為靈感王。」

陸遊《嘉泰會稽志》云：「城隍顯寧廟，在子城內臥龍之西南。自昔記載，皆雲神姓龐，諱玉。……初，王（指龐玉）鎮越，惠澤在民，既卒，邦人追懷之，祀以為城隍神。梁開平二年

（908），吳越武肅王上其事，封崇福侯。紹興元年（1131）封昭祐公。淳熙三年（1176）封忠應王。」

　　從此，或封王，或封公，或封侯伯，香花供奉，到處皆然。迨至宋元，其祠遍天下，朝廷或賜廟額，或頒封爵，且列入國家祀典，突顯了帝王開始注意城隍信仰的利用價值。而城隍之神，甚至各指一人以為神之姓名，遷就附會，名號不一，而巫覡之風，自此開始！如宋人吳自牧《夢梁錄》云：「城隍廟在吳山，賜額『永固』，歲之豐凶水旱，民之疾病禍福，祈而必應，朝廷累加美號，曰『輔正康濟明德廣聖王』。」

　　宋人趙與時《賓退錄》云：「城隍神之姓名具者，鎮江、慶元、寧國、太平、襄陽、興元、復州、南安諸郡，華、亭蕪湖兩邑，皆謂紀信。隆興、贛袁、江吉、建昌、臨江、南康，皆謂灌嬰。福州、江陰為周苛。眞州、六合為英布。和州為范增。襄陽之谷城為蕭何。興國軍為姚弋仲。紹興府為龐玉，……鄂州為焦明，……台州屈坦，……筠州應智頊，……南豐游茂洪，……漂水白季康。唯筠之新昌祀西晉邑宰盧姓者；紹興之嵊祀陳長官，慶元昌國祀邑人茹侯，三者不得其名耳。」

　　清人趙翼《陔餘叢考》卷三五「城隍神」條，引《宋史》：

　　　　蘇緘殉節邕州，後交人入寇，見大兵從北來，呼曰：蘇
　　　　城隍來矣！交人懼，遂歸。又，范旺守城死，邑人為設
　　　　像城隍以祭。張南軒治桂林，見土地祠，令毀之，曰：
　　　　「此祠不經，自有城隍在。」或問曰：「既有社，莫不
　　　　須城隍否？」曰：「城隍亦贅也，然載在祀典。」是宋
　　　　時已久入祀典也。

可知從唐代開始，逐漸形成正人直臣死後成為城隍之觀念，這種觀念至唐代成為定型，此後一直未變。到了宋代，此風流行，流弊所及，踵事增華，捏造緣由，宋人洪邁《夷堅丁志》卷六〈翁吉師〉條記：崇安縣有巫翁吉師者，事神著驗，村民趨向籍籍。紹興辛巳（卅一年，1161）九月旦，正為人祈禱，忽作神言曰：「吾當遠出，無得輒與人間事治病。」……再三致叩，乃云：「番賊南來，上天遍命天下城隍社廟各將所部兵馬防江，吾故當住。」曰：「幾時可歸？」曰：「未可期，恐在冬至前後。」自是影響絕息。……至十二月旦，復附語曰：「已殺卻番王，諸路神祇盡放遣矣！」即日靈響如初。

　　又載：「滑世昌所居廡被火，而城隍救之殿前。程某部綱馬濟江，以不祭城隍，而馬死過半。鄱陽城隍誕辰，士女多集廟下，命道士設醮。張通判之子病祟，乞路當可符治之，俄有一金紫偉人至，路詰之曰：爾為城隍神，知張氏有鬼祟，何不擒捉？朱琮妾以妻王氏妒，至於自刎，遂為祟，朱請閣皂山道士禳之，道士牒付城隍廟拘禁。」

　　至元代以後，於京都所在設置城隍廟，而神之由來，愈趨紛歧附會，《續文獻通考》〈群祀考〉：「元世祖至元五年（1268）正月，上都建城隍廟。……七年大都始建廟，封神曰祐聖王。文宗天曆二年（1329）八月，加王及夫人號曰：護國保寧。」

　　《鑄鼎餘聞》卷三載：「又各處城隍皆以人鬼實之。蘇州則《中吳紀聞》云春申君。鎮江則陸遊記云紀信。寧波則袁桷，《延祐四明志》引舊志亦曰紀信。又昌國州城隍，宋建炎四年賜額曰惠應，引舊志云鄉人茹侯。燕都則《月令廣義》云文天祥，後為

楊椒山。杭州爲周新，濟南則《歷城縣志》云一姓楊，一姓趙，諱景文。」

不僅如此，從元代開始出現了城隍夫人，並且開始封城隍並及夫人，這種城隍家族結構，有明顯世俗化趨勢，其事本不足法，嗣後愚民好事無知，至稱城隍婆婦，城隍寄子，迎神賽會，舉鄉若狂，其風至明清不稍減。

五、明清時代隆昇

明洪武二年（1369）正月，大封京都及天下城隍。於是封京都城隍爲承天鑒國司民升福明靈王，開封爲顯聖王，臨濠爲貞祐王，太平爲英烈王，和州爲靈護王，滁州爲靈祐王，秩正一品。其餘府爲鑒察司民城隍威靈公，秩正二品；州爲靈祐侯，秩三品；縣爲顯祐伯，秩四品。共分成四個等級，京都、府、州、縣，袞章冕旒皆有差，呼應行政體系。

按，都爲區域之名，小曰邑，大曰都。古以天子所居曰都，又曰京師、京都。則都城隍者，國都之城隍，爲城隍中之最尊貴者也。而開封（一度是明代侯選首都）、臨濠（按爲朱元璋故鄉）、太平（朱氏渡江最初根據地）、和州（朱氏渡江前根據地）、滁州（朱氏最早攻佔城市）五地皆是朱元璋當年興王之地算是例外，等級提高，則明初城隍之祭典降昇，必與朱元璋本人有極深之關連，《續文獻通考》云：

「明初，都城隍之神，歲以五月十一日爲神之誕辰，及萬壽聖節，各遣官至祭。」

是可推知都城隍之神誕辰爲五月十一日，是日又湊巧爲朱元

璋之生日，遂得以尊崇隆重。而其時之南京城隍神是誰呢？據談遷《棗林雜俎》云：「南京城隍神，孫策。北京城隍神，于謙。杭州城隍神，周新。」則可知南京城隍神是孫策，孫、朱二人同一日生，南京不僅是明朝朱家興王建業之地，又爲京都所在，城隍遂能備受關愛尊崇。

洪武三年，詔去封號。止稱某府州縣城隍之神。又令各廟屏去他神，定廟制。其制，高廣各視官署正衙，几案皆同，置木主，毀塑像异至置水中，取其泥塗壁，繪以雲山，在王國者王親祭之，在各府州縣者守令主之。

洪武二年新制不過一年，又於三年改制，比較兩次改革，一去神號，一封爵號；一毀像置木主，一塑像置服飾。這一變革，意味著從此城隍神體制的制度化，形成與現世的行政體制與機構相對應性質，並確立京都（都城隍，升福明靈王）、府（府城隍、威靈公）、州（州城隍，靈佑侯）、縣（縣城隍，顯佑伯）等四個等級體系。另一方面依民間信仰的幽冥系統，歸隸於冥府十殿閻王，再統轄於東嶽大帝之下。

洪武二十年（1387）京師改建城隍廟，明太祖詔劉三吾：日：「朕設京師城隍，俾統各府州縣之神，以鑒察民之善惡而禍福之，俾幽明舉，不得倖免。」

此爲確立都城隍之地位，並爲運用城隍爲治民工具之始。孝宗弘治元年（1488），禮臣周宏謨等言，城隍非人鬼也，安有誕辰，況南郊秩祀俱已合祭，則誕辰及節令之祀宜罷，詔仍舊。世宗嘉靖九年（1530），罷山川壇從祀，歲以仲秋祭旗纛日祭於廟，凡皇帝誕辰及五月十一日神誕，皆遣官行禮。要之，

終明一代，其祀不廢，至於其神像撤毀之後，不知於何時起，
又漸漸重塑神像。

　　明以後，清朝對城隍之崇敬，更是有加無減。順治初，定制
與風雲雷雨山川為一壇。雍正二年（1724），秦淮安設神位在風
雲雷雨之右，每歲春秋仲月，府州縣就壇致祭，其在京都者，每
年兩次祭于廟，萬壽聖節遣官致祭，歲以為常。尤其清廷領有台
灣之後，以台灣新附，人心浮動，不免有越軌行為；加以置官設
防，其措舉一時尚難周詳，所以極力崇奉城隍，籍以馴服人心，
補治化之不足。是故台灣一入版圖，即於府治設府城隍廟。凡地
方官新上任，必先卜吉日，親詣城隍廟舉行奉告，然後視事，如
康熙五十三年（1714），台灣知縣俞兆岳甫下車，即於城隍廟立
誓曰：「毋貪財，毋畏勢，毋縱人情！」

　　於是有清一代，歷治台灣者，透過城隍。藉神道設教，監
察民隱。城隍除協助守牧以臨民事外，每當水旱疾疫，守令必先
牒告，如道光年間，台灣府鄧傳安以當時台海洶湧，船隻每每失
事。逐牒告台灣府城隍以求安瀾。嗣後城隍信仰深入民心，民間
將地方官和城隍爺視為同等，一是陽官，一是陰官，一治明，一
治幽。城隍爺又一變為陰間地方之司法神，統率文武判官，六司
官（即延壽司、速報同、糾察司、獎善司、罰惡司、增祿司），
牛、馬、范、謝四將軍，及三十六部將，管理地方民事。而地方
官也廣泛運用，藉以馴服人心。如道光三十年（1850）庚戌科試，
有不少士子之父兄為之鑽謀迎合者，台灣道徐宗幹即藉城隍威靈
以禁之。同治元年（1862）戴潮春起事，新竹紳民林占梅等共推
候補通判張世英權廳篆，並率眾至城隍廟刑牲設誓，民心始定。

六、總結

古者，山川坊庸，皆有崇祀，典秩漸隆，旨在報功。周禮蠟祭，天子祭祀八神，水庸居七，庸是城，隍是水，城隍之神，不見於經，說者乃推本於八蜡之水庸，似亦有理，也即是說天子有感于城池之堅固能阻敵護民而祭之，這是城隍之祭的開始，嗣後演變爲城池守護神。

後世兵戈盜賊，戰攻防守之事起，遂專以城池爲固。守土之臣，齋肅戰慄而嚴事之，平時則水旱疾疫於以祈禳，有事則衛民禦敵，於焉請禱，爰是禮與時興，神隨代立，遂有「城隍神」之出現。城隍廟之興建，或可追溯到三國時代，吳赤烏二年（239）蕪湖已有城隍廟，但並無確證。正式記載，始見於《北齊書》，其信仰局限於南方地區，仍負守護城池責任。城隍神信仰的普及，是在唐宋兩代，其職掌，不僅守禦城池，保障治安，兼及水旱吉凶，冥間事物，並逐漸形成正人直臣死後成爲城隍神之觀念。這種觀念到宋代又得到極大發展，並一直影響到近代。而降及宋代，幾乎已經無地不有城隍廟，連士人的科名桂籍也歸其掌轄，從唐代開始已有封爵之舉，五代時陸續加封爲王，至宋代，朝廷或賜廟額，或頒封爵，昭重其祀，列入祀典。流風所及，城隍信仰在民間影響繼續擴大，遂啓巫覡之風，乃遷就附會，各指某一古人以爲城隍神之姓名，城隍神也一躍變爲翦惡除凶，護國安邦，旱時降雨，潦時放晴，並管領一方亡魂之神明。元代甚至有所謂都城隍，成爲國家的守護大神，而并及夫人之封，後世至有城隍娶婦，城隍寄子之庸俗。

至明代，明太祖即位之初，封京師城隍為帝號，開封、臨濠、和州、太平、滁州四地城隍為王，各府城隍為威靈公、各州城隍為綏靖侯，各縣城隍為顯佑伯。至洪武三年（1370）整頓祀典，取消諸神爵稱，撤去封號，但稱都城隍、府城隍、縣城隍，廟建於府、縣治所在地，立木主，毀塑像，附饗山川壇。二十年又恢復塑像、廟祀，並在廟中設座，判案問事，全仿地方行政官吏設置。迨至清朝，對城隍的祭祀尤為尊崇，凡府、州、縣官新任入境，先謁城隍，然後到任。朔望日行香，歲增春秋二祭，品出公費，凡水旱必禜、萬祭必迎。至於各地府縣城隍廟的建築，大致是仿都城隍廟的格局而縮減，大體上有前後殿，兩廊、望樓（戲樓）、大丹墀。於是民間將城隍爺和地方官視為同等，一是陽官，一是陰官；一為治明，一為治幽。城隍爺又一變為陰間地方的司法官，底下轄有六司官（也有十二司、十六司、十八司、二十四司之設）、文武判官、牛馬枷鎖范謝等八爺，暨卅六部將。正殿內除陰森的各種塑像外，尚有審問案桌、各種刑具（如釘棒、枷、桔、斧、鞭、鎖鏈、囚籠等），殿外列有旗、鑼、傘、鼓，及「肅靜」、「迴避」、「出巡」等儀仗，無異陽間官署。

總之，城隍由原是城池濠溝的建築物，轉而為物神，再由保城之神轉而為各地的地方神，至明代又因行政轄區，又有尊卑地位之別，形成一套行政職位的體系，其系統大約是：玉皇大帝（統天、人、地三界）→東嶽大帝→十殿閻羅→都城隍（王）→省城隍（公）→府城隍（侯）→縣城隍（伯）→土地公（鄉保）→灶君（家庭）。其神能職司，由保固城池的原始功能，一變為祈雨求晴，招福攘災，再變為藉神道求治的地方司法神，遂成為護國

佑民之神，凡地方官署所在，必有城隍廟存在。

　　總結說來，城隍信仰有如下幾點特色：

（一）城隍神是亦人亦鬼亦神的信仰。

（二）城隍神是全國性信仰與共同稱呼，但實質上卻因地而異，
　　　又屬於地方性神明信仰。

（三）城隍信仰有強烈城市居民信仰的活動特徵。

（四）城隍信仰體系反應人間現實體制。

（五）城隍職能由單純而複雜而全能，也反應人間現實的需求。

（六）城隍神階雖然是中等，卻有出入陰陽，去武就文的神通本
　　　事，既是陽間行政官，又是陰間司法官。

〈參考資料〉

1. 呂宗力，樂保群編《中國民間諸神》，台灣學生書局。1992 年 10 月初版。

2. 追雲燕《三教聖誕千秋錄》，台中聖賢堂，1991 年 2 月再版。

3. 鄧傳安《蠡測彙鈔》，臺北，台灣銀行，1958 年。

4. 鄭土有、王賢淼《中國城隍》信仰，上海，三聯書店，1994 年 2 月一版。

5. 徐宗幹《斯未信齋文編》，臺北，台灣銀行，1960 年。

6. 陳長城〈宜蘭城隍廟〉，《臺北文獻》直字四十二期，1977 年 12 月。

7. 何培夫〈台灣城隍信仰之意義〉，成大《史學年刊》二期，1975 年 4 月。

8. 許雪姬〈大稻埕霞海城隍廟之研究〉，《臺北文獻》直字一〇二期，1992 年 12 月。

9. 鄭吉成、王彥妮〈大稻埕霞海城隍廟祭祀圈之研究〉，台灣師大，《地理教育》年刊。1994 年 6 月。

10. 簡銘詩〈鳳山市保福宮與城隍廟察勘記〉，《道教學探索》年刊，成大歷史系道教研究室，1994 年 12 月。

11. 宋光宇〈霞海城隍祭典與臺北大稻埕商業發展之關係〉，中研院《歷史語言研究所集刊》六二卷二期，1993 年 4 月。

12. 曾玉昆〈由舊城城隍爺的出巡探討台灣民間的城隍信仰〉，《高市文獻》十卷三期，1998 年 3 月。

13. 卓克華〈澎湖媽宮城隍廟史蹟之研究〉，澎湖《咾咕石》二期，1996 年 3 月。

14. 卓克華〈台灣府城隍廟的歷史背景〉，《台灣府城隍廟研究與修復》，1992 年 9 月。

15. 卓克華〈嘉義市城隍廟的史蹟研究〉，《台灣史國際學術研究會：社會、經濟與墾拓論文集》，淡大歷史系，1995 年 8 月。

16. 卓克華《從寺廟發現歷史》，臺北，揚智文化出版社，2004 年 9 月，初版二刷。

17. 鄭土有、劉巧林《護城興市——城隍信仰的人類學考察》，上海，上海辭書出版社，2005 年 12 月初版。

〈後記〉

　　這本書是我繼《從寺廟發現歷史》與《寺廟與台灣開發史》之後，第三本將台灣寺廟研究論文，結集成書。原本構想是將個人歷年寫過的媽祖廟研究案彙編成書，卻發現篇數不多，份量不足，仍重起爐灶，再次檢索搜尋，意外發現近幾年我接的研究案幾乎都是新竹市的，遂改弦易轍，集中新竹市古蹟研究案，彙整成一冊，由於新竹市最重要的三座媽祖廟都是我一人承包所寫，與媽祖因緣殊勝，遂取名《竹塹媽祖與寺廟》。

　　這本書有舊作、有新作，舊作倒頗有一番往事可談：

一、〈台灣寺廟古蹟的認識與參觀〉一文，是多年前我應《鄉旅》旅遊雜誌主編之邀約，特闢一專欄「古蹟之旅」由我主筆，我當時的想法是打算將之分成內篇、外篇，內篇先談些古蹟理論與概念，外篇再介紹全台各地名勝古蹟。如此連載近一年，因雜誌經營不易，遂告停　，我的專欄、我的構想，也就煙消雲散，無疾而終。近年，常到各大寺廟及大學院校演講，演講主題大多指定與台灣民間信仰、寺廟研究有關，我演講習慣一向隨機發揮，漫天花雨，聽者固然過癮喝采，但也苦於無文字稿可閱讀。於是就將專欄文字略加擷取彙整，改寫成〈台灣寺廟古蹟的認識與參觀〉以應急，也頗受聽者與讀者肯定，這次將之收入本書，冠諸篇首，以〈代緒論〉。

二、〈新竹長和宮〉原本是我昔年碩士論文《清代台灣行郊研究》

中的一篇個案研究，當時交給我的指導教授程師光裕審閱，不料因手頭拮据，缺乏金錢付碩士論文打字印刷費用，耍了一記花槍，騙程師說要增補修改，索回之後，逕投《台北文獻》發表，拿到一筆稿費，才解決燃眉之急，因為有愧於心，後來碩士論文正式出版成書，不敢將之收錄，直到近年該書增補，才將之收入，恢復全貌（中研院台史所林玉茹副研究員稱之為「完整版」，也對！大陸稱之為全新正版也不妨）民國 85 年我應中華大學建築與都市計畫學系之邀，合作「長和宮」之古蹟研究案，再度增補。民國 95 年收入拙著《寺廟與台灣開發史》，三度增補。這次又收入本書，以符書名主題，四度作了一番增補（厚達一百多頁），史學研究與著述之無止境、之繁難有如此者，我不禁喟嘆！也不敢自大。

三、附錄一〈台灣寺廟對地方的貢獻〉是我就讀文化學院史學系大三時的一篇習作，後刊登在《台北文獻》，對於台灣寺廟之認知與研究，當時深受先師林衡道教授與學長蔡相煇的影響，若說我今日治台灣寺廟史稍有成就的話，皆歸功兩位「師」、「長」的啟發引導。由於是我個人研究寺廟的首篇著作，且論述觀點也並未過時，乃厚顏收入本書附錄，以為紀念。

四、附錄二〈城隍信仰歷史演變之考察〉是多年前參加新竹市都城隍廟舉辦的第一屆（也僅此一屆）城隍學研討會所宣讀的論文，算來也與新竹市有關，也就收入本書附錄了。

總之，本書中所收錄的諸篇論文，不論舊作或新作，都作了

一番相當的增補校訂，以示負責。最後我想表達的一段話是：這幾年的著述研究，我思考的時間，遠多於田野調查、蒐集文獻、揮筆撰寫的時間，只是不知道這是代表我個人治學的進步，還是開始老化？

　　拉雜寫來，是為後記。

于三書樓

2009.12.24

揚智叢刊 54

竹塹媽祖與寺廟

作　　者／卓克華
出 版 者／揚智文化事業股份有限公司
發 行 人／葉忠賢
總 編 輯／閻富萍
地　　址／台北縣深坑鄉北深路三段 260 號 8 樓
電　　話／(02)8662-6826‧2664-7780
傳　　真／(02)2664-7633
網　　址／http://www.ycrc.com.tw
　E-mail ／service@ycrc.com.tw
印　　刷／鼎易印刷事業股份有限公司
ＩＳＢＮ／978-957-818-943-0
初版一刷／2010 年 2 月
定　　價／新台幣 450 元

國家圖書館出版品預行編目資料

竹塹媽祖與寺廟 / 卓克華著. -- 初版. -- 臺北
縣深坑鄉：揚智文化, 2010.02
　　面；　公分. -- (揚智叢刊 ; 54)

ISBN 978-957-818-943-0（平裝）

1.寺廟　2.媽祖　3.民間信仰　4.新竹市

272.097　　　　　　　　　　　99001296